U0621966

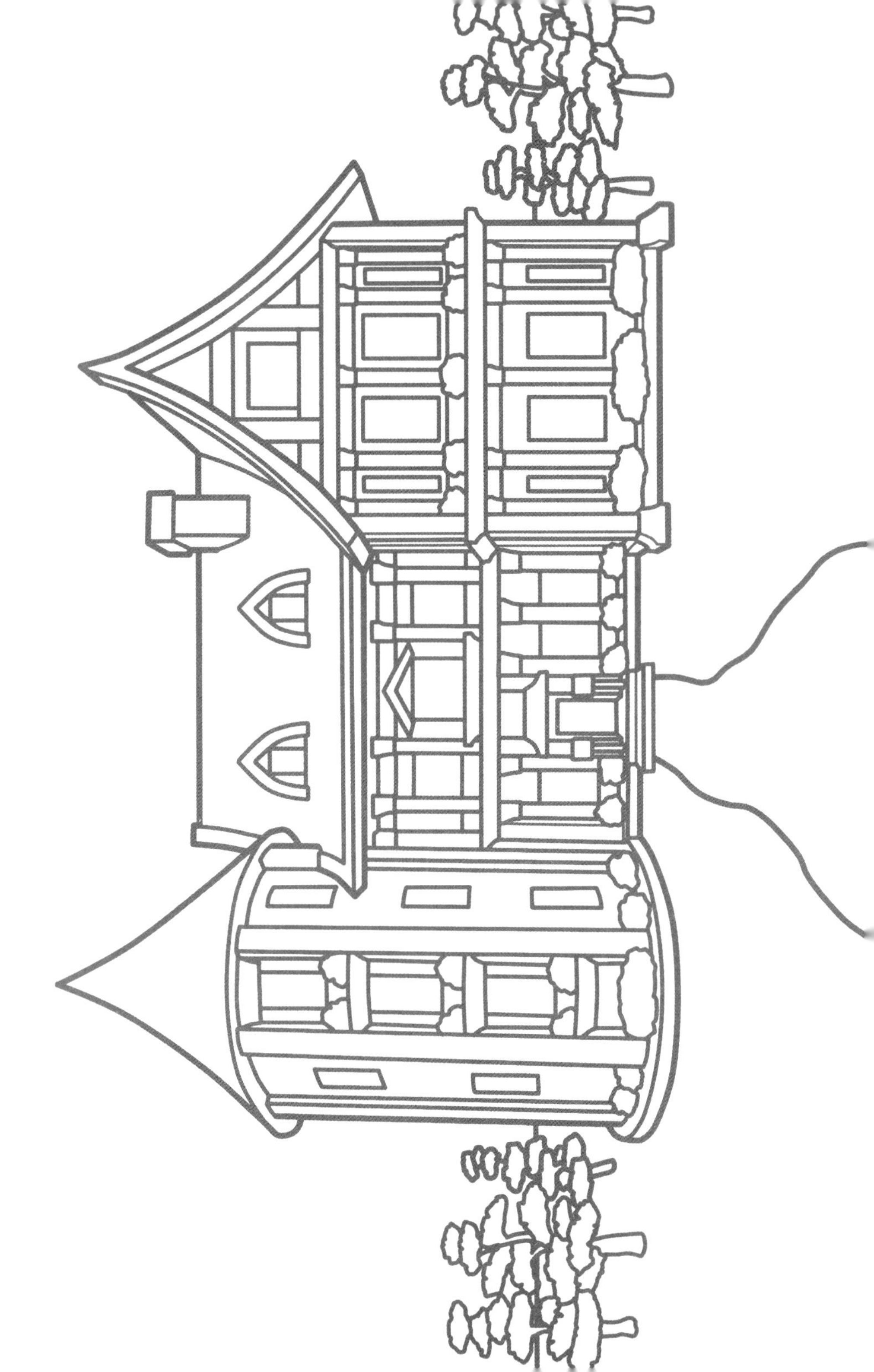

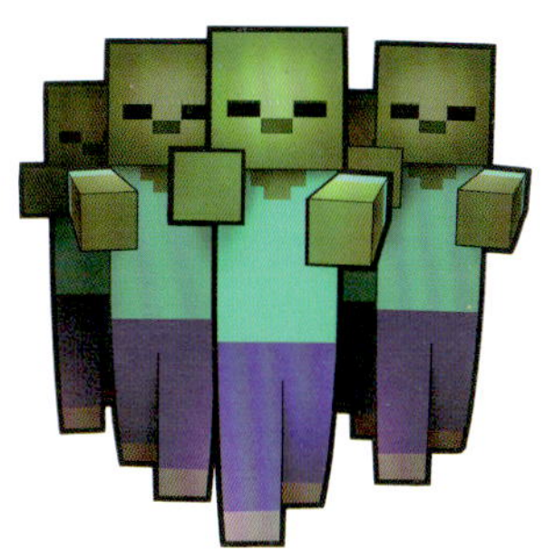

[日] Project KK 编 王育贞 译

中国致公出版社

目录

CHAPTER 02 装潢设计与家具制作

CHAPTER 03 新版红石的基本概念

CHAPTER 04 用红石盖出铁路系统

CHAPTER 05 享受最新改版的乐趣！Q&A

CHAPTER 06 水域更新最新内容

CHAPTER 07 新版命令教学

DATA 常用资料

前言

Minecraft 1.13 水域更新变动较大，如果你想体验 1.13 改版的内容，需要先掌握一定的游戏基础。本书集结了玩家感兴趣的建筑、命令和红石机关技巧，先让大家了解一下基本的游戏内容，对游戏有了初步认识后，会更容易理解新版的游戏内容。

打开本书你将会看到

标题与导语

说明本单元介绍的内容。

内文步骤

分步骤介绍方法或技巧，让你轻松理解内容。

CAUTION!

贴心小提示，提醒你游戏操作中的注意事项。

LEVEL UP!

提供与书中步骤不同的选择，发散思维，可以让你的作品更完美！

你也可以在自己的世界里
建造一座城堡！

SPECIAL

我也盖得出来！人生第一座城堡

把看起来很复杂的城堡
想成是四边形与圆形的
组合就可以了！

建造城堡屋顶时
不会失败的秘诀是什么？

还会介绍如何装潢室内哦！

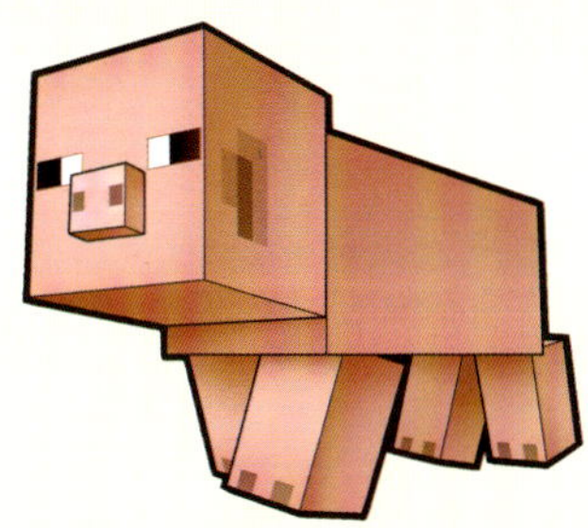

城堡是每个玩家都曾经想挑战建造的建筑，不过城堡的构造如何，有哪些部分是必须盖出来的呢？快来听听高手详细解说从方块的放置方法到庭院、室内装潢等项目如何进行吧！这是非常精彩的 36 页城堡特别介绍哦！

在生存模式中只需低成本
就能盖出来的庭院！

决定地点后盖出地基

找到建造城堡的地点之后，就马上盖出地基吧！虽然城堡的外观看起来非常复杂，但其实也是由四边形的建筑以及圆形的塔组合而成的，这样想，盖起来就会轻松很多。这里就先把这个四边形建筑物的地基盖出来吧！

所需材料

- 石英块
- 深色橡木木板
- 橡木木板
- 石砖
- 砂岩
- 红砖
- 砖块楼梯
- 其他

SPECIAL

01

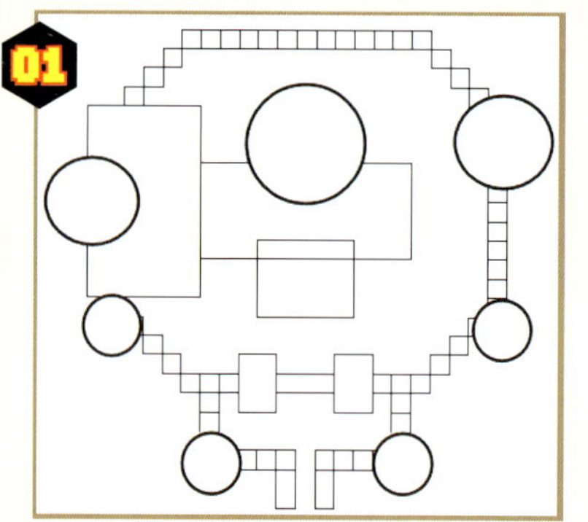

上图为这次要建造的城堡配置图，也就是从正上方俯视的图。其中圆形的是塔，长方形的是建筑，而围成一圈的小方块则代表城墙。整座城堡大致就是上图所示的配置。

02

接着来决定建造城堡的地点吧！这次选择在被山包围的平地上建造。

03

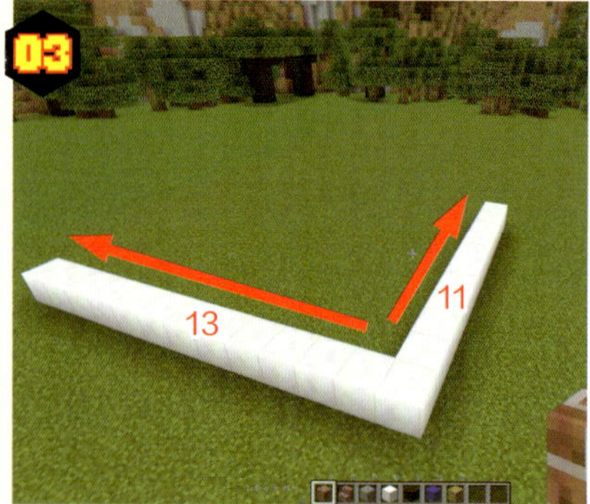

首先从长方形小建筑的地基开始建造，用白色的石英块堆出长 13 格、宽 11 格的样子。

LEVEL UP！

一定是奇数！

在建造地基的时候，最重要的是注意墙壁长度一定是奇数格。这样才能比较容易盖屋顶和装饰墙壁。

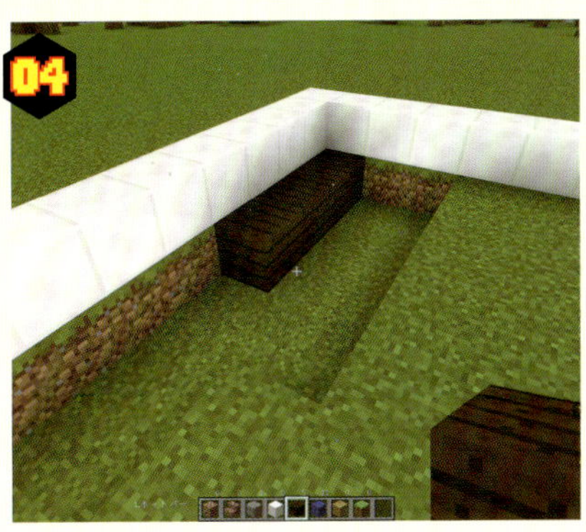

把上个步骤中剩下的长方形部分完成，围成一个地基之后，接着在内侧向下挖 1 格，然后填入深色橡木木板作为房间的地板。

这样长方形小建筑的地基就完成了！接下来要建造的是这个地基前方的城堡入口的地基。

用石英块在前方围出一个长 7 格、宽 3 格的地基，然后在正中间的地方空出 1 格，作为建筑物的出入口。

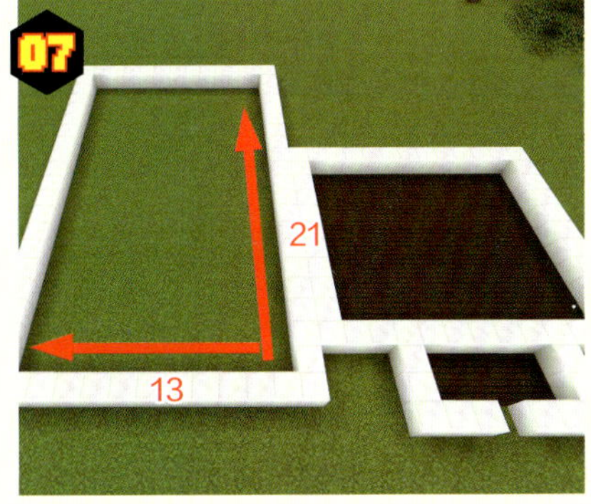

在上个步骤盖好的地基中铺上木板，然后在左侧再盖一个长方形大建筑的地基，用石英块放置一个宽 13 格、长 21 格的长方形。

左侧较大的地基与右侧的小型地基在相邻处有两列石英块，看起来有些不好看，所以这里拆掉右边一列。然后如上图所示，放置蓝色羊毛方块作为墙壁中心位置的标记。

CAUTION！

没有标记的话后续会变得很麻烦

这里放置蓝色羊毛方块作为标记，在建造屋顶或柱子时会非常实用，因为如果不事先放置标记物，每次都会浪费大量时间来寻找墙壁的中心位置。

放置圆形塔的地基

接下来要放置的是圆形塔的地基，只要多花一点工夫，就可以盖出漂亮的圆形塔了。这次要盖的塔是直径为 7 格的圆形，虽然面积不大，但是墙壁有 3 格宽，所以还是可以放置窗户或螺旋楼梯的哦！

SPECIAL

01

将上页盖好的长方形小建筑与城堡入口相对的另一条长边拆掉一部分，放置圆塔的地基。如上图所示，在城堡入口与地基中心点呈直线的位置，用石英块在前后左右分别放置一道 3 格宽的墙，然后在斜边的四个角落各放置 1 个石英块，这样就可以盖出圆形了。然后在圆形中央放置蓝色羊毛方块。

02

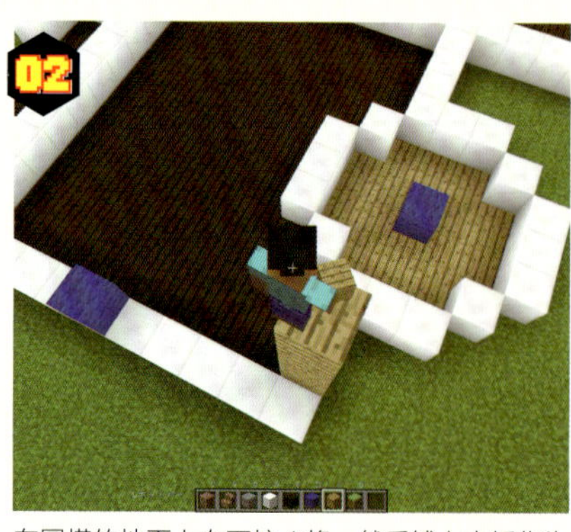

在圆塔的地面上向下挖 1 格，然后铺上木板作为地板。这里使用的是橡木木板，不过读者可以依照喜好或整体的装潢风格，自由选择地板材质。

03

接着在长方形大建筑这一边也加上一座圆塔的地基，并且在圆塔地基的正中央放置蓝色羊毛方块作为标记。这里与步骤 1 相同，用石英块放置 3 格宽的墙，盖出相同大小的圆形地基。

04

这样在长方形大建筑这一边的圆塔地基也完成了！这个圆塔的地面也一样向下挖 1 格，然后铺满橡木木板。

建造周围的城墙

建筑物的地基完成之后，接下来就是建造周围的城墙了。虽然还没决定城墙的外形，但是这里可以先采用斜向的盖法。为了让角色可以顺利爬上城墙，至少要将城墙的宽度盖成 3 格。

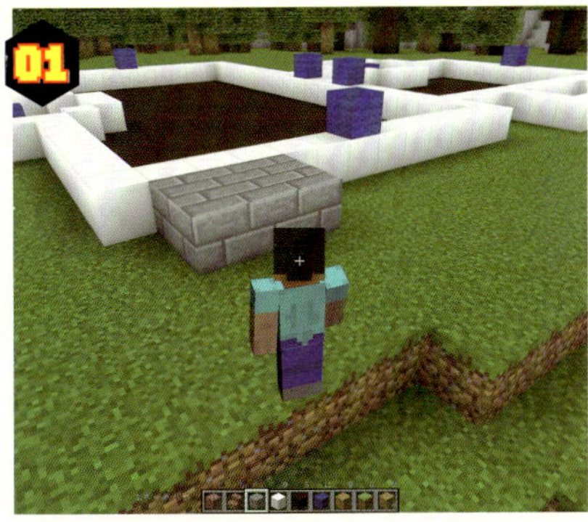

首先在长方形大建筑的地基侧面角落建造 3 格宽的城墙，使用的材料为石砖。

如图所示，斜线的部分只要将每一排都盖成 4 格宽，并且每一排都错开 1 格，这样城墙厚度就会和直线（3 格）差不多了。

LEVEL UP！

善用地形就可以让整体外观升级

在 Minecraft 中建造建筑物时，常常会遇到高低起伏的地形。这时只要把地基延伸到地面，并把所有起伏的地形全部包覆住就可以了。这样建造出来的建筑，看起来会更加美观哦！

建造城门以及第 3 座塔的地基

到上一页为止，我们已经完成了 2 座塔的地基，接下来要建造的是城门和第 3 座塔的地基。城门用石砖来建造，而第 3 座塔则需要用桥连接到长方形小建筑上，因此圆塔的中心部分一定要盖在直线上。

SPECIAL

城门的宽度只需 3 格就足够了。考虑到城门的左右要对称，所以右半部分的城墙也要用石砖建造地基。

LEVEL UP !

建造城门的秘诀就是左右对称

城门要左右对称才会更好看。可以把盖好的部分拍下来（截图方法请参考 P172），然后一边参考一边建造另一侧。

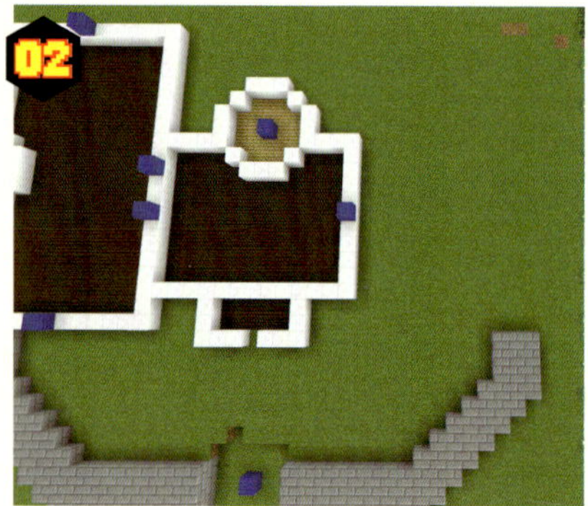

将城墙从城堡的正面延伸到右侧。

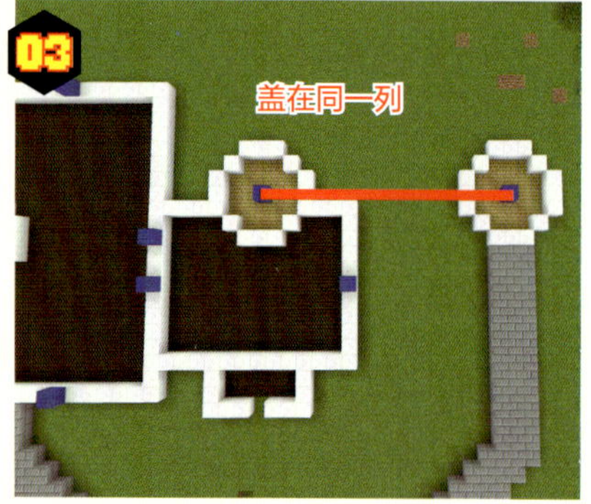

在右侧城墙中建造第 3 座塔的地基，建造方法与之前的两座塔完全一样。注意，塔的中心点要对准长方形小建筑旁的塔的中心。

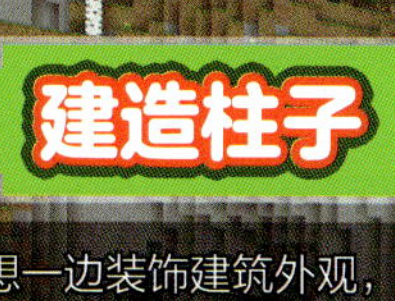

建造柱子

想一边装饰建筑外观，一边向上盖，其实是非常困难的。这里先在地基的外框上盖出柱子，再把墙壁的部分盖出来。虽然会多费一番工夫，但是这样可以先盖出整座建筑的形状，方便后期调整整座城堡的格局。

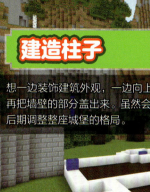

在远处确认地基的整体配置，如果觉得没问题了，就开始建造柱子吧！

首先把前方的城墙加盖到 5 格高，等建筑物的屋顶盖好后再视情况调整即可。

接下来，在长方形小建筑上方用石英块盖出柱子。

这里将一楼设定盖成 6 格高，然后在一楼与二楼之间放置 2 层砂岩，再盖出 5 格高的二楼部分。在盖城堡的时候，每层楼最好有 4 到 5 格以上的高度。

组建骨架

在组建骨架时，需要注意在一二楼之间预留 2 格以上的空间，如果只有 1 格，一楼的天花板就会变成二楼的地板。也就是说，想要变更二楼的地板，就要拆掉一楼的天花板，最后会变得非常麻烦。

在一楼的天花板以及二楼的地板部分放置黄色的砂岩作为标记，这样放置一整圈后，建筑物的大小就一目了然了。

如图所示，和上个步骤相同，城堡入口处的建筑物也盖出柱子，并在一二楼之间放置 2 层砂岩。

建造屋顶

对于城堡来说，调整整体建筑物的结构平衡是非常重要的一件事。所以为了能够早一点调整城堡的外观，就要在盖出墙壁之前先盖出屋顶。虽然这里的工作量会比较大，但是如果找到诀窍，速度就会加快很多哦！

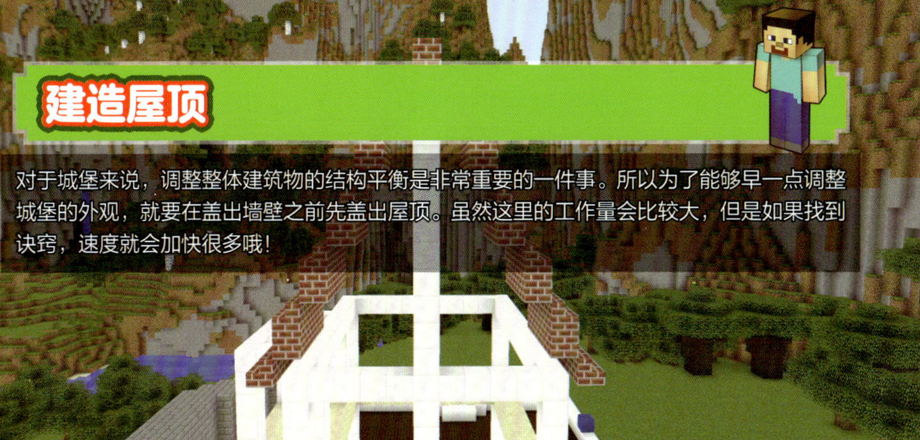

在建筑物侧面的中间点建造 1 根高于二楼天花板的柱子。这么做是为了建造屋顶时方便玩家明确找出中心位置，所以高度随意就好。

从骨架外侧 1 格的位置开始，用红砖和砖块楼梯盖出屋顶。通常在盖角度较为倾斜的屋顶时，都是在方块上面放置楼梯方块来呈现较大的坡度。

屋顶要超出建筑物 1 格左右。

除在中心部分的柱子上放置 1 块红砖外，屋顶的两侧都需要盖成左右对称的形状。如果中心位置的柱子不够高，就将柱子一直加高到屋顶中心位置的高度。

用石英块把屋顶与建筑物之间的空隙填满。

屋檐的内侧将红砖楼梯反方向安装，让线条更加平滑。在放置的时候，只要对应外侧红砖楼梯的背面安装即可。

建筑物的墙壁也在这个阶段补上，由于内部相当宽敞，所以可以将墙壁向内盖 1 格，这样不仅可以表现出建筑深度，还可以强调柱子的部分。这里先将基本墙面完成，剩下的之后再装饰即可。

建造屋顶时，遇到建筑物相连的部分要特别小心。

和前面的盖法相同，沿着墙壁依序向上放置红砖和红砖楼梯。

由于需要放置的方块数量很多，所以要静下心来依序慢慢盖。盖到建筑物正面后，再用刚才的方法盖一个屋顶。

CAUTION!

注意不要忘了放置方块
也不要将方块放置错误

在盖屋顶的时候不要一口气全部盖完，要常常跑到远处观察整个屋顶，确认一下形状或大小，并且检查有没有忘了放置方块或方块放置错误的地方。

11 接下来，城堡左侧的长方形大建筑也要和长方形小建筑一样，盖出柱子、骨架和屋顶。

12 为了增加一些变化，这里可以在长方形大建筑上再加盖一层楼，在二楼的骨架上面再向上加高 6 格。

13 无视圆塔的部分，将四个角落的柱子盖出来。

14 二楼与三楼之间也要放置两层砂岩。

15 房子的外观就完成了。接下来建造出圆塔，并且在墙壁和屋顶上加上细节装饰，房子看起来就会更像城堡哦！

建造带有装饰的塔

接下来就开始建造圆塔的部分吧！这一部分也会介绍如何使用不同方块进行装饰。只要把放置方块的方式稍微变换一下，就可以让外观呈现出花纹，而且看起来更有立体感哦！很多建筑师也非常喜欢这类装饰工程呢！

SPECIAL

用石英块将在 P12 建造的圆塔的地基向上盖。如果圆塔和建筑物重叠，则保留圆塔，包括已经盖好的屋顶也要拆除。

用石英块将中央的塔盖到约 46 格高，右侧的塔盖到 35 格高。当然，塔的高度并没有标准答案，所以玩家可以按自己的喜好建造。

在塔的最上层放置云杉木板。

将云杉木板周围的上半部分用台阶围起来，这里使用的是地狱砖台阶。

在地狱砖台阶上方再放置石英块，然后在其内侧放置一圈灰色羊毛方块。

在上图中斜角的部分，将石英块拆掉改放石英楼梯。这里可以利用楼梯的形状，适当露出内侧的灰色羊毛方块。

把 8 个斜角修改完成后，塔的风格就营造出来了。不过目前整体感觉还是不太完美，所以要在上面再盖一座小塔。

在塔顶的顶层下半部分铺满圆石台阶，然后用石英块在中间盖一个斜向的长方形。

从这里开始会稍微有些复杂，所以请一边参考图片一边建造。要注意，在小塔角落的部分使用的是石英楼梯哦！

再将小塔的第二段部分向上盖，这样小塔的外墙就完成了！另外，因为在轮廓上已经将圆塔向上延伸了，所以使用的方块有些不同也没关系。

建造圆塔的屋顶

圆塔屋顶与长方形建筑物屋顶的盖法有些不同，诀窍是一开始就要将屋顶的最高处连接到建筑物。如果还是一层一层盖，一下子要盖出圆形的难度有点高，所以最好先统一朝一个方向盖出屋顶的轮廓。

SPECIAL

如上图所示，用红砖在建筑物顶部盖出屋顶轮廓。

完成屋顶的一个方向之后，其他三个方向也以相同的角度放置红砖。

用红砖盖成圆形并将空隙填满。如果想让屋顶外观看起来更加平滑，也可以适当放上红砖楼梯加以点缀。

接下来就是盖出塔的顶端了，在红砖上面放置 1 个圆石墙，然后放置地狱砖栅栏。

LEVEL UP!

塔顶的装饰也可以使用其他材料

在建造塔顶的装饰时，建议使用漏斗、龙蛋或铁栅栏等材料。虽然在这次的案例中盖出来的是最简单的形状，但是还可以伸延成左图中的“铁砧→圆石墙→地狱砖栅栏”，或右图的“圆石墙→铁砧→圆石墙→圆石墙→地狱砖栅栏 ×2”两种不同的装饰。

接下来装饰塔壁的部分。先将塔壁的中央挖掉，然后放置石英楼梯。

如上图所示，这种手法可以用于建筑物的柱子，或想表现出张力时稍微装饰一下。

这次在塔的四周放置橡木栅栏，记住不要全部紧密地放置，而是要将墙壁的中间空出来。

将橡木栅栏内侧的两层塔壁换成深色橡木木板，然后在栅栏上方放置云杉台阶把圆塔围起来。

在栅栏的上下都放置橡木台阶，然后将深色橡木木板下面的方块换成砂岩。

另一边右侧的圆塔也用相同的装饰方法。

接下来装饰最高的圆塔，在从上向下数第 5 层的外侧部分放置砂岩和圆石，盖出一个小平台。

然后在外侧上半部分放置石英台阶，可以让人从外侧看到砂岩和圆石。

在步骤 12 放置的石英台阶上方放置石英块。

将砂岩和圆石下面一层的石英块换成深色橡木木板。

SPECIAL

在 2 个圆石并排的外侧下方再放置 1 个圆石，并且在深色橡木木板外侧的下半部分放置橡木台阶。

完成后塔的外观就会如上图所示，这样可以稍微看到一点里面的橡木台阶，也可以强调出建筑的深度。

将深色橡木木板下面一层的塔身部分换成黑色羊毛方块。

接下来装饰塔身最宽的墙面，也就是 3 格宽的墙。在墙的两侧放置深色橡木木板，在中央的上半部分放置深色橡木台阶。

在塔身的斜面部分也加上装饰。

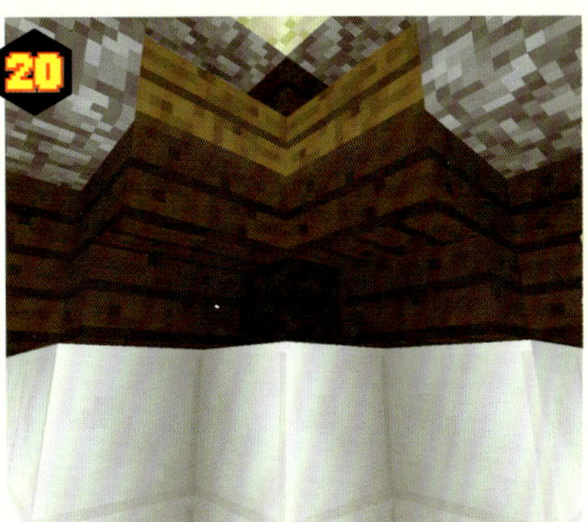

在两边反方向安装深色橡木楼梯，重点是让人可以看到里面的黑色羊毛方块。

在放置有 2 个圆石的构造下方放置 1 个圆石墙，这里可以用 P22 解说的装饰塔顶的方法，上下相反地放置在这个位置，这可是能够让装饰越向下就越细的技巧哦！

最后绕着塔反方向安装一圈石英楼梯，像这样用楼梯方块沿着塔或建筑物放置，不仅简单，看起来也非常美观，在许多地方都能够应用哦！

将石英楼梯的下面一层塔身换成砂岩，这样就能凸显出圆石支撑着上方小平台的外观。

接下来要建造中央和右侧的圆塔之间往来的空中走廊。先确定两座塔相同高度的 2 格高出入口之后，再放置相连的桥梁，使用的材料为錾制石英块。

由于长度有 10 格，所以每隔 1 格就需要在外侧加装反方向的石英楼梯。不过因为总长为偶数，所以正中央就空下 2 格不放置，让左右的形状对称。

在两侧空着的位置上半部分放置石英台阶，然后在上一层的两侧放置铁栅栏。

将楼梯方块和台阶按照上图放置，来装饰桥的连接点的下部。然后另一边也按相同的方法进行建造，让其左右对称。

桥梁的下缘越靠近中央，角度就要盖得越缓和，这样看起来就更像一座拱桥了。

最后要盖的是最高的圆塔，这里和之前的两座圆塔的建造方法一样，先盖出轮廓盖好形状后，再把空隙填满。

在屋顶上放置 4 处 2 格高的圆石墙，再在相同的高度放置石砖台阶，把圆石墙的上方围起来，然后在石砖台阶上方再盖一次屋顶。

建造的方法与之前相同，先盖好轮廓，再把空隙填满，接着再用楼梯方块修饰一下即可。

因为这里是最高的屋顶，所以塔尖的部分按照铁砧→圆石墙→地狱砖栅栏的顺序放置，使塔尖看起来更尖一些。

建造城门

城门虽然在色彩上并不出众，却最能彰显出城堡的价值。在这个案例中要使用的材料是石砖，当然也可以换成圆石等方块。使用多种颜色相近的方块搭建城门，就可以表现出装饰的细致和层次。

SPECIAL

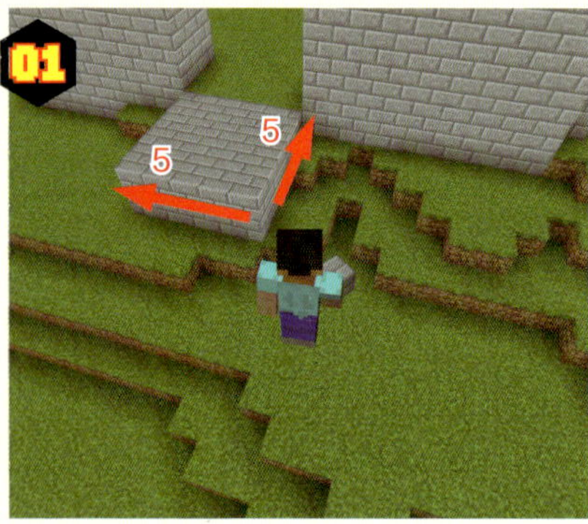

首先要盖的是城门前的部分。在城门入口处的前面用石砖盖出一块长 5 格、宽 5 格的正方形平台，相当于一般居民家中的玄关。

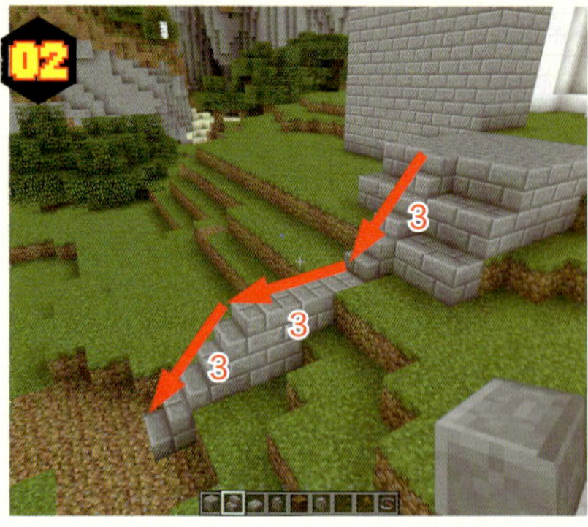

从步骤 1 放置的正方形平台开始，用石砖楼梯盖出一道楼梯，连续放置 3 个楼梯方块后再盖出一个平坦的空间，然后继续放置 3 个楼梯方块。

CAUTION!

如果不适度划分区块就只是单纯的坡道了

在 Minecraft 中盖楼梯时，如果只是连续放置楼梯方块，从远处看起来就只是一个斜坡而已。在建造时适度地划分区块，或将楼梯拓宽为 5 格宽，又或者在下方修建一条步道，看起来都会更加自然。这次建造步道使用的材料为沙砾。

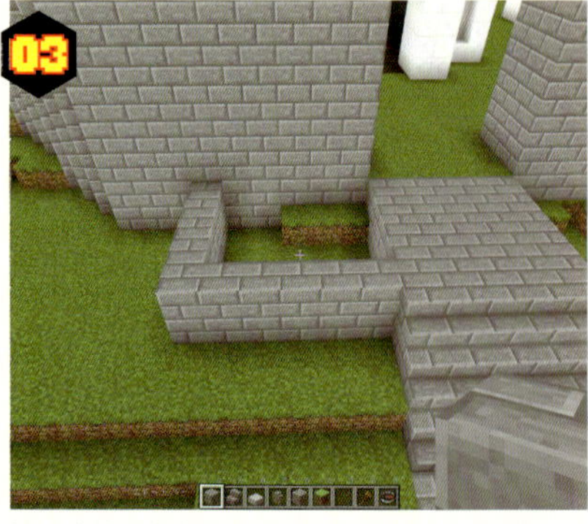

接下来将 5 格宽的正方形平台两侧稍微拓宽一下。拓宽的宽度为 5~8 格即可，这次需要拓宽 6 格。

为了对平台的边缘部分稍加装饰，可以在平台的周围放置反方向的石砖楼梯。

在角落的位置放置 4 格高的石砖形成石柱，稍微加一些装饰。

使用沙砾将道路继续向前拓宽，当然你也可以使用圆石或泥土。

LEVEL UP！

如果城堡与道路之间有河流

在这个案例中，城堡与道路之间有条小河，所以需要另外盖一座小型的石桥。用楼梯方块在两侧放置基座，盖出拱桥的形状。由于是一座小桥，所以不必放置装饰，保持原样就好。

在两边的城墙中间再放置一面 7 格高的墙壁。如上图所示，先开一个宽 3 格、高 4 格的洞，然后在上面的两个角落反方向各放置 1 个楼梯方块，盖出小型的拱门入口。

在出入口的两侧各放置 4 格高的圆石墙，然后在其上反方向放置圆石楼梯，接着在楼梯方块之间放置圆石台阶。

接着在城门上建造一个可以行走的通道。首先将石砖和铁栅栏交替放置，建造出栏杆。

接下来要建造的是城门左右两侧的城墙塔。建造方式比照之前盖的圆塔，但是塔高要加盖到比其他城墙部分高 3~4 格，另外也要在塔与通道、城墙与通道连接的地方挖出一个 2 格高的出入口。

塔的最顶层外侧用楼梯方块装饰一下。在放置的时候要注意楼梯的方向，在斜向凹进去的地方放置 1 个石砖。

只要将塔上的一部分换成錾制石砖，就可以让整体质感提升不少。此外，塔的其他地方，只要是能够走动的区域就可以考虑挖洞，并放置铁栅栏作为窗户。

SPECIAL

LEVEL UP！

在城门上建造一条有墙壁和屋顶的通道

虽然城门上已经有通道了，但如果想让外观更好看一些，可以再加上屋顶。这里用红砖台阶在两座城门塔之间盖出屋顶。在屋檐前面放置两层木板（屋顶要超出 1 格），然后用楼梯方块装饰木板的正下方，这样看起来就像木板的支撑柱一样。

为了可以在城墙上行走，这里需要在城墙的最上层外侧反方向放置石砖楼梯。

在城墙的外侧每隔 2~3 格放置 1 个石砖，然后用圆石墙补满，这样栏杆部分就完成了。

LEVEL UP！

~城门升级装饰技巧1~ 瞭望塔

玩家可以按照自己的喜好在城门的左右再盖出瞭望塔，基本的建造方法和 P12 中介绍的一样，拆掉部分城墙后再盖即可。要记得为了让人可以自由通过瞭望塔旁的城墙，塔的中心点必须稍微偏向外侧，并且要把后方的塔盖得更低一点，这样才能表现出整座建筑物的深度。

LEVEL UP！

~城门升级装饰技巧2~ 改变方块提升立体感

如果想在城门上多加点变化，可以像上面左图一样挖出一条沟，再填满圆石墙，或像上面右图一样换成石砖楼梯，看起来就会像箭孔哦！

建造庭院

终于要来挑战建造庭院了！这里主要会用到树篱或灌木，都是在生存模式中可以简单入手的东西。城堡的主色系为白色，这样更能够衬托出花草树木的鲜艳。

所需材料

- 树叶
- 沙砾
- 石台阶
- 砖块
- 铁栅栏
- 骨粉
- 圆石
- 苔石
- 其他

SPECIAL

首先在城堡连接下来的通道上放置 1 个小型水池。这里和圆塔地基的建造技巧一样，先盖出 1 个圆形，再用石台阶填出 2 层。

在水池底部铺上圆石，并且将部分方块换成苔石，再用水桶将水池填满水，水池就完成啦！

LEVEL UP！

将水池简单地升级成喷水池！

在水池的正中央放置 1 个圆石，然后在上面放置圆石墙，这样看起来就变成喷水池了。虽然还可以在圆石墙上放置水流，但从水池的大小来看，水流会显得过大，所以不加水流反而更好看。

将丛林树叶放置成庭园中常见的树篱，以水池为中心左右对称摆放，整体看起来会非常均衡。

用沙砾盖水池四周的通道，如果使用泥土，就会变成草地，所以也可以改用砂土（1.8 版本后才能使用）或圆石。

接下来要将庭院盖成左右对称的构造，这样看起来会更加美观。

任意放置花草
表现出自然风

可以在花圃内放置草方块来表现出茂盛的感觉，或在其中随机放置不同的花草，这样看起来就不会太过机械化，反而有一种自然的风格。

如上图所示，在水池左右两侧延伸出来的通道上盖出 T 字形路口，一边通向城堡，一边通向前方，并且用砖块和铁栅栏修筑成围墙将整个庭院围起来。

在围墙的前方垂直放置云杉树叶，将方块堆出 4 格高，看起来就像庭院中种的小树了。树与树之间空出 3 格的空间可以放置玫瑰丛，看起来就更华丽了。

如果庭院和河流发生重叠，可以用砖块建造成地基向下延伸，这样就算建造到河流里，看起来也不会有违和感。

挑战城堡的装饰

这部分要介绍的是城堡的外观装饰，由于窗户会随着楼梯或房间的位置而改变，所以在装饰之前要先确定好内部的隔间以及楼梯的位置。

SPECIAL

连续放置向上的楼梯方块与向下的楼梯方块，这样看起来就会比只有柱子更华丽。

在柱子之间连续放置向下的楼梯方块，这样就可以让外观变得非常华丽。

LEVEL UP！

城堡建筑中最实用的楼梯方块

在柱子的上下端放置石英楼梯和石英台阶，虽然这样近看可能会有违和感，但从远处来看就是一座古典式的城堡，非常漂亮。

上图是反复放置楼梯方块的例子，这个技巧也可以用在塔的装饰上。

在墙壁上连续放置楼梯方块，如此就可以在墙壁上做出花纹了。

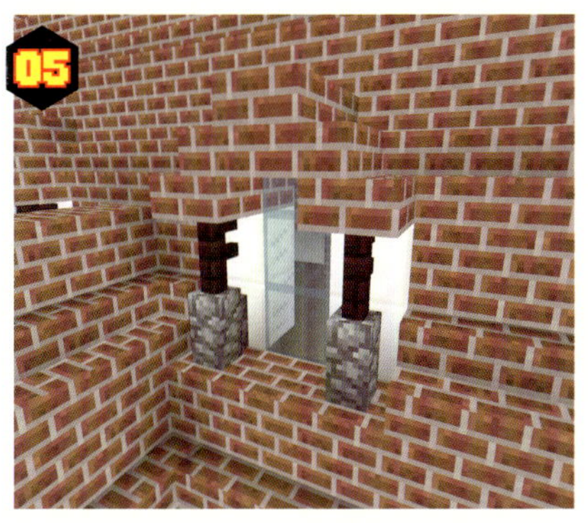

在屋顶上开个小窗户，也能让整体变得更有立体感，诀窍就是从外面可以稍微看到窗户里面的白色墙壁。

在屋檐的墙壁最上方放置地狱砖栅栏。这点小小的改变可以呈现出非常好的装饰效果。

利用楼梯方块、台阶以及栅栏盖出窗框。

连续放置地狱砖楼梯，将窗框做成格子花纹，并且在下方放置地狱砖栅栏，延续一贯的风格。

挑战室内装潢

终于要挑战室内装潢了！首先要盖出内部的墙壁，设计房间的隔间。在建造隔间的时候请随时想着是什么人会住在这个房间内，这个房间有什么用途等。这部分只介绍一个案例，玩家可以依自己的喜好进行调整哦！

SPECIAL

01

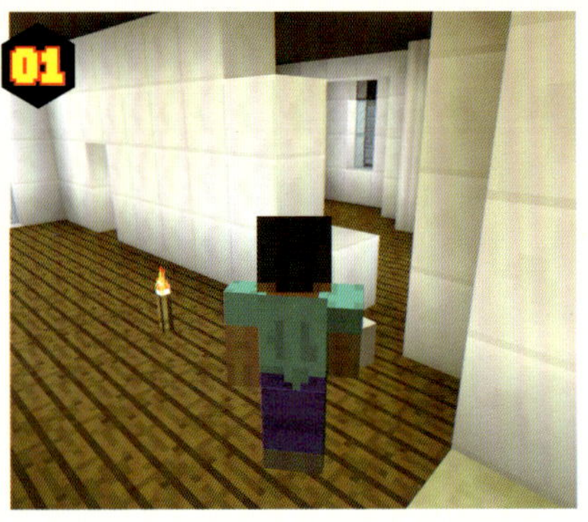

可以先使用和外墙一样的石英块建造室内墙壁。

02

当遇到这种大三角形的屋顶时，最好把屋顶的方块藏起来。不过也可以像上图一样，放置红色蘑菇方块，给屋顶加上一些花纹。

LEVEL UP！

室内的装潢要与外观的风格相同

使用楼梯方块和台阶来装饰墙壁或柱子的方法也可以运用在室内装潢中，这里的装潢就可以利用这个技巧，盖出厚重感十足的柱子，让整体看起来更加豪华。

LEVEL UP！

盆栽也要讲究

如果想在城堡内放置盆栽，就要下一番功夫了。上图中的花盆从左开始，分别为在泥土方块四周放置活板门，在末地传送门框架上方放置末影之眼，以及在炼药锅四周放置告示牌。这些例子都比单纯放置花盆更有质感。

03

在木门前面放置铁砧，然后在铁砧上方放置灰色地毯，这样就是一把很有城堡感觉的椅子了。

04

在墙上放置活板门，然后在下方放置栅栏，这样置物架就完成了。

05

放置楼梯方块作为椅子，然后在地板下放置红石火把和活塞，再加上荧石，就变成一套自带光源的桌椅了。

06

上图中用 7 个砂岩台阶作为桌面，然后在两侧反方向放置砂岩楼梯作为桌脚。而椅子则是用铁门作为椅背，扶手的部分使用告示牌。桌面中间再放置 2 个草地方块，并且在上面种花作为点缀。

装有抽屉的柜子

接下来要介绍的是更高一级的摆设，首先要介绍的是装有抽屉的柜子。做好抽屉之后，可以在上面放上地毯，也可以放上书柜或附魔台哦！

SPECIAL

在高 3 格、宽 3 格由木板建成的墙上放置抽屉，整体大小可以配合空间做出调整。首先只将其中 1 个方块更换成楼梯方块。

在楼梯方块的前方放置台阶，然后在台阶的正面与侧面都放置告示牌，这样看起来就像是被拉出来的抽屉。

台阶前方同时放置告示牌和物品展示框，物品展示框中还可以放入圆石墙或台阶等方块来代替把手。另外还可以按照自己的喜好在上方放置箱子或书架哦。

CAUTION!

利用地板地形制作的架子

在地面上向下挖出 1 格深的槽，然后在前方（正面）放置木门。这样从正面就只能看到门的上半部分，然后在门的上方放置地毯，简易的置物架就完成了。

善用光源的案例

如果只是插上火把，难免会破坏气氛，所以这里要介绍一些善用光源的案例。其实将二楼的地板与一楼的天花板盖成两层也是为了能够善用光源。

LEVEL UP！

物品展示框式的壁灯

在插有火把的墙上放置物品展示框，然后在展示框内放入石台阶，这样火把就会变得更时髦哦！记住，在放入石台阶的时候，不要对准火把，而是要对准物品展示框。

LEVEL UP！

栅栏式的壁灯

在城堡的走廊上放置像上图一样的火把。将栅栏与栅栏门交替放置，并且开启栅栏门，就可以做出栅栏式的壁灯了。

LEVEL UP！

地板下的照明

地板下的照明在P73中也会介绍。建议把光源放置在地毯下方，不过如果是城堡，可以适当露出荧石，也会非常好看哦！

LEVEL UP！

楼梯下的照明

在楼梯下方的空间放置荧石，楼梯本身就会发光了，看起来会非常豪华。

盖出细节部分后就完成了

到这里城堡就完成了，最后要完成的是更加讲究细节的地方。只要稍微下一些功夫，就能将整座城堡的格调提升不少哦！接下来将会介绍这些小技巧。

SPECIAL

LEVEL UP！

自己"盖"出树来

如上面左图所示，将原木方块弯弯曲曲地堆放起来，就会形成弯曲的树干，然后在树干上面随机放置树叶方块。注意不要放得太密集，树叶看起来越稀疏，越能强调出树叶的轻柔感。

LEVEL UP！

有厚重感的石板路

在石台阶铺成的地面两侧放置圆石楼梯，这样就可以表现出石板路的质感。建议可以放置在从城门到建筑物正门的道路上。

LEVEL UP！

有花纹的地板

可以通过变更方块的颜色来呈现西式城堡中常见的花纹地板，在城门前想要加入花纹的位置将石块换成石台阶或铁砧即可。

LEVEL UP！

有专人看管的草皮

只要将草地方块和绿色羊毛方块交替放置，就会看起来像有专人整理过的草皮了。

LEVEL UP！

原木堆

将任意一种原木排列在地上，然后在上面放置铁轨，看起来就会像固定好的原木堆了。

LEVEL UP！

自然的地面

如果想要让地面多些变化，可以使用灰化土。在草地中加入一些灰化土，并且随机在上面放置草方块，这样看起来就非常像野外的草地了。

LEVEL UP！

草木茂盛的道路

在装饰通向城堡的山路时，可以在道路两旁随意放置草或树叶方块，这样看起来就像是草地中踩出来的步道了。

城堡终于大功告成了！从今天开始，你就是一城之主啦！

发现更多奇思妙想

读者们辛苦了！当你们读到这里的时候，想必你们的建筑技能早已突飞猛进了。不过，你们在 Minecraft 中的建筑之旅还没有结束哦！笔者也曾花费三年时间打造过有城堡和街道的世界，但至今仍未完成。一开始我也不了解建筑结构和建塔方法，但经过大量的尝试之后，我完成了从微小场景到宏大场景等大量建筑作品。

最后，我将介绍我与一些制作者一起完成的世界，并公开发布在 Niconico 动画平台上，在此声明禁止打包资源和任意篡改，并以陈列展厅的形式供所有读者参考内部装潢。

SPECIAL

图中展现出了柜子的侧面、桌子的组成以及冰箱和一半地板。墙壁的最下方部分使用的是棕色陶瓦，这样墙壁下方看起来像是用木板铺设而成的。另外，使用绘画道具制作的电视机上方有一对左右对称的东西，那就是电视机的天线了。

一面面白色旗帜朝里竖向重叠放置，呈现出格子的形状用来装饰墙壁。在现代风格的桌子旁，在线的上方放置了棕色地毯。在左侧墙壁上，布置了绊线钩作为挂衣服的衣钩。天花板上悬挂着的木架上摆放着花盆和盛开的花。靠里的垂直墙壁和西蓝花图案都是用特殊旗帜形状制作出来的。

※ 制作成员：mihune/ だんぼーる / あち / うさねこトニー / チョッキプクリン / はぎ /JP/ 鹿又
※ 动画及发布世界 URL：URL　http://www.nicovideo.jp/watch/sm26333430

用不起眼的小物件进行装饰

这部分也是上一页提到过的《用香草打造的装潢展厅》动画（发布世界）系列作品中的一个例子。

SPECIAL

这里的装潢目标是打造一间高级酒店房间。沙发沿着金合欢木楼梯呈コ形放置，靠垫部分通过利用雪方块的功能，可以由高到低调整五个级别的高度，床边是由低一级别的雪方块制作出的床单，床上放置棕色羊毛方块作为棉被。房间内有两面玻璃制作的墙，玻璃墙后面放置了花和绘画。右侧深色橡木装饰的墙壁上是用雪方块张贴起来的板子，看起来就像抽屉。

顶棚的支架使用的是盔甲架，特殊构造的旗帜悬挂在空中。两侧架子上的板子上放置了阳光探测器，上面是花盆，再上面就是盔甲架，可以陈列各种各样的小物件。

我的家建好了！

CHAPTER 01

脱离豆腐块建筑的宣言！

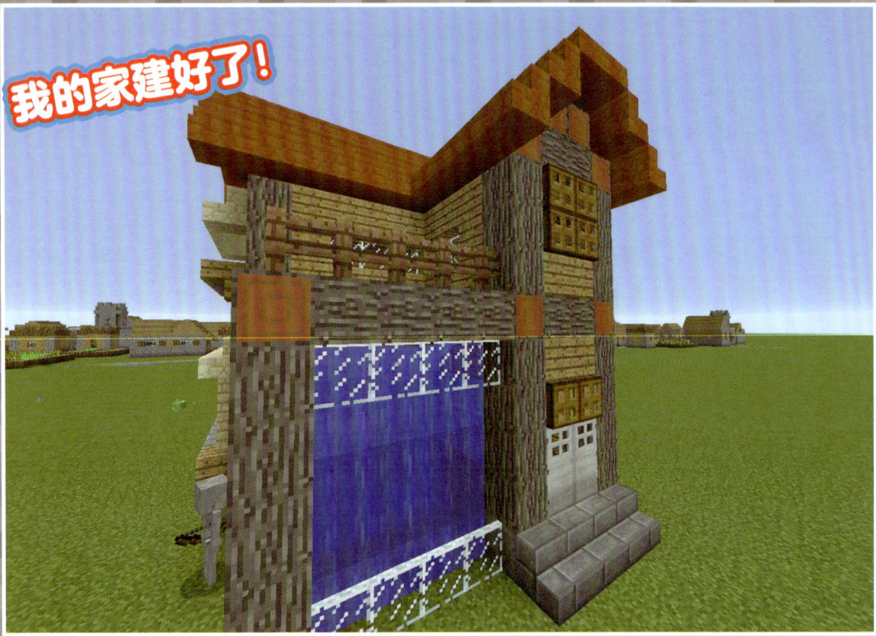

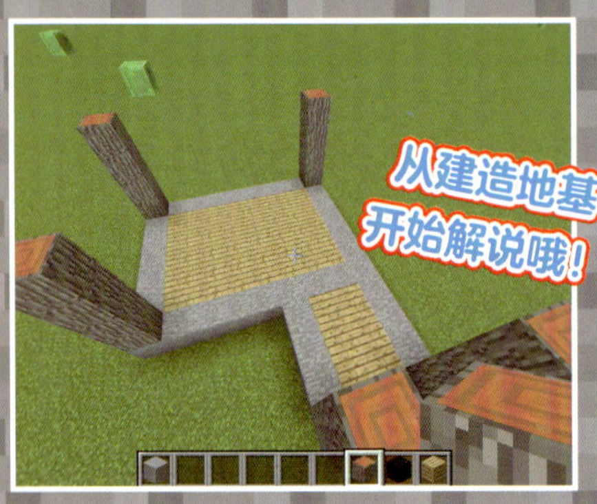
从建造地基
开始解说哦！

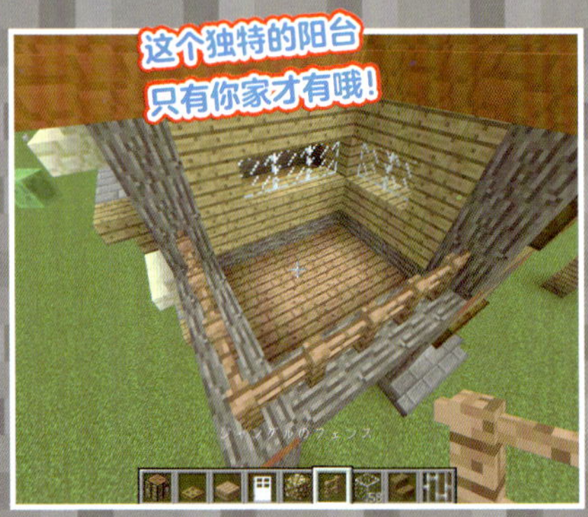
这个独特的阳台
只有你家才有哦！

还可以
养宠物哦!

刚开始玩 Minecraft 的时候，可能大家盖的房子都是豆腐块建筑，今天则要以脱离豆腐块建筑为目标。本书将介绍简单且独一无二的房子的盖法，请按照喜好去盖出属于自己的原创房子吧!

想盖出带烟囱
的三角形屋顶吗?

阳台上还
晒着洗好的衣服!

首先建造房子的地基

要盖出非豆腐块建筑的房子，第一步是建造地基。首先放置宽 7 格、长 9 格的方块，使用的材料为石头，然后在内侧填满木板……当然，你可以按照自己的喜好变更材料。

所需材料

- 石头
- 橡木木板
- 红砂岩楼梯
- 金合欢原木
- 云杉楼梯
- 活板门
- 铁门
- 玻璃板
- 石砖台阶
- 白桦木栅栏
- 砂岩楼梯
- 砖块楼梯

01 建造房子的地基

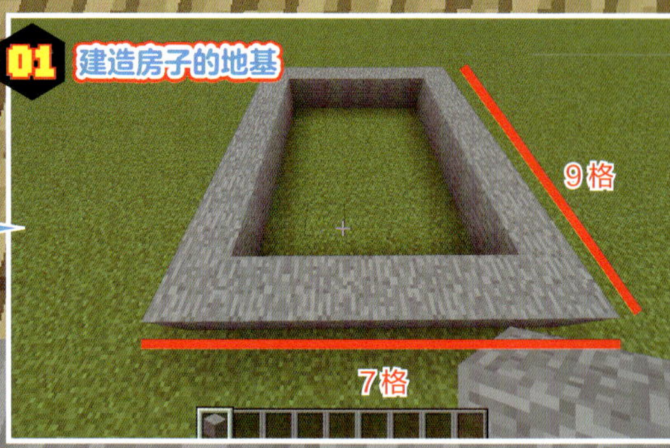

在地面放置石头建造地基，而楼梯会决定房子的大小。这里在地上放置宽 7 格、长 9 格的长方形框作为房子的地基。

02 在右上角加盖一块 4 格 ×4 格的正方形

在右上方加盖一个长、宽各 4 格的地基，单是这个小区域就能让豆腐块建筑的问题减轻不少，外观也会非常好看哦！

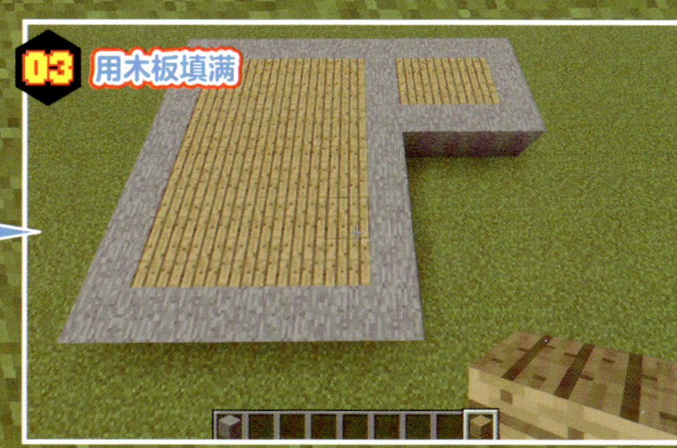

用木板填满地基，这个部分将会成为房子的地板。

LEVEL UP！

如果你的资源充足

也可以用黑曜石填满地基，这样就不怕被苦力怕攻击了哦！

盖出墙壁完成一楼的部分

地基完成后，就用木板搭建墙壁，完成一楼的部分。建议墙壁的高度至少为 3 格，考虑到日后可能会增建或改建，所以最好要有 5~6 格的高度，当然还是要考虑设计的问题。由于本案例中的房屋占地面积不大，如果墙壁太高，外观看起来就会不平衡，所以把高度定为 3 格。

01 建造柱子

在角落盖出 4 格高的柱子，注意要使用与墙壁不同的材料来建造，这里使用的是金合欢原木。

CAUTION！

注意原木花纹的方向

由于原木放置成纵向或横向，花纹的方向会因此有所不同，所以要特别注意。为了避免搞混，最好一口气直直地盖起来。如上图所示，使用三种不同花纹的原木来盖，看起来就会非常时髦。

02 盖出墙壁
用木板将墙壁填满，然后在适当的位置放置玻璃板，作为墙上的窗户。
03 楼梯部分粗糙一些也无所谓
虽然需要一个通向二楼的楼梯，但在这个阶段不用太复杂，如果是生存模式，只要放置一般方块可以爬上二楼即可。

给窗户装上玻璃板

通过烧炼沙子就可以轻松获得玻璃，只要使用 6 片玻璃合成即可获得 16 片玻璃板，也就是说玻璃板的成本比玻璃还要低。虽然在创造模式中没有差别，但是在生存模式中这样做可是会节省成本的哦！

CHAPTER 01

01 6片变16片

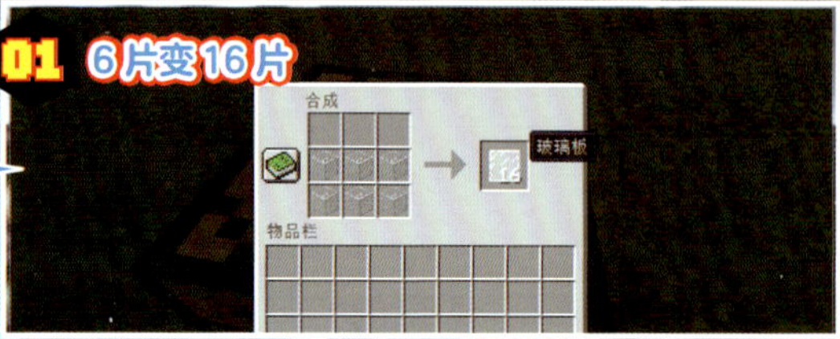

6 片玻璃就可以合成 16 片玻璃板。

02 左边玻璃右边玻璃板

窗户的右侧放置了 2 片玻璃，而在左侧则放置了 2 片玻璃板，如果不提，是不太容易看出二者的差别的。

盖出一楼的天花板

盖好墙壁再补上天花板后，一楼的部分就完成了。在 Minecraft 中，楼层的高度建议至少要有 3 格，因为角色的视线在 2 格高的位置，如果建筑高度只有 2 格，虽然角色可以移动，但是会产生很大的压迫感。

01 2 格高与 3 格高的差别

右图角色前方的天花板有 3 格的高度，而角色后方只有 2 格的高度，虽然 2 格的高度不会影响移动，但是会有压迫感。

02 3 格高的天花板

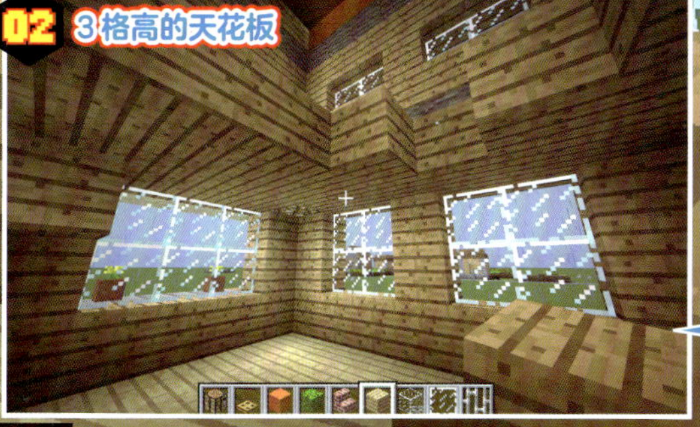

果然还是 3 格的高度不会有压迫感，所以要在第 4 格建造天花板，也就是二楼的地板。

不要吝于搭建脚手架

在生存模式中，要盖二层以上的建筑，特别是盖屋顶的时候，没有辅助工具会是一个大问题，这时候就需要和现实的建筑工地一样搭建脚手架。和现实中不一样的是，在游戏中可以一瞬间搭建好脚手架，而且拆掉后材料还能够回收。不过没必要在所有地方都搭建脚手架，必要的时候再搭建，才会更加高效。

CHAPTER 01

01 多搭建一些脚手架

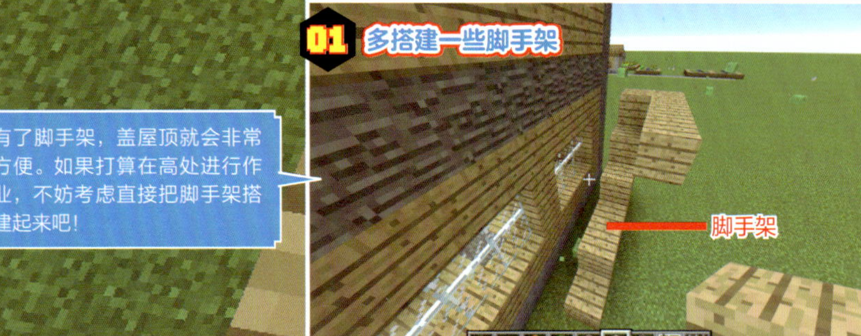

有了脚手架，盖屋顶就会非常方便。如果打算在高处进行作业，不妨考虑直接把脚手架搭建起来吧！

02 房子里也可以搭

在房子里也可以搭建脚手架，搭建时只要点几下即可，拆掉时也非常简单。用泥土或砂岩来搭建脚手架，不管是搭建还是拆除都只需点一下即可。

把画面拉到正下方，然后直接向上跳，在掉下去之前在正下方放置方块，这样就可以一路向上盖了。如果不担心摔落的话，就不用费力去盖楼梯了。

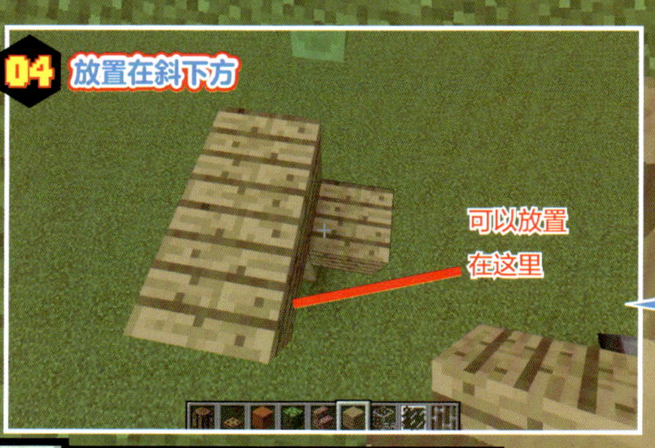

在移动时按住 Shift 键，移动到方块的边缘时就不会掉落。利用这个技巧，就可以在斜下方放置方块了。如果使用上一步的技巧盖到空中，就可以再利用这个技巧横向盖出楼梯了。

让屋顶超出墙壁

脱离豆腐块建筑最简单、有效的做法就是让屋顶超出墙壁 1 格。看一下现实中的三角形屋顶就能了解，即使是长方形的房子，屋顶也一定会超出墙壁，所以只要将这一点在 Minecraft 中重现即可。

CHAPTER 01

01 用楼梯来盖屋顶

虽然用一般方块也可以盖出三角形屋顶，但是如果高度不到 6 格，看起来就不太逼真，因此用楼梯方块来盖屋顶会更加适合。

02 让屋顶超出 1 格

上图为屋顶的完成图，让屋顶超出墙壁 1 格，看起来就会比较像现实中的房子。

CAUTION!

看起来好丑?!

上图虽然是用楼梯方块建成的三角形屋顶，但却感觉非常丑。问题的关键在于屋顶与墙壁切齐，没有建造出屋檐。

03 角落放到最后再盖

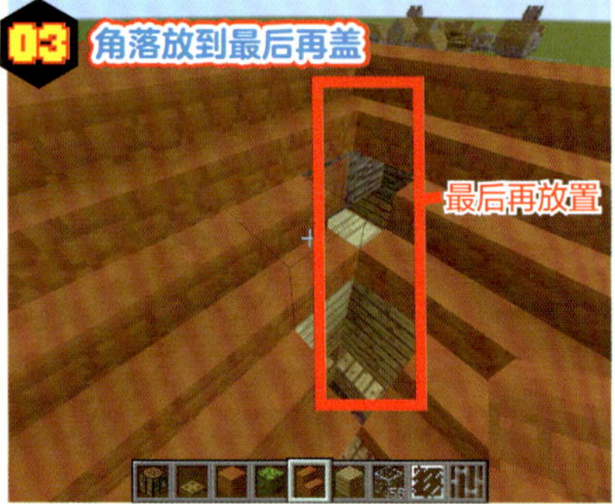

楼梯方块的形状会随着放置方式的不同而改变。横向放置时，如果将准星对准相邻方块的上半部分，就可以放置成反方向；对准下半部分，就会变成正常的方向。如果角落的中央部分留到最后再放置，就会变成 L 形的哦！

装饰窗户与玄关

豆腐块建筑的最大特征就是外观上没有什么起伏，所以这里需要在四周加上装饰。像在窗户或门的上方加上任意方块，看起来就会非常像样了，而活板门就属于这类方块。在窗户下方放置台阶与反方向的楼梯，就可以搭建出小窗台。

01 放置活板门

在大门上方还有空间的位置放置活板门，然后点击右键，看起来就会像换气窗了。

02 让光线透出来

横向放置 4 个楼梯，然后再放置活板门。这里的楼梯方块要使用不同材质，通过颜色的不同体现窗户的变化。然后在后方放置一个光源，到了晚上就可以看到光线透出来的样子了。

03 制作窗台

用反方向的楼梯、石砖台阶以及栅栏搭建出窗台，上方使用的是砂岩楼梯，可以让整个窗台的色彩看起来更丰富。

04 最后放置花盆

光是窗台的话，看起来还是有些空，所以可以再放置 2 个花盆，并且种入花草。

建造阳台

虽然直接建造出 L 形的房子也不错，但是在闲置的空间中放置露台就可以变成阳台，让房子更加独特。用台阶来搭建地板，制造出一些高低差。建造完成之后，还可以将花摆满阳台。

01 用台阶搭出地板部分

用与房子相同的材料建造柱子部分，而铺地板的台阶方块则需要使用与墙壁不同种类的木板，看起来才会更加逼真。

02 放置栅栏后就完成了

在柱子上放置栅栏之后，阳台部分就完成了。由于房子的墙壁使用的是橡木木板，所以阳台的地板可以选用丛林木板，让阳台的地板颜色更深一些。

建造烟囱

屋顶完工之后，接着就是加盖一根烟囱。只要将 8 个反方向的砖块楼梯组合起来，看起来就是一根烟囱了。诀窍是要先放置 1 个方块作为基石，然后在周围反方向放置楼梯方块。别忘了放置驱逐怪物的光源哦！

01 在中央放置 1 个基石

在烟囱的中央放置 1 个方块，然后在周围放置反方向的砖块楼梯。

02 最后再拆掉基石

放置好 8 个砖块楼梯之后，再把中央的基石拆掉，这样看起来就更像烟囱。

03 别忘了放置光源

这个案例中的建筑会在屋顶形成平坦的空间，到了晚上就会自动生成僵尸，因此别忘了放置光源防止怪物生成。可以在这里放置荧石，再在周围用活板门装饰。

04 用活板门围起来

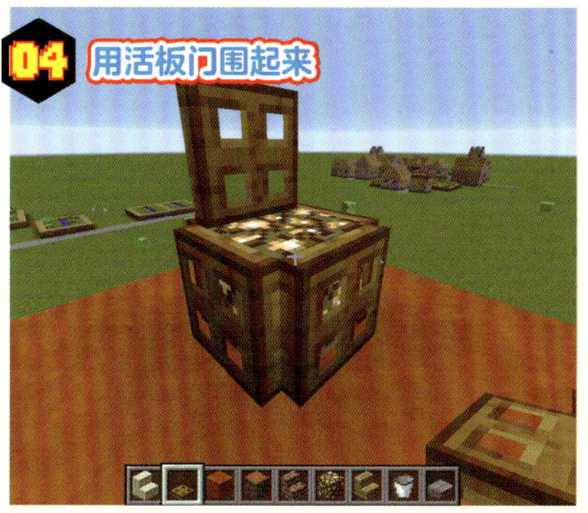

在周围放置活板门，然后点击右键关闭活板门，这样看起来会比单纯 1 个荧石更美观。

活用技巧1 ~有水流的房子~

只要按照之前的步骤来盖，就可以完全脱离豆腐块建筑了！不过二楼的阳台下方还有空间可以使用，这里可以按照自己的兴趣来进行装饰，盖一个世界上独一无二的空间吧！下面这几个案例可以作为参考。

01 水槽部分

在地面上挖出一条沟，并且要符合水墙的形状。详细内容请参考 P77。

02 放置最少量的玻璃

在阳台下方的空间上下都放置玻璃板，中间就算不装任何东西也没问题。但是如果水墙崩塌，水就会从中间流出来。

所需材料

- 玻璃板
- 水桶

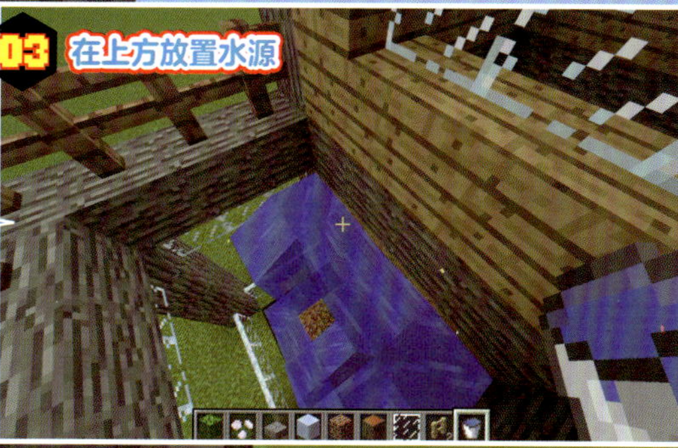

03 在上方放置水源

先将阳台的地板拆掉，然后放置水源，诀窍是对准玻璃板的内侧放置。

04 水墙完成了

在现实中要花费巨额成本才能安置水墙，在 Minecraft 中很轻松就完成了。看来史莱姆与骷髅们也很开心呢！

活用技巧 2 ～有宠物的房子～

这部分介绍把阳台下的空间改造为养狗空间的案例。虽然 Minecraft 中没有狗，但是我们可以用狼来代替。如果是爱猫人士，也可以将狼换成山猫。接下来，一起把这里改造成有床、有玩具，还能喂食的舒适空间吧！

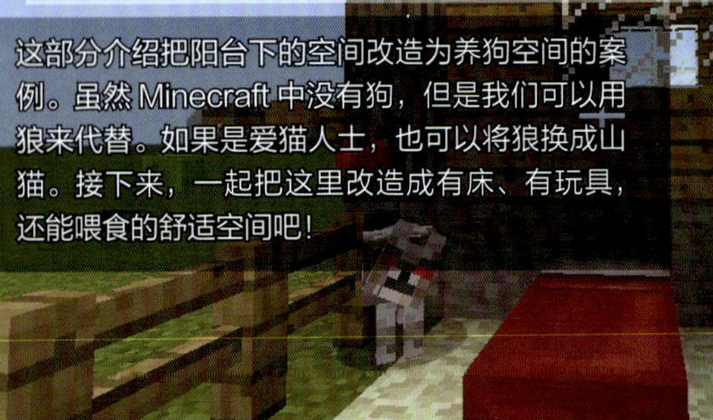

所需材料

- 狼（刷怪蛋）
- 木门
- 木栅栏
- 物品展示框
- 骨头
- 漏斗矿车
- 生肉
- 充能铁轨
- 苦力怕的头
- 花盆
- 末地石

CHAPTER 01

01 放置养狗空间的栅栏与木门

将阳台下方的空间用木栅栏与木门围起来，在地板上铺上末地石。在木门上放置物品展示框，然后用狼的刷怪蛋将狼召唤出来。

02 在门上放置骨头标记

按住 Shift 键对准物品展示框放入骨头，骨头标记就完成了。接着再用相同的方法在物品展示框中放入苦力怕的头，当作绘画来装饰墙壁。

03 床与澡盆的舒适空间

在空间中直接放一张床，并放置漏斗矿车，看起来就非常像狗用澡盆了。矿车无法直接放置在地上，可以在下方先放置充能铁轨，再放上矿车即可。

04 别忘了玩具与水

最后别忘了放置苦力怕的头当作玩具，放置花盆当作水盆。只要喂狼吃生肉，就会出现爱心符号，看起来很可爱哦！

活用技巧3　~有晾晒空间的房子~

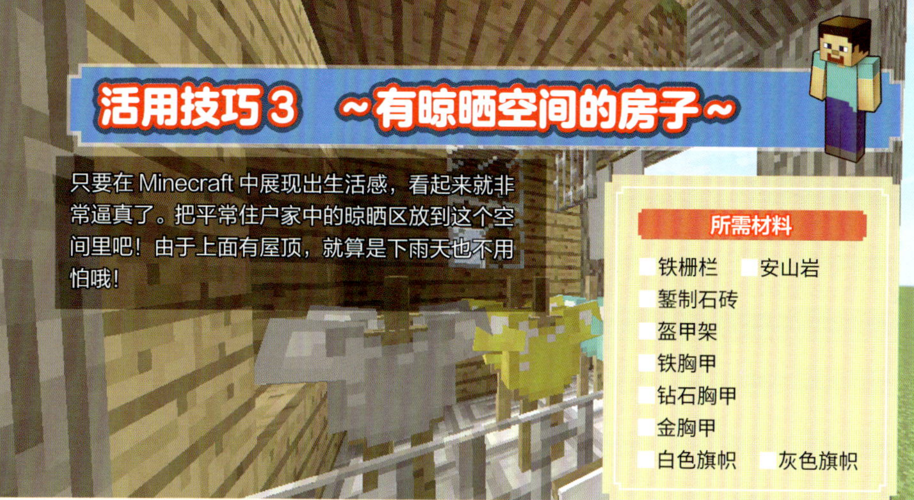

只要在 Minecraft 中展现出生活感，看起来就非常逼真了。把平常住户家中的晾晒区放到这个空间里吧！由于上面有屋顶，就算是下雨天也不用怕哦！

所需材料

- 铁栅栏
- 安山岩
- 錾制石砖
- 盔甲架
- 铁胸甲
- 钻石胸甲
- 金胸甲
- 白色旗帜
- 灰色旗帜

01 用石头和铁栅栏营造出阳台的气氛

在地板外侧放置安山岩，内侧铺满錾制石砖，然后用铁栅栏将空间围起来。像这种石头和铁栅栏的组合，看起来就非常像阳台了。

02 放置盔甲架作为晾晒架

平行放置盔甲架作为晾晒场。

03 放置胸甲作为T恤

在盔甲架上放上铁胸甲、钻石胸甲以及金胸甲做装饰，这样看起来就像是多种色彩的 T 恤了。

04 还有床单与毛巾

对着铁栅栏放置旗帜，在外侧放置白色旗帜，而在里面的天花板下则放置灰色旗帜，这样不但可以表现出床单与毛巾的质感，还可以营造出场景的深度。

用旗帜做成窗帘的秘籍是什么?

CHAPTER 02

装潢设计与家具制作

咦?!旗帜还能
变成镜子吗?

房间的风格剧变!
闪闪发光的水墙

在月夜下闪闪发光的喷泉完成了！

很多攻略都会说“请按照图片进行放置”，而具体的方块放置步骤却完全没有说清楚。因此，本单元将结合材料合成表来详细解说如何装潢与制作家具。无论是喷泉还是镜子，只要按照步骤操作，都可以做出来哦！

有了电视就非常有家庭的氛围！

重现老洋房的岁月感！

使用告示牌当作沙发的扶手

Minecraft 中最常见的家具制作法，就是用楼梯来制作坐椅。把楼梯放置在地板上，看起来就非常像椅子。虽然无法真的坐在上面，但是像这种“外观相仿”才是 Minecraft 中装潢设计与家具制作的主要概念。不过，别忘了加入一些小设计，不然其他玩家怎么看它都只是 1 个楼梯。

所需材料

- 木质楼梯 ×2
- 告示牌 ×2

01 只有 1 个楼梯也 OK

上图为橡木楼梯，依木板的种类不同，颜色也会有所变化哦！

02 加长

将 2 个楼梯排列在一起，看起来就更像椅子。

03 加上告示牌

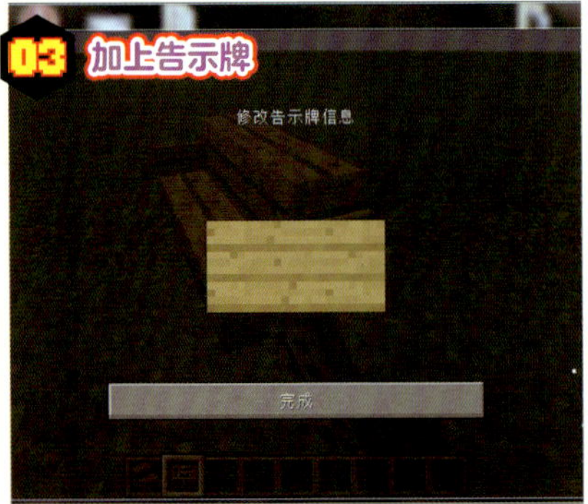

在椅子的左右两侧都加上告示牌。也许会有读者好奇为什么要这样做，这里先卖个关子。记住，告示牌里不要输入任何文字。

04 左右都放置告示牌就变椅子了

在楼梯两侧都加上告示牌之后，整个物体看起来就像是加了扶手的椅子。像这样将几种道具组合起来，变成与原本用途完全不一样的道具，就是设计的核心要领。

咖啡厅风格的桌椅

这里要介绍的是 2 张单人椅加上桌子的组合，就是在咖啡厅或餐厅中常见的桌椅家具。虽然算不上诀窍，但是用活板门当作桌面也是很有趣的设计哦！比起地毯的单一颜色，活板门上的洞看起来会是一个更有趣的装饰。

所需材料

- 楼梯 ×2
- 栅栏 ×1
- 活板门 ×1

这次也是将楼梯当作椅子。不过遗憾的是，椅子不能真的用来坐，这套桌椅也仅仅是看起来像真的而已。

在单独放置的时候，只是一根棒状的物体。如果直直向上盖，就会变成长长的柱状，这一特点使得它在很多地方都能得到应用哦！

这次桌椅的 2 个楼梯在放置时需要相隔 1 格的距离，并且 2 个楼梯要相互面对，然后在中间再放置一个栅栏。

虽然可以像 P68 一样使用地毯，但如果是要放置在咖啡厅，使用活板门会更加时尚。

L形桌椅

在装潢客厅、接待室等房间时，最常使用的家具就是L形桌椅。将楼梯排列成L形后，看起来就会像沙发，这也是制作家具的基础要领。以放置位置的中央来区别，放在上方和下方的楼梯方向会有所不同，所以要特别注意。另外，玻璃板看起来只有1片，但其实有2片哦！

所需材料

- 楼梯 ×5
- 玻璃板 ×2
- 地毯 ×2

CHAPTER 02

01 放置楼梯作为椅子

用楼梯来充当椅子已经成为制作家具的常识了。首先，在地上放置2个楼梯。

02 排列成L形

接下来，放置楼梯并拼成L形。如果要做成沙发的话，3×1的大小是最适当的，不过这次L形的两边需要放置成相同的长度。

03 用玻璃板当作桌脚

放置2片玻璃板，如果只有1片，看起来就会是一根玻璃棒。不过就算是玻璃棒也有适用的地方，建议还是记下来哦！

04 放置地毯作为桌面

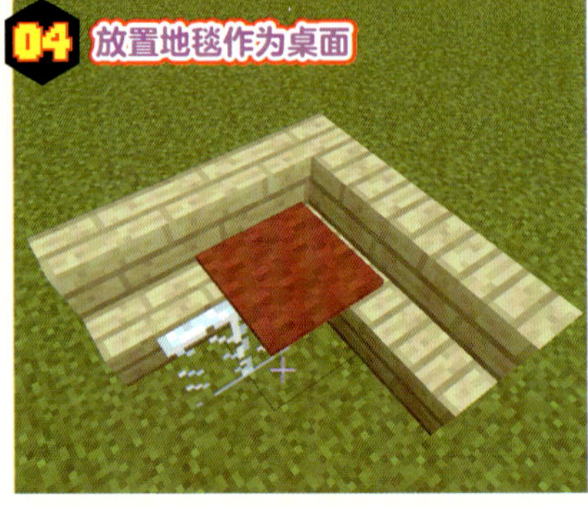

在玻璃板上放置地毯作为桌面，地毯的颜色有很多种，这里也可以使用其他颜色的地毯。

收藏空间

不管什么样的房子都会有收藏空间，虽然 Minecraft 中有箱子可以用来收藏，但如果要装饰房子，收藏空间就是不可或缺的一部分了。收藏空间的制作方法其实非常简单，只要用木板搭出框架，再放置地毯即可。虽然这个空间无法真的收藏东西，不过用在室内装潢中还是很适合的哦！

所需材料

- 木板
- 地毯

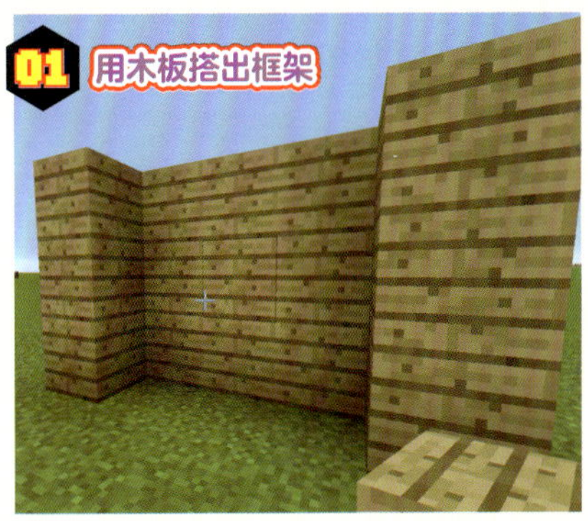

01 用木板搭出框架

首先，用木板搭出框架，这次的置物架高 3 格，并且分为 3 层。

02 放置地毯作为层板

在地上铺设地毯作为层板。虽然这里使用的是黄色地毯，但是改用红色或许会显得更加高贵。

03 放置其他层板

接着，放置第 2 层地毯。虽然地毯悬空放置看着有些奇怪，不过如果旁边放有木板，看上去就不会奇怪了。

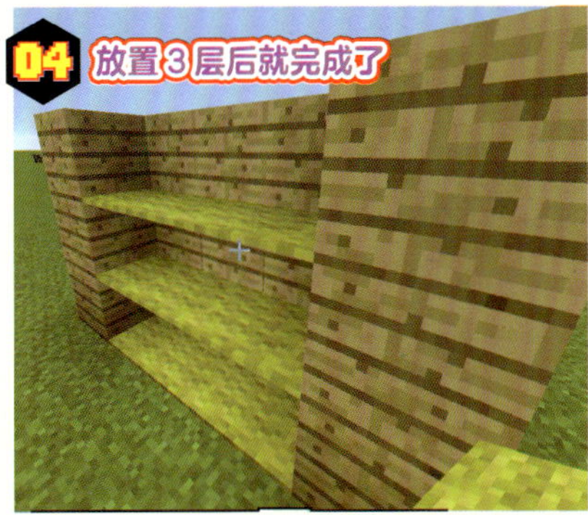

04 放置 3 层后就完成了

将第 3 层地毯放置好之后，收藏空间就完成了。制作时可以配合房子的大小来调整空间的大小。

窗台

忽略细节会很容易让建筑变成豆腐块形状，因此建造建筑时，不只是加个雨棚就可以了，还需要从其他细节上进行装饰。把这些小细节累积起来，才会变成豪宅。另外在P67中曾经介绍过，垂直堆放栅栏就会变成一根柱状的技巧，这里也会应用到哦！

所需材料

- 玻璃板 ×4
- 安山岩 ×5
- 木质台阶 ×5
- 栅栏 ×4

CHAPTER 02

01 典型的豆腐块建筑

通常，豆腐块建筑的窗户部分都只是挖空墙壁并装上玻璃板而已。

02 在窗户下面加盖窗台

在窗户下面加盖窗台，不用像阳台那么大，这里可以用安山岩来让色彩更丰富。玩家也可以自己改成石台阶等其他材料哦！

03 在窗户上面加盖雨棚

接下来就是脱离豆腐块建筑的实用技巧：加盖雨棚，直接在窗户上面放置木质台阶，这样雨棚就完成了。

04 用栅栏制作支撑柱

垂直堆放栅栏就会形成柱状，利用这个技巧，在左右搭出支撑柱。

动手装潢一间书房

结合前几页学到的技巧，来试试实际装潢一间房间吧！这里要尝试的是书房，搭建书柜，再加上一套桌椅，看起来就有书房的氛围了。诀窍是利用符合告示牌颜色的橡木，椅子部分使用橡木楼梯，而桌子则使用其他木板制造出差异感。

所需材料

- 红色地毯 ×2
- 云杉木栅栏 ×1
- 云杉楼梯 ×1
- 橡木楼梯 ×1
- 告示牌 ×1
- 附魔台 ×1

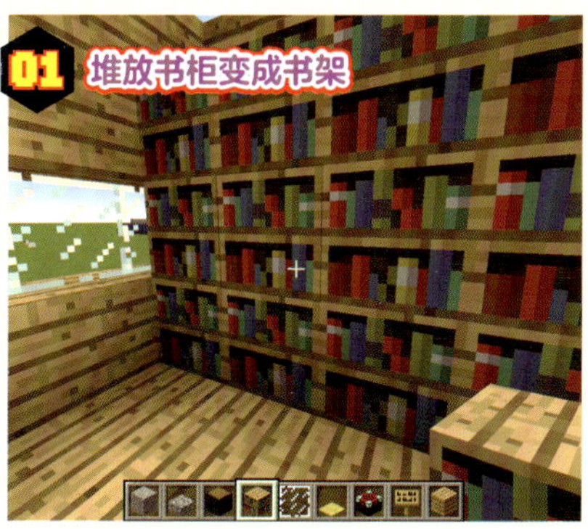

在 Minecraft 中装潢时，利用方块原本的用途来进行装饰是相当罕见的，但书柜就是一例，这里用书柜堆满整面墙。

依序放置附魔台、栅栏以及楼梯。

这里与 P68 一样，放置地毯作为桌面，除地毯之外，还有许多材料都可以用来当作桌面。

然后在爬上桌子的位置放置楼梯，最后在楼梯两侧装上告示牌，这样就完成了。

箱形的火把照明

如果要问室内装潢的重点是什么，那就是“照明”。这部分介绍的方法不需要用到红石机关，不仅外观看起来很漂亮，而且建造方法非常简单。关键道具就是活板门。只要将活板门组合成箱形，里面再插上火把，光线就会从活板门的缝隙中透出来，变成帅气的照明装置哦！

所需材料

- 火把 ×1
- 活板门 ×4

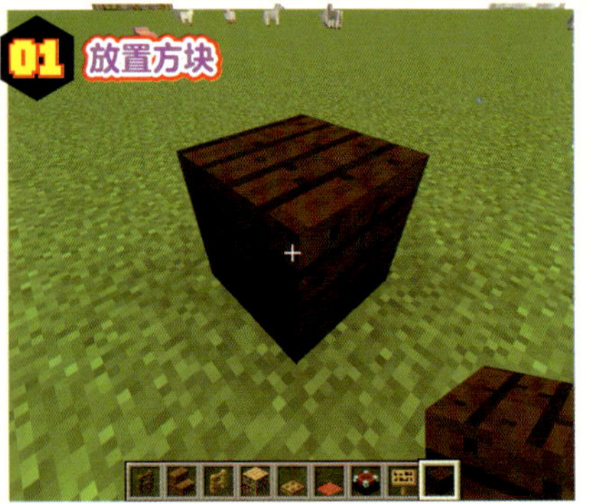
01 放置方块

首先，任意放置 1 个方块，上图中使用的是深色橡木木板。

02 在侧面放置活板门

在步骤 01 放置的方块侧面放置活板门，记得一定要在每一面的正前方放置哦！

03 完成箱形后拆除方块

四周的活板门顺利放置完成后，再放置正上方的活板门。最后拆除刚刚放置的方块，再插上火把或红石火把。

04 帅气的灯具就完成了！

烛台风格的照明灯具完成了。只需 7 个方块就可以完成，不妨试试看哦！

让地毯闪闪发亮的隐藏式照明

虽然房子里很需要照明，但是如果到处插满火把，难得营造出来的气氛就全毁了，所以最好制作隐藏式照明。其实 Minecraft 的地毯有透光的特性，所以可以在地毯下挖洞插上火把。如果可以，建议放置更亮的荧石。

所需材料

- 火把
- 地毯

01 放置火把

在房间里将地板下挖 1 格，然后插上火把或放置荧光石等光源。

02 在上面放置地毯

在光源的上方放置地毯。

03 变亮了

上图的光源只有地毯下的火把，而且亮度已经足够了。

CAUTION!!

没办法在火把上放置地毯?

有些玩家无法将地毯放置在火把上方，是因为火把的目标太小，放置的时候准星很容易对准到火把下方的方块。只要对准火把，就可以顺利放置了。

用火把制作真正的水晶吊灯

如今，水晶吊灯基本都被蜡烛风格的灯泡代替，但是在Minecraft中可以完整重现真正的烛火水晶吊灯哦！不过，建议在天花板高度达7格以上的房间中放置。另外用栅栏来组合骨架并不困难，但是如果下方没有连接方块的话，看起来就会有些单调。

所需材料

- 栅栏 ×19
- 火把 ×12
- 荧石 ×1

CHAPTER 02

01 在天花板放置栅栏

首先在天花板垂直放置2个栅栏，这就是水晶吊灯的吊挂部分。

02 制作骨架

在刚刚放置的栅栏下方再放置1个栅栏，然后在其四周也放置栅栏，接着在四个面的中央部分各放置1个栅栏，做出框架。

03 在每个角插上火把

在每个角上都插上火把，然后在上个步骤的四个面放置栅栏的上方也插上火把。

04 装饰下方

在中央下方放置荧石，然后在荧石的四个面都放置栅栏，水晶吊灯就完成了。包括荧石在内，整个水晶吊灯的高度有4格，所以建议放置的房间至少要有7格高。

楼梯下的收藏库

楼梯下的空间很容易形成死角，最常见的做法就是将楼梯下的空间改造成收藏的空间。诀窍就是盖好楼梯后再拆掉辅助方块，然后再放置铁栅栏，将楼梯下方改造成收藏空间。

所需材料

- 楼梯 ×4
- 箱子 ×2
- 铁栅栏 ×10

01 首先清出空间

这次要放置的是箱子，加上旁边 1 格，总共要空出 3 格的空间。换句话说，楼梯要有 4 格高。

02 放置大型箱子

连续放置 2 个箱子，就会变成 1 个大型箱子，然后在旁边放置 1 个暂用方块。为了清楚易懂，这这个暂用方块使用不同的颜色。

03 放置楼梯

如上图放置暂用方块，在放置楼梯时也会变得更加容易。当楼梯放置好之后，就可以拆掉暂用方块了。

04 改造成收藏空间

收藏空间是独栋房子中楼梯下方的常见设计，在放置铁栅栏的时候，空着最下面 1 格，以便使用箱子。

条纹花样的窗帘

这里要介绍的是利用旗帜作为窗帘，而重点就是如何通过染色，将旗帜染得像窗帘一样。除本体颜色外，再加上条纹的花样，并且在上方加上白色的花边，不管怎么看都像是窗帘。接下来可以自己尝试，用其他染料试试看哦！

所需材料

- 步骤一
  浅蓝色羊毛方块 ×6 ＋木棍
- 步骤二
  旗帜＋青色染料 ×4
- 步骤三
  旗帜＋青色染料 ×4
- 步骤四　旗帜＋骨粉 ×3

CHAPTER 02

01 浅蓝色旗帜

上图就是用浅蓝色羊毛方块制作的旗帜，接下来要在旗帜上加上花纹。

02 青色染料

想在旗帜上加上直条纹，可以在工作台上旗帜的两侧各加上 2 个青色染料，这样就能获得直条纹的旗帜了。

03 染第二次

第二次染色要染成渐层色，使用相同的染料，就可以染成看起来像褶皱的花纹了。

04 用骨粉收尾

最后再用骨粉染一次就完成了！制作 2 个相同的旗帜，并且放置在窗上，看起来就像是窗帘了。

玻璃与闪闪发亮的水墙

如果一楼与二楼的一侧可以空出 3 格以上长或宽的空间，就可以建造在度假村或美术馆才有的水墙。过程非常简单，只要在下面挖出 1 格承受水流的沟，接下来在上方依照空出来的空间放置相应的水源即可。在 Minecraft 中，就算水一直流，也不会出现积水哦！

所需材料

- 水
- 荧石
- 玻璃

01 首先挖出接收水流的沟

首先挖出一条水沟（本例中挖出 5 格），这样才能接收从上面流下来的水。

02 水源的上方

在水墙正上方的二楼地板上挖出一条与上个步骤相同大小的沟。

03 放置水流

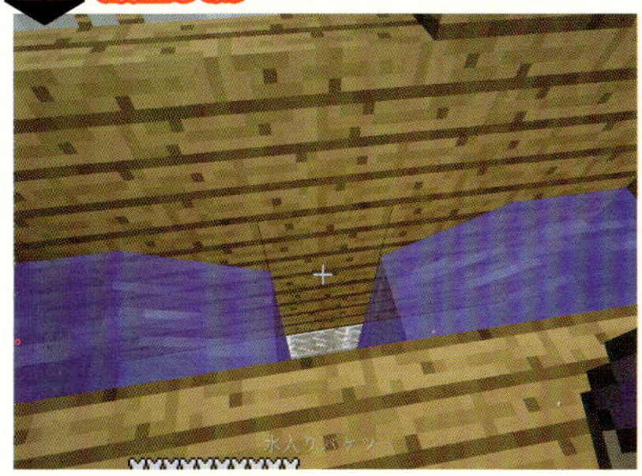

接下来只要放置水源即可，诀窍就是左右均匀地配置水流。依照本例来说，可以在 1 格、3 格、5 格或 2 格、4 格放置水源。

04 完成水墙

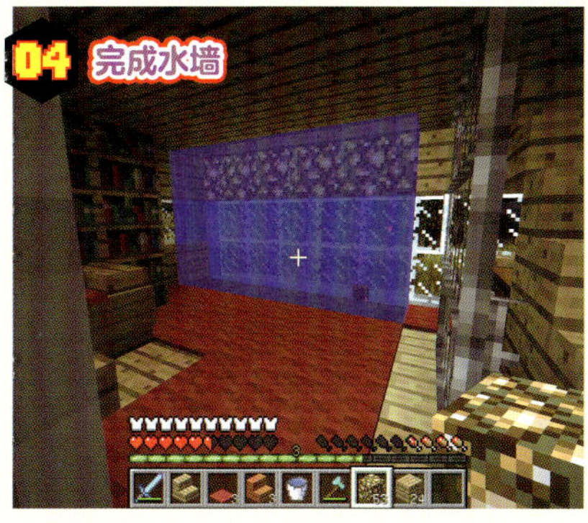

水墙建造完成了！在水墙后方放置荧石与玻璃，还能作为光源哦！

喷泉

在 Minecraft 中，每个人都可以自己盖一幢拥有喷泉的豪宅，这里就来看看喷泉要怎么盖。小型喷泉的建造方法非常简单，只要用水桶将水源放置在水池中央的突起物上即可。

所需材料

- 石材 ×20
- 木板 ×7
- 荧石 ×1
- 水 ×1

CHAPTER 02

01 小型水池

要盖小型喷泉，长宽各 7 格就足够了，这里在四边的每个边上都放置 5 个石头。

02 让水流产生变化的基座

在中央放置 1 根支柱后，再朝四个方向延伸，就放置好了可以让水流改变的基座。

03 在顶端放置荧石

再将基座向上盖 2 格，如果可以，最好在顶端放置荧石，这样到了晚上还能发光，看起来也会非常漂亮。

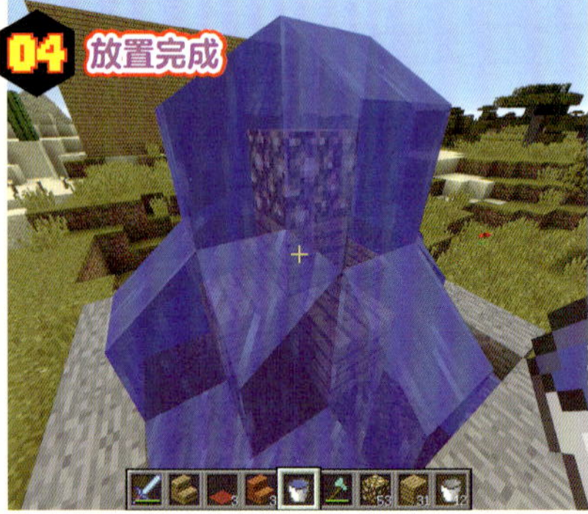

04 放置完成

在支柱的最上方放置水流，如果想把喷泉建造得大一些，那就在下方多加一层，将突起物加大，让水流的变化更大即可。

墙上的镜子

这里要介绍的是用旗帜来模仿镜子，可以说是Minecraft中装潢设计的代表案例。旗帜在P76是用来当作窗帘的，而这次则是要拿来当作镜子。当然，这个镜子无法照出景色，只是看起来像全身镜一样。除染色方法外，还要注意的就是放置镜子时的高度。

所需材料

- 羊毛方块 ×6
- 木棍 ×1
- 浅灰色染料 ×3
- 青色染料 ×4
- 可可豆 ×8

01 白色旗帜

首先，用白色羊毛方块和木棍制作出白色旗帜。

02 加上浅灰色的反光

在工作台右下角放上3个浅灰色染料，这样就可以在旗帜上加上如同反光的花纹了。

03 加上青色

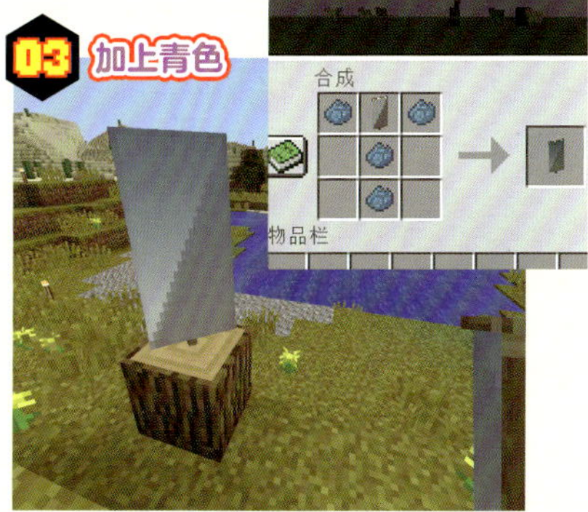

再将旗子的上半部分染成青色，让旗帜看起来像玻璃板的材质。

04 加上镜子的木框

最后在旗帜四周加上可可豆，就会出现像木框的花纹，这样镜子就完成了。放置镜子时要瞄准2格的上方，这样就不会出现木棍了。

没有水沟的水墙

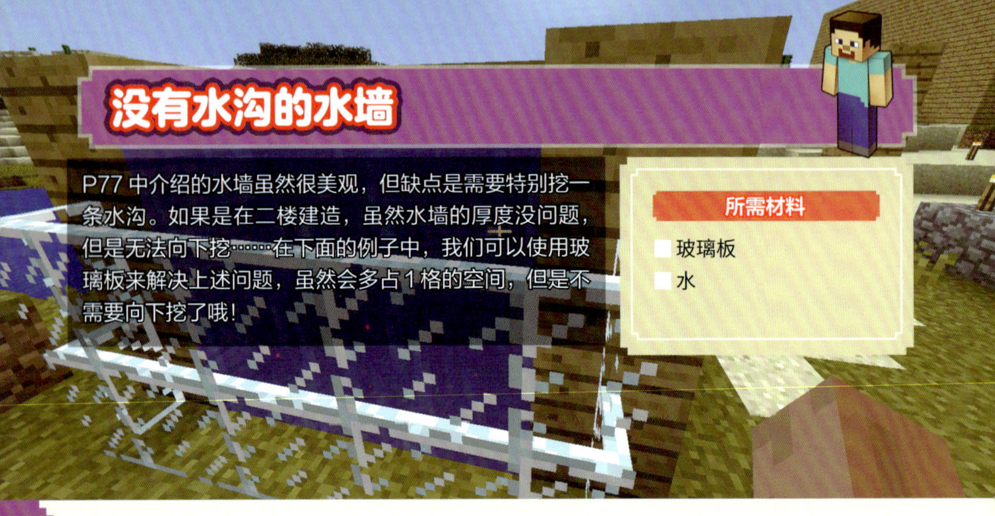

P77 中介绍的水墙虽然很美观，但缺点是需要特别挖一条水沟。如果是在二楼建造，虽然水墙的厚度没问题，但是无法向下挖……在下面的例子中，我们可以使用玻璃板来解决上述问题，虽然会多占 1 格的空间，但是不需要向下挖了哦！

所需材料

- 玻璃板
- 水

CHAPTER 02

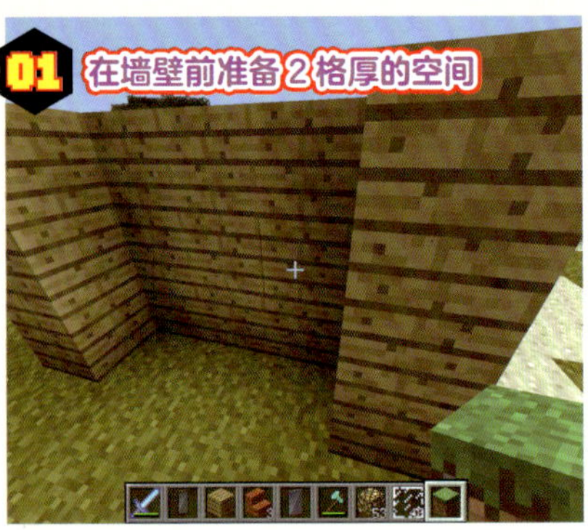

01 在墙壁前准备 2 格厚的空间

在想放置水墙的位置将墙壁缩进 2 格深。

02 放置玻璃板

在墙壁的前面放置玻璃板，顺便在墙上放置物品展示框装饰一下。另外也可以在墙中放置荧石，当成光源也不错。

03 放置水流

用玻璃板覆盖墙面，然后在墙上方的左右两侧均匀地放置水方块。

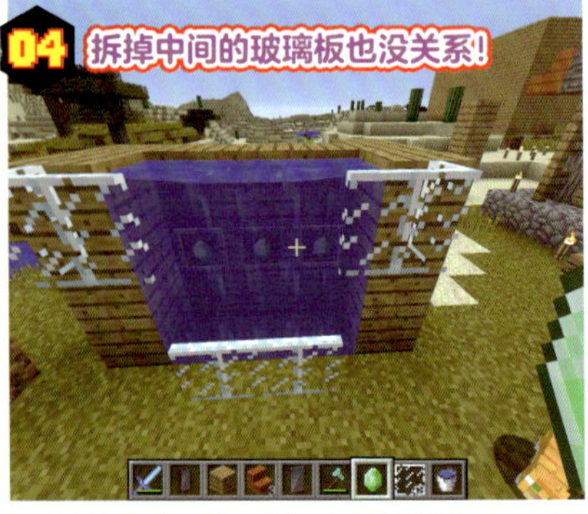

04 拆掉中间的玻璃板也没关系！

只要在最上方和最下方放置玻璃板就好，水不会从漏洞中渗出。不过这样还算不上漂亮，建议与其他装潢搭配放置，效果会更好。

爬满藤蔓的西式窗台

盖完小木屋后，接下来要挑战西式砖房会很容易。但是如果要将建筑盖成长方形，又会很容易变成豆腐块建筑，所以重点就是如何装饰了。因此这部分要介绍的是如何建造西式砖房中爬满藤蔓的窗台。

所需材料

- 砖块
- 玻璃板 ×4
- 苔石砖 ×2
- 苔石墙 ×2
- 白桦树叶 ×2

01 首先正常放置窗台

在西式砖房中，用玻璃板盖出窗户，然后在外侧放置苔石砖作为窗台。

02 加上苔石墙

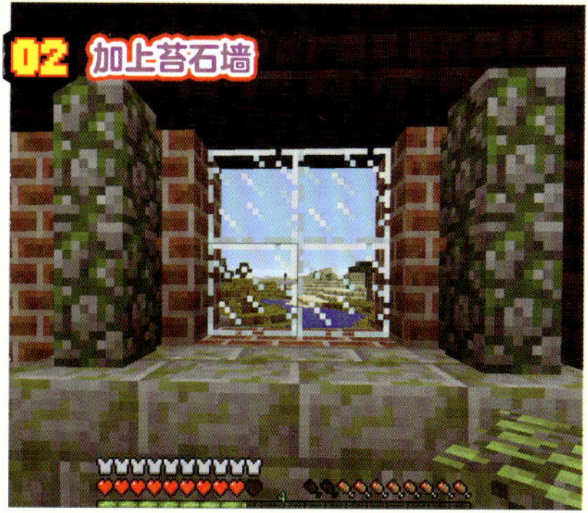

如果直接放置树叶，会感觉有点奇怪，所以先在左右两侧放置苔石墙作为支撑柱。

03 放置叶子

这里放置的是白桦树叶。顺带一提，屋顶需要反方向放置楼梯方块，这样可以营造出外檐的感觉。

04 多盖几个窗台

连续多放置几个窗台，就会产生老公寓的感觉。

附带音响的大型液晶电视

如果想盖现代化的房子，室内的摆设也需现代化，而电视就是不可或缺的道具了。制作电视所使用的是绘画，不过画的种类是随机出现的，所以可以不停地放置与拆除，直到出现想要的种类为止。另外，在物品展示框里放置唱片，可以制作出像音响的家具。

所需材料

- 书架 ×2
- 绘画 ×1
- 荧石 ×2
- 物品展示框 ×4
- 唱片 ×4

01 放置基座

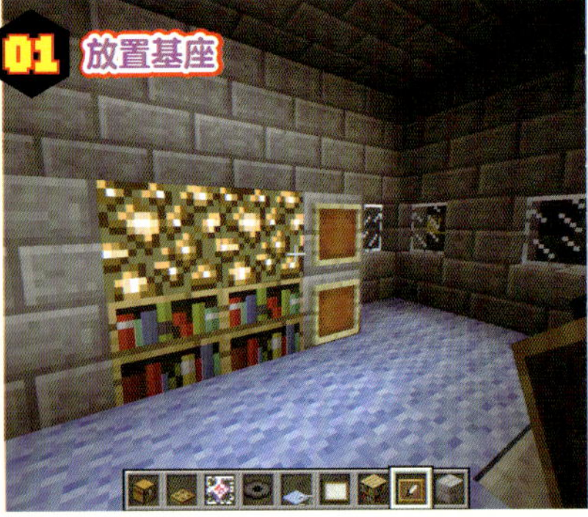

放置 2 个书架，然后在书架上方放 2 个荧石，接着在左右再放石砖。虽然荧石不是必要的，但是在装潢室内时，只要是能够隐藏光源的地方，最好都放置光源，这样室内才会够亮，也不用放置多余的火把。

02 放置物品展示框

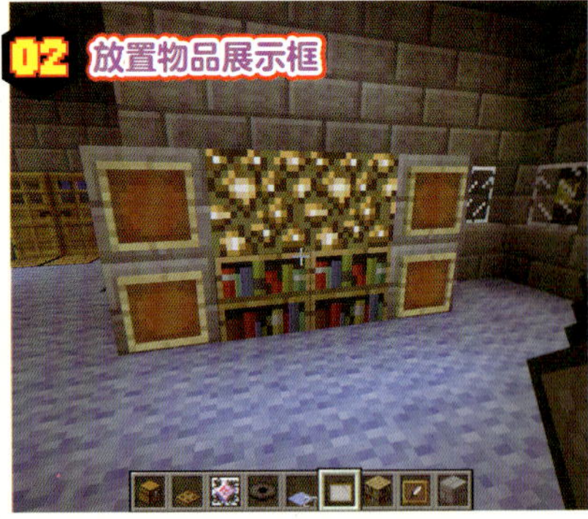

接着，放置物品展示框；然后把准星对准荧石的左上部分放置绘画。如果运气好，就会出现 2 格宽的画。如果出现的是 1 格宽的画，或不喜欢画的内容，也可以拆掉再重新放置。

03 放入唱片变成音响

在物品展示框里放入唱片，就变成音响了。当然，这里也可以不用展示框，而是用活板门来代替。

04 电视完成了!

电视完成了。诀窍是放置绘画时要把准星放在左上角，如果对准右边，就只会出现 1 格的画。

时尚的厨房

接下来要介绍的是稍微高级一些的装潢，也就是把多个家具组合起来，组合出一个时尚的厨房，看起来像平时生活中常见的开放式厨房，有燃气灶、料理台、冰箱以及抽油烟机等。单是如何放置就需要很多技巧，所以如果你的成品和图片中不一样，请改变一下放置时站的位置或十字准星瞄准的地方。

所需材料

- 铁门 ×2
- 熔炉 ×2
- 铁块 ×4
- 箱子 ×2
- 物品展示框 ×2
- 铁活板门 ×4
- 漏斗 ×1
- 拉杆 ×1
- 活板门 ×2
- 炼药锅 ×2
- 投掷器 ×2

01 用熔炉当作燃气灶

可以用熔炉代替燃气灶。放入熔岩当燃料，可以燃烧很久。

02 让熔炉变得更像燃气灶

如果只放置熔炉，看起来并不像燃气灶，所以还要在上面放置铁质活板门，让外观看起来更像燃气灶。

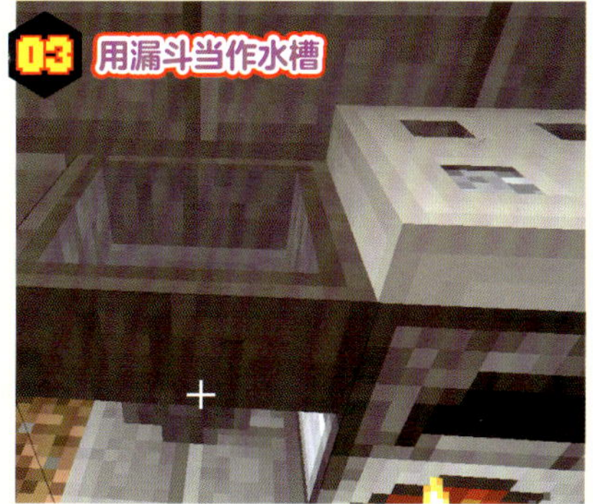
03 用漏斗当作水槽

在旁边放置漏斗，这样看起来就像水槽了。

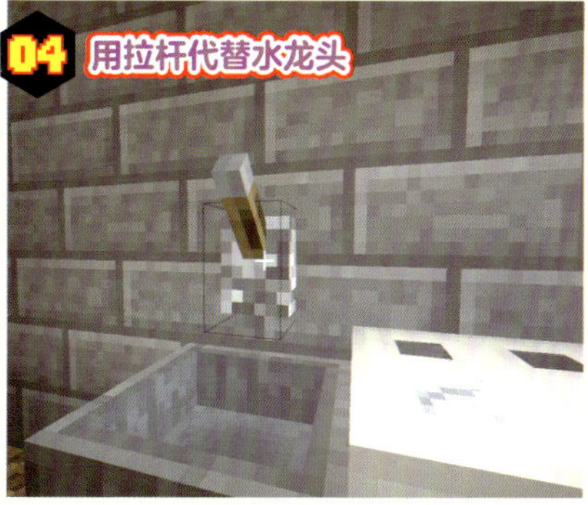
04 用拉杆代替水龙头

在漏斗上面放置拉杆，或许会有人想象不出来，不过点一下右键，让拉杆朝下，看起来就像水龙头了。

放置 2 个铁门，看起来就很像冰箱了。在放置的时候，要记得从内侧放置。如果两扇铁门没有对开，看起来就不太像冰箱，所以要特别注意。

放置完铁门之后，在内侧放置 4 个铁块，这样看起来就像是双开门式的大冰箱了。

先放置一个投掷器，然后在下面加个活板门。对着活板门点击右键关上，看起来就很像抽油烟机了。记得在旁边再放置一组投掷器和活板门，以对应下方的两个燃气灶。

冰箱上方是开放厨房的柜子。这里放置的是箱子，当然你也可以用书柜来代替。

放置好大型箱子后，按住 Shift 键，在箱子上放置物品展示框，然后在展示框中放入铁活板门。

对着铁活板门点击右键就会旋转 45°，直到将铁活板门转成直的，看起来很像柜门的把手，这样厨房就完成了。

整理过的衣柜

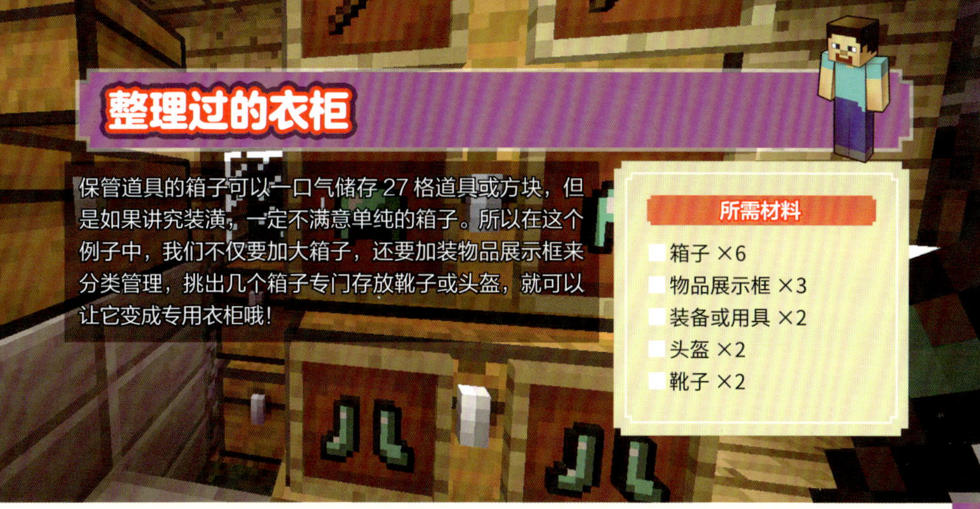

保管道具的箱子可以一口气储存 27 格道具或方块，但是如果讲究装潢，一定不满意单纯的箱子。所以在这个例子中，我们不仅要加大箱子，还要加装物品展示框来分类管理，挑出几个箱子专门存放靴子或头盔，就可以让它变成专用衣柜哦！

所需材料

- 箱子 ×6
- 物品展示框 ×3
- 装备或用具 ×2
- 头盔 ×2
- 靴子 ×2

01 放在一起容量就变两倍

将 2 个箱子放置在一起，就会变成能够储存 54 格道具的大型箱子。另外，如果在箱子上方放置方块，箱子就无法开启；但如果放的也是箱子，就没有问题了。

02 按住 Shift 放置

接着，把物品展示框放置在箱子前面，按住 Shift 键后，就可以顺利将物品展示框放置在箱子上了。

03 放入道具

接下来将锄、头盔、靴子等物品放到物品展示框中，只要把想放置的道具拿在手上，对着物品展示框点击右键，物品展示框就会显示出放到展示框中的道具了。

04 这样就变成分类整理过的收藏箱了

在箱子中放入道具，并且分类整理好。不仅是武器或装备，这种方法同样可以应用于食品类和药水类道具的分类整理。

捕捉怪物！

CHAPTER 03

新版红石的基本概念

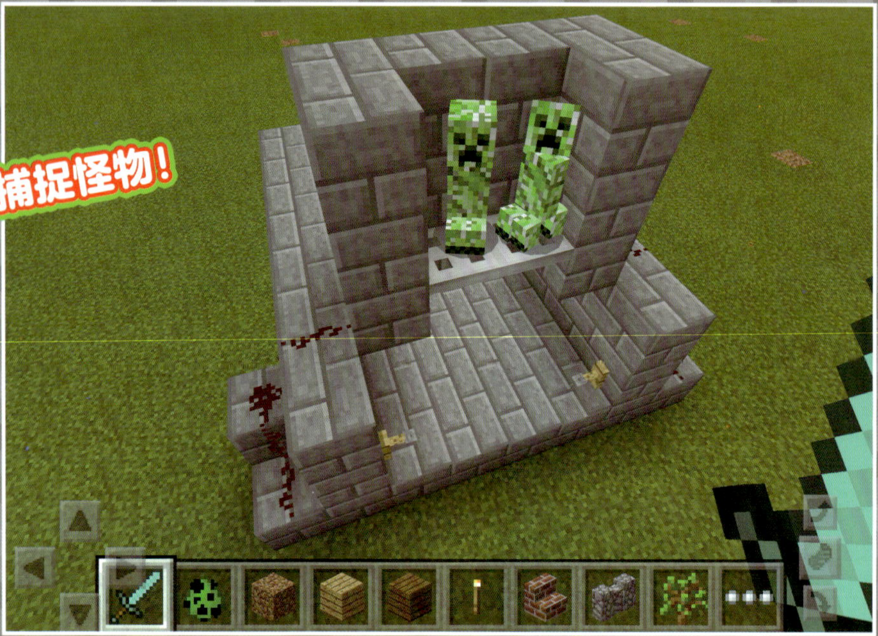

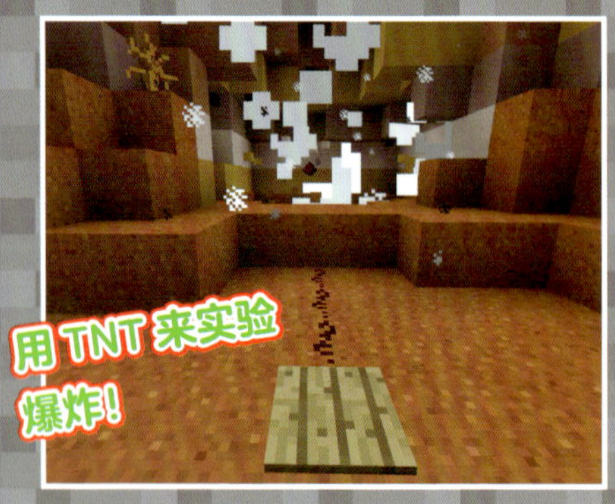
用 TNT 来实验
爆炸！

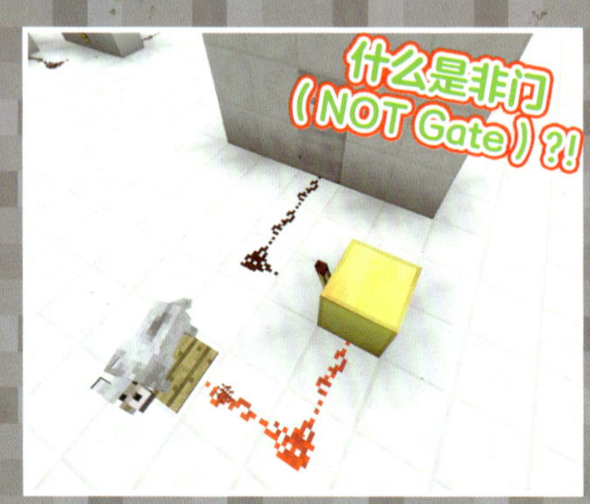
什么是非门
（NOT Gate）?!

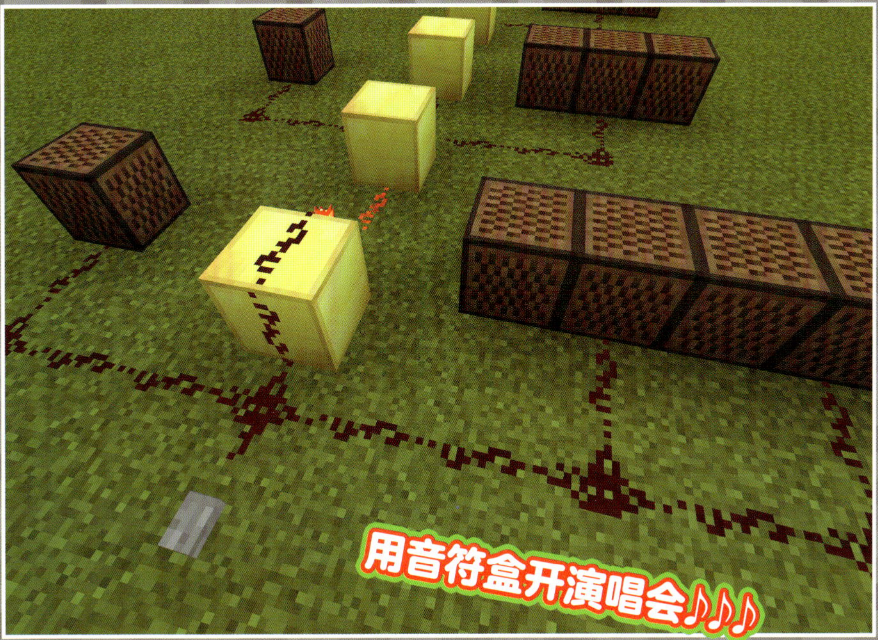

用音符盒开演唱会♪♪♪

原本 PE 版上无法使用的红石系统，现在终于可以使用了。本书不但会介绍这些复杂的红石系统，就连非门（NOT Gate）回路、或门（OR Gate）、与门（AND Gate）、异或门（XOR Gate）等难懂的专门用语也会详细解说哦！就像做理科实验一样，让读者可以在实例中进行学习。只要看完本章，你也会成为红石小专家哦！

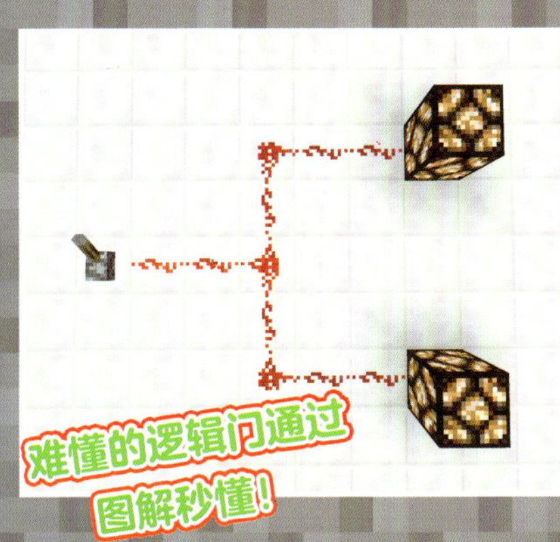
难懂的逻辑门通过
图解秒懂!

也会讲解 PE
版的内容哦!

红石机关这么厉害

终于，PE 版中也有红石机关了。只要善用红石机关，就可以实现许多连爱迪生也会吓一跳的发明哦！这里首先介绍一下红石机关可以做些什么事，让读者们能够大致理解。

01 不用再麻烦地手动开门了

如果不小心忘了关门，怪物就会入侵。这种问题可以用红石机关来防止，也就是说红石机关可以帮助玩家关门哦！

02 到了晚上不用再害怕了

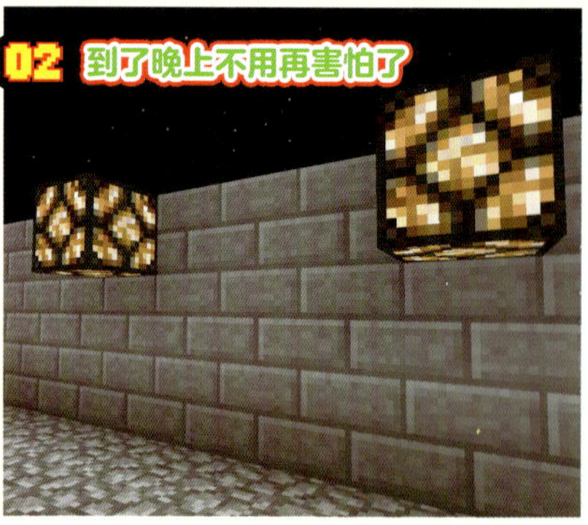

到了晚上，路灯就会亮起，而早上则会熄灭，像这种现实世界中的机关也可以在 Minecraft 中实现哦！

03 可以用来恶作剧

将红石电路藏起来就可以制作出掉落陷阱。地面突然露出一个洞，让怪物掉下去，想象一下都会觉得非常有趣！

LEVEL UP！

用做理科实验的心情学习逻辑门

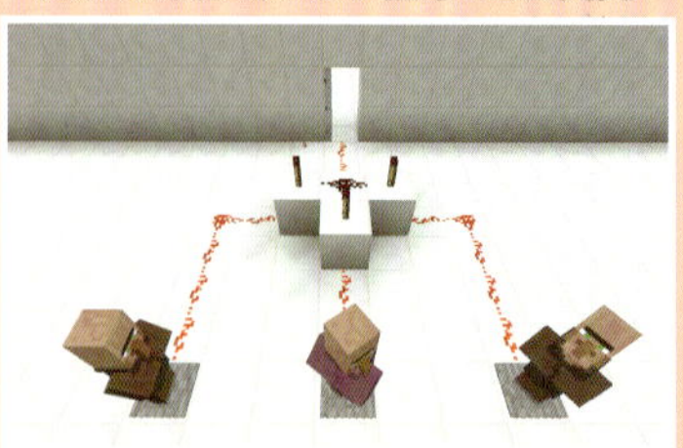

只要使用逻辑门（P102）就可以做出像计算机等复杂的机关。虽然原理有点难懂，但只要认真理解，做出这些机关并不难哦！

如何收集制造红石机关必要的材料

如果想熟悉红石机关，建议读者先在创造模式中尝试。如果想在生存模式中从零开始，就向地下挖掘，主要收集红石或铁矿等矿石，以及圆石和石头。

01 用铁质以上的镐挖掘

红石机关所需要的材料除红石之外，还有铁与金，平时要多收集这些矿石并存起来。挖掘这些矿石时，可以将一些圆石拿到熔炉烧炼成石头，因为红石机关也会用到石头。

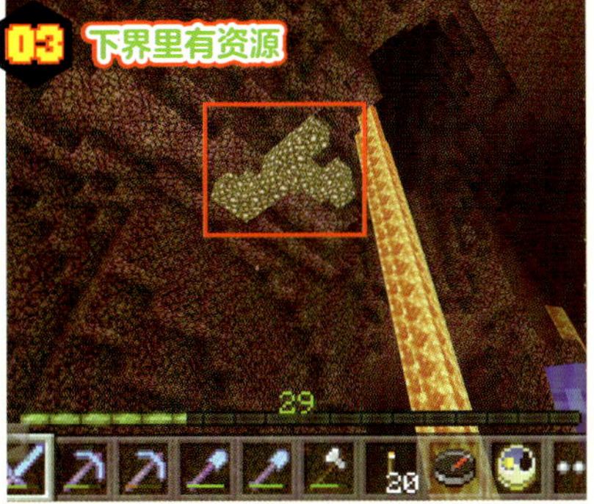

03 下界里有资源

想要制作能够用红石开启或关闭的红石灯，就需要荧石。而荧石存在于下界中，所以想要制作红石灯就需要到下界采集荧石。

02 少许木板即可

操作电路所需的拉杆与按钮都需要用木板来制作，所以还需要少量的木板。只要在附近采集一两棵树即可获得。

LEVEL UP！

在创造模式中马上就可以测试

如果是在创造模式中，需要的方块马上就可以获得。而在熟悉红石机关前，我们需要反复测试，因此建议先在创造模式中练习。

可以用拉杆开关的照明工具

这部分先来介绍照明工具，作为红石机关的入门。有了这个红石机关，就可以通过拉杆来控制红石灯了，而且只需要拉杆、红石和红石灯这三种材料哦！接下来，就在介绍过程中慢慢熟悉红石的专门用语吧！

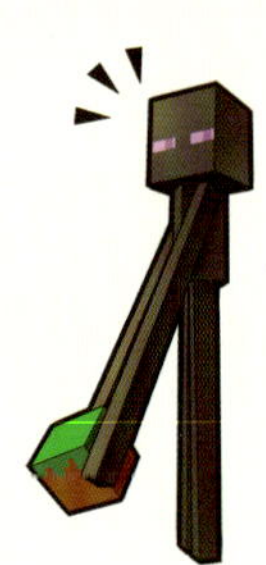

所需材料

- 拉杆 ×1
- 红石灯 ×1
- 红石适量

CHAPTER 03

01 放置红石灯

整个照明系统中负责发光的是红石灯，在 Minecraft 中，这种依靠红石信号运作的方块被称为“机械元件”。

02 在附近放置拉杆

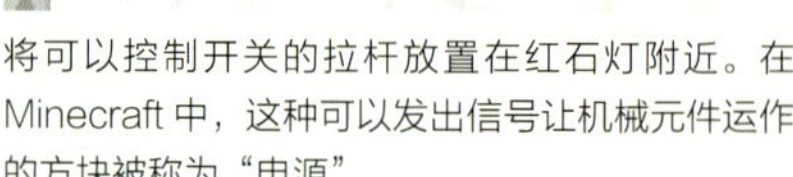

将可以控制开关的拉杆放置在红石灯附近。在 Minecraft 中，这种可以发出信号让机械元件运作的方块被称为“电源”。

03 用红石将拉杆和红石灯连接起来

接下来，用红石将拉杆和红石灯连接起来。这个用红石连接起来的线就叫作“传输元件”，可以将红石信号从电源传递到机械元件。

04 红石灯亮了

现在就可以用拉杆来控制红石灯的开关了。开启拉杆的时候，红石就会将拉杆发出的信号传递到红石灯，红石灯才会亮。

连接电路的规则是什么

在上一页介绍的例子中，读者们应该已经了解到红石机关传递信号的结构了。不过红石并不是随便放置就会产生效果的，所以这里要介绍一些连接红石电路的规则，这样能够放置的红石机关种类也会变多哦！

所需材料

- 拉杆 ×2
- 红石灯适量
- 红石适量

01 1个拉杆控制2个红石灯

在某个地方让红石电路兵分两路，信号就会分别传向两个地方。利用这个方法，可以同时操纵 2 个或 2 个以上的装置。

02 即使有1格落差也能顺利上传或下传

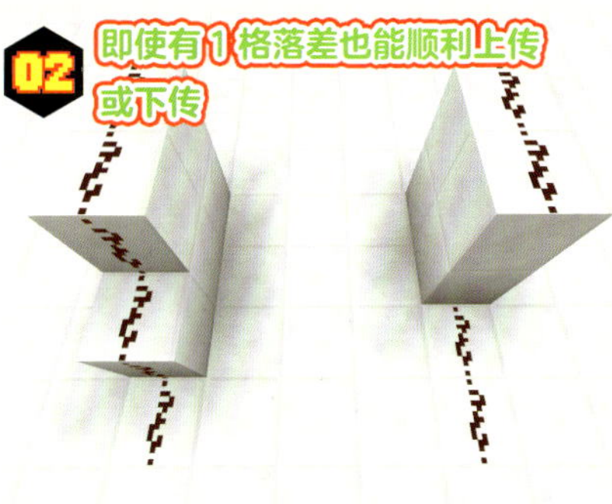

就算地势有高低落差，红石电路也能保持连接。如果高低差只有 1 格，无论是上传还是下传都不会有影响。但是高低差在 2 格以上，红石电路就会中断。

03 中间的电路乱成一团

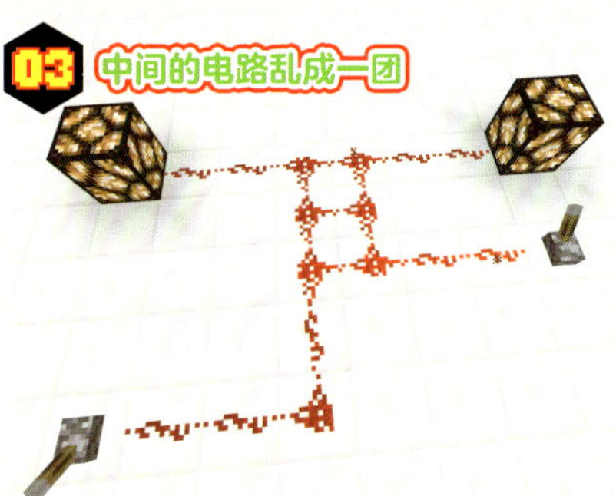

放置在相同高度并且相邻的红石一定会自动连接在一起，所以为了避免不同电路的信号混在一起，在放置电路时一定要相隔 1 格以上。

CAUTION !

信号的传递有距离限制

红石信号有强度的大小，红石越亮，表示信号越强；而传递距离越远，信号也会越来越弱，最后消失不见。但是如果按照 P108 介绍的内容多下点工夫，就可以将信号传递到远方哦！

简单的双自动门与掉落陷阱

红石机关接收到信号之后会如何动作？或红石机关如何才能按照自己所想的去运作？这些问题最好自己亲自在实例中学习并解决。这里会介绍一些简单的自动门与掉落陷阱，也会介绍一些容易出错的失败案例哦！

所需材料

- 拉杆 ×1
- 铁门 ×2
- 红石适量
- 活板门 ×1

CHAPTER 03

01 在门前放置拉杆与红石

门在接收到红石信号时就会开启，因此可以利用这一特性制作 1 组不需要人接触也能控制开关的门。在 2 扇门前面放置 1 个拉杆，然后用红石将拉杆和门连接起来。

02 门一下就开了

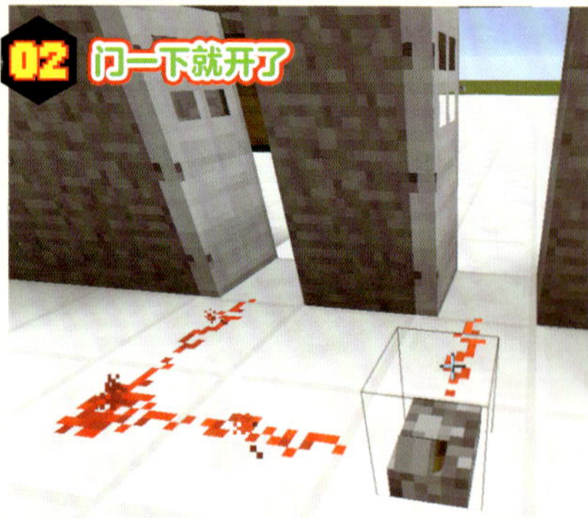

开启拉杆之后，门也打开了。

CAUTION !

这样不行哦！

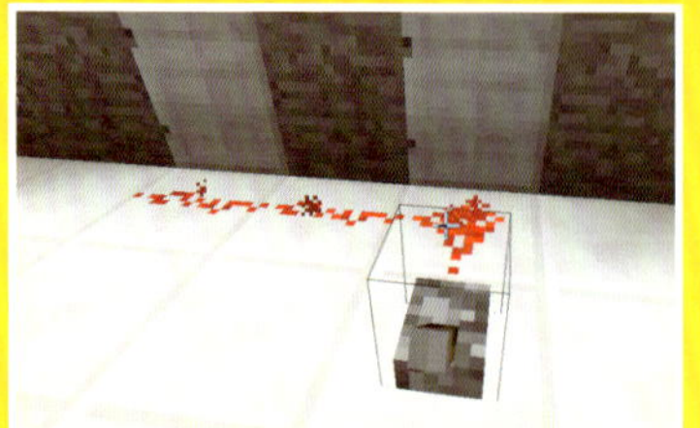

并不是红石和门相邻就算连接成功了，如上图所示，红石的连接方向并没有指向门，所以红石信号也不会传送给门哦！因此在放置的时候，要注意一下电路的方向。

03 拉杆式的简易掉落陷阱

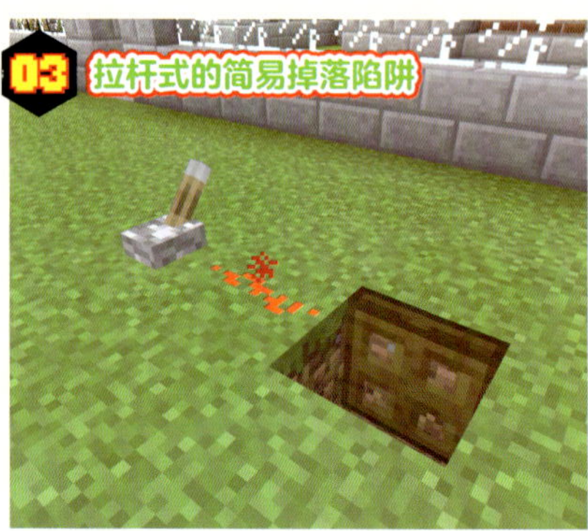

在地面挖洞后放置活板门，然后在旁边放置拉杆，接着在拉杆和活板门之间用红石连接起来，接收到红石信号的活板门就会发挥作用了。

特别附录

道具ID清单

该清单是PC版“/give”命令中使用的道具ID清单。请在命令的最后输入被指定的自变量，具体使用方法请参照P215。另外，举例中出现的“@p”是玩家的名字，可以保持原样不变，也可以输入正在使用的玩家的名字。

例● TNT 买入10个 /give@p tnt 10　　例● 买入红色的染料20个 /give@p dye 20 1

道具	ID	数据值
	A	
鞍	saddle	
	B	
白桦木板	planks	2
白桦木楼梯	birch_stairs	
白桦树苗	sapling	2
白桦树叶	leaves	2
白桦原木	log	2
白色染色玻璃	stained_glass	
白色染色玻璃板	stained_glass_pane	
白色陶瓦	stained_hardened_clay	
白色郁金香	red_flower	6
绊线钩	tripwire_hook	
被虫蚀的石头	monster_egg	
被虫蚀的石砖	monster_egg	2
被虫蚀的苔石砖	monster_egg	3
被虫蚀的圆石	monster_egg	1
滨菊	red_flower	8
冰	ice	
冰块	packed_ice	
玻璃	glass	
玻璃板	glass_pane	
玻璃瓶	glass_bottle	
	C	
草	grass	
草丛	tallgrass	2
唱片机	jukebox	
成书	written_book	
橙色地毯	carpet	1
橙色染料	dye	14
橙色染色玻璃	stained_glass	1
橙色染色玻璃板	stained_glass_pane	1
橙色陶瓦	stained_hardened_clay	1
橙色羊毛	wool	1
橙色郁金香	red_flower	5
充能铁轨	golden_rail	
传送门	porta	1
船	boat	
床	bed	
丛林木板	planks	3
丛林木楼梯	jungle_stairs	
丛林树苗	sapling	3
丛林树叶	leaves	3
丛林原木	log	3
粗制的药水	potion	4
	D	
打火石	flint_and_steel	
大型蕨	double_plant	3
淡灰色地毯	carpet	8
淡灰色染料	dye	7

道具	ID	数据值
淡灰色染色玻璃	stained_glass	8
淡灰色染色玻璃板	stained_glass_pane	8
淡灰色陶瓦	stained_hardened_clay	8
淡灰色羊毛	wool	8
淡蓝色地毯	carpet	3
淡蓝色染料	dye	12
淡蓝色染色玻璃	stained_glass	3
淡蓝色染色玻璃板	stained_glass_pane	3
淡蓝色陶瓦	stained_hardened_clay	3
淡蓝色羊毛	wool	3
蛋糕	cake	
地毯	carpet	
地图	filled_map	
地狱疣	nether_wart	
地狱砖栅栏	nether_brick_fence	
凋灵骷髅头颅	skull	1
钓鱼竿	fishing_rod	
丁香	double_plant	1
顶层雪	snow_layer	
动力矿车	furnace_minecart	
毒马铃薯	poisonous_potato	
	E	
恶魂之泪	ghast_tear	
	F	
发酵蛛眼	fermented_spider_eye	
发射器	dispenser	
粉红色地毯	carpet	6
粉红色染料	dye	9
粉红色染色玻璃	stained_glass	6
粉红色染色玻璃板	stained_glass_pane	6
粉红色陶瓦	stained_hardened_clay	6
粉红色羊毛		
粉红色郁金香	red_flower	7
腐肉	rotten_flesh	
附魔金苹果	golden_apple	1
附魔书	enchanted_book	
附魔台	enchanting_table	
附魔之瓶	experience_bottle	
	G	
甘蔗	reeds	
干草块	hay_block	
高草丛	tallgrass	
告示牌	sign	
耕地	farmland	
工作台	crafting_table	
弓	bow	
骨粉	dye	15
骨头	bone	
	H	
海绵	sponge	

道具	ID	数据值
跳跃药水（延长）	potion	10
铁锄	iron_hoe	
铁锭	iron_ingot	
铁斧	iron_axe	
铁镐	iron_pickaxe	
铁格子	iron_bars	
铁轨	rail	
铁护腿	iron_leggings	
铁剑	iron_sword	
铁块	iron_block	
铁矿石	iron_ore	
铁马铠	iron_horse_armor	
铁门	iron_door	
铁锹	iron_shovel	
铁头盔	iron_helmet	
铁胸甲	iron_chestplate	
铁靴子	iron_boots	
铁砧	anvil	
桶	bucket	
投掷器	dropper	
玩家头颅（默认皮肤）	skull	3
W		
碗	bowl	
物品展示框	item_frame	
X		
西瓜	melon	
西瓜方块	melon_block	
西瓜种子	melon_seeds	
下界岩	netherrack	
下界之星	nether_star	
下界砖	nether_brick	
下界砖块	netherbrick	
下界砖楼梯	nether_brick_stairs	
下界砖台阶	stone_slab	6
仙人掌	cactus	
仙人掌绿（染料）	dye	2
线	string	
陷阱箱	trapped_chest	
箱子	chest	
向日葵	double_plant	
橡木	planks	
橡木按钮	wooden_button	
橡木楼梯	oak_stairs	
橡木树苗	sapling	
橡木压力板	wooden_pressure_plate	
橡木原木	log	
橡树树叶	leaves	
小麦	wheat	
小麦种子	wheat_seeds	
小型花	red_flower	
信标	beacon	
雪块	snow	
雪球	snowball	
迅捷药水	potion	14
迅捷药水（加强Ⅱ级）	potion	16
迅捷药水（延长）	potion	15
Y		
烟花	fireworks	
岩浆膏	magma_cream	
羊毛	wool	
阳光探测器	daylight_detector	
夜视药水	potion	5
夜视药水（延长）	potion	6
音符盒	noteblock	
音乐唱片C418 - 11	record_11	
音乐唱片C418 - 13	record_13	
音乐唱片C418 – blocks	record_blocks	
音乐唱片C418 - cat		
音乐唱片C418 - chirp	record_chirp	
音乐唱片C418 - far	record_far	
音乐唱片C418 - mall	record_mall	
音乐唱片C418 – mellohi	record_mellohi	
音乐唱片C418 - stal	record_stal	
音乐唱片C418 - stard	record_strad	
音乐唱片C418 - wait	record_wait	
音乐唱片C418 - ward	record_ward	
隐身药水	potion	7
隐身药水（延长）	potion	8
荧石	glowstone	
荧石粉	firework_charge	
荧石粉		
幽灵南瓜	lit_pumpkin	
羽毛	feather	
圆石	cobblestone	
圆石墙	cobblestone_wall	
圆石台阶	stone_slab	3
云杉木板	planks	1
云杉木楼梯	spruce_stairs	
云杉树苗	sapling	1
云杉树叶	leaves	1
云杉原木	log	1
运输矿车	chest_minecart	
Z		
錾制砂岩	sandstone	1
錾制石英块（纵向）	quartz_block	1
錾制石砖	stonebrick	3
栅栏	fence	
栅栏门	fence_gate	
粘土块	clay	
粘土球	clay_ball	
粘性活塞	sticky_piston	
粘液球	slime_ball	
蜘蛛网	web	
蜘蛛眼	spider_eye	
纸	paper	
指南针	compass	
钟	clock	
重质测重压力板	heavy_weighted_pressure_plate	
砖	brick	
砖块	brick_block	
砖块台阶	stone_slab	4
砖楼梯	brick_stairs	
紫色地毯	carpet	10
紫色染料	dye	5
紫色染色玻璃	stained_glass	10
紫色染色玻璃板	stained_glass_pane	10
紫色陶瓦	stained_hardened_clay	10
紫色羊毛	wool10	
棕色蘑菇	brown_mushroom	
棕色蘑菇方块	brown_mushroom_block	
钻石	diamond	
钻石锄	diamond_hoe	
钻石斧	diamond_axe	
钻石镐	diamond_pickaxe	
钻石护腿	diamond_leggings	
钻石剑	diamond_sword	
钻石块	diamond_block	
钻石矿石	diamond_ore	
钻石马铠	diamond_horse_armor	
钻石锹	diamond_shovel	
钻石头盔	diamond_helmet	
钻石胸甲	diamond_chestplate	
钻石靴子	diamond_boots	

道具	ID	数据值
命令方块	command_block	
命令方块	command_block_minecart	
命名牌	name_tag	
蘑菇煲	mushroom_stew	
末地传送门	end_portal	
末地传送门框架	end_portal_frame	
末地石	end_stone	
末影箱	ender_chest	
末影珍珠	ender_pearl	
末影之眼	ender_eye	
牡丹	double_plant	5
木锄	wooden_hoe	
木斧	wooden_axe	
木镐	wooden_pickaxe	
木棍	stick	
木剑	wooden_sword	
木门	wooden_door	
木锹	wooden_shovel	
	N	
南瓜	pumpkin	
南瓜派	pumpkin_pie	
南瓜种子	pumpkin_seeds	
泥土	dirt	
酿造台	brewing_stand	
牛奶桶	milk_bucket	
	P	
皮革	leather	
皮革裤子	leather_leggings	
皮革头盔	leather_helmet	
皮革外套	leather_chestplate	
皮革靴子	leather_boots	
品红色地毯	carpet	2
品红色染料	dye	13
品红色染色玻璃	stained_glass	2
品红色染色玻璃板	stained_glass_pane	2
品红色陶瓦	stained_hardened_clay	2
品红色羊毛	wool	2
平凡的药水	potion	1
平凡的药水延长版	potion	2
苹果	apple	
蒲公英	yellow_flower	
	Q	
茜草花	red_flower	3
切制砂岩	sandstone	2
青金石（染料）	dye	4
青金石块	lapis_block	
青金石矿石	lapis_ore	
青色地毯	carpet	9
青色染料	dye	6
青色染色玻璃	stained_glass	9
青色染色玻璃板	stained_glass_pane	9
青色陶瓦	stained_hardened_clay	9
青色羊毛	wool	9
轻质测重压力板	light_weighted_pressure_plate	
曲奇	cookie	
	R	
燃烧中的熔炉	lit_furnace	
染料	dye	
绒球葱	red_flower	2
熔炉	furnace	
熔岩	lava	
熔岩（流动的流体）	flowing_lava	
熔岩桶	lava_bucket	
	S	
沙砾	gravel	
沙子	sand	
砂糖	sugar	

道具	ID	数据值
砂土	dirt	1
砂岩	sandstone	
砂岩楼梯	sandstone_stairs	
砂岩台阶	stone_slab	2
砂岩台阶	stone_slab	1
闪烁的西瓜片	speckled_melon	
深色橡木板	planks	5
深色橡木楼梯	dark_oak_stairs	
深色橡树苗	sapling	5
深色橡原木	log	5
生鸡肉	chicken	
生牛肉	beef	
生鱼	fish	
生猪肉	porkchop	
石锄	stone_hoe	
石斧	stone_axe	
石镐	stone_pickaxe	
石剑	stone_sword	
石楼梯	stone_brick_stairs	
石楼梯	stone_stairs	
石锹	stone_shovel	
石台阶	stone_slab	
石头	stone	
石英	quartz	
石英块	quartz_block	
石英矿石	quartz_ore	
石英楼梯	quartz_stairs	
石英台阶	stone_slab	7
石英柱（纵向）	quartz_block	2
石质按钮	stone_button	
石质压力板	stone_pressure_plate	
石砖	stonebrick	
石砖墙	stonebrick	1
石砖台阶	stone_slab	5
书	book	
书架	bookshelf	
书与笔	writable_book	
熟鸡肉	cooked_chicken	
熟牛肉	cooked_beef	
熟鱼	cooked_fished	
熟猪排	cooked_porkchop	
刷怪蛋		
刷怪笼	mob_spawner	
拴绳	lead	
双草丛	double_plant	2
双层石质台阶	double_stone_slab	
水	water	
水（流动的流体）	flowing_water	
水瓶	potion	
水桶	water_bucket	
睡莲	waterlily	
燧石	flint	
损坏的铁砧	anvil	2
锁链头盔	chainmail_helmet	
锁链胸甲	chainmail_chestplate	
锁链靴子	chainmail_boots	
	T	
TNT	tnt	
TNT矿车	tnt_minecart	
苔石	mossy_cobblestone	
苔石墙	cobblestone_wall	1
探测铁轨	detector_rail	
陶瓦	hardened_clay	
藤蔓	vine	
梯子	ladder	
跳跃药水	potion	9
跳跃药水（加强Ⅱ级）	potion	11

道具	ID	数据值
褐色地毯	carpet	12
褐色染色玻璃	stained_glass	12
褐色染色玻璃板	stained_glass_pane	12
褐色陶瓦	stained_hardened_clay	12
褐色羊毛	wool	12
黑色地毯	carpet	15
黑色染色玻璃	stained_glass	15
黑色染色玻璃板	stained_glass_pane	15
黑色陶瓦	stained_hardened_clay	15
黑色羊毛	wool	15
黑曜石	obsidian	
红色地毯	carpet	14
红色蘑菇	red_mushroom	
红色蘑菇方块	red_mushroom_block	
红色染料	dye	1
红色染色玻璃	stained_glass	14
红色染色玻璃板	stained_glass_pane	14
红色陶瓦	stained_hardened_clay	14
红色羊毛	wool	14
红色郁金香	red_flower	4
红沙	sand	1
红石	redstone	
红石比较器	comparator	
红石灯	redstone_lamp	
红石方块	redstone_block	
红石火把	redstone_torch	
红石矿	redstone_ore	
红石中继器	repeater	
胡萝卜	carrot	
胡萝卜（植物）	carrots	
胡萝卜钓竿	carrot_on_a_stick	
花盆	flower_pot	
画	painting	
黄绿色地毯	carpet	5
黄绿色染料	dye	10
黄绿色染色玻璃	stained_glass	5
黄绿色染色玻璃板	stained_glass_pane	5
黄绿色陶瓦	stained_hardened_clay	5
黄绿色羊毛	wool	5
黄色地毯	carpet	4
黄色染料	dye	11
黄色染色玻璃	stained_glass	4
黄色染色玻璃板	stained_glass_pane	4
黄色陶瓦	stained_hardened_clay	4
黄色羊毛	wool	4
灰色地毯	carpet	7
灰色染料	dye	8
灰色染色玻璃	stained_glass	7
灰色染色玻璃板	stained_glass_pane	7
灰色陶瓦	stained_hardened_clay	7
灰色羊毛	wool	7
灰土	dirt	2
浑浊的药水	potion	3
活板门	trapdoor	
活塞	piston	
火	fire	
火把	torch	
火焰弹	fire_charge	
火药	gunpowder	
J		
鸡蛋	egg	
基岩	bedrock	
激活铁轨	activator_rail	
剪刀	shears	
箭	arrow	
僵尸的头	skull	2
金锄	golden_hoe	

道具	ID	数据值
金锭	gold_ingot	
金斧	golden_axe	
金镐	golden_pickaxe	
金合欢木	log	4
金合欢木板	planks	4
金合欢木楼梯	acacia_stairs	
金合欢树苗	sapling	4
金合欢树叶	leaves	2
金合欢原木	log2	
金胡萝卜	golden_carrot	
金护腿	golden_leggings	
金剑	golden_sword	
金块	gold_block	
金矿石	gold_ore	
金粒	gold_nugget	
金马铠	golden_horse_armor	
金苹果		
金锹	golden_shovel	
金头盔	golden_helmet	
金胸甲	golden_chestplate	
金靴子	golden_boots	
蕨	tallgrass	1
菌丝	mycelium	
K		
开裂的铁砧	anvil	1
抗火药水	potion	12
抗火药水（延长）	potion	13
烤马铃薯	baked_potato	
可可豆	cocoa	
可可豆（染料）	dye	3
空地图	map	
恐龙蛋	dragon_egg	
枯死的灌木	deadbush	
骷髅头颅	skull	
苦力怕的头	skull	4
矿车	minecart	
L		
拉杆	lever	
兰花	red_flower	1
蓝色地毯	carpet	11
蓝色染色玻璃	stained_glass	11
蓝色染色玻璃板	stained_glass_pane	11
蓝色陶瓦	stained_hardened_clay	11
蓝色羊毛	wool	11
炼药锅	cauldron	
烈焰棒	blaze_rod	
烈焰粉	blaze_powder	
裂石砖	stonebrick	2
灵魂沙	soul_sand	
漏斗	hopper	
漏斗矿车	hopper_minecart	
绿宝石	emerald	
绿宝石块	emerald_block	
绿宝石矿石	emerald_ore	
绿色地毯	carpet	13
绿色染色玻璃	stained_glass	13
绿色染色玻璃板	stained_glass_pane	13
绿色陶瓦	stained_hardened_clay	13
绿色羊毛	wool	13
M		
马铃薯	potato	
马铃薯（植物）	potatoes	
玫瑰丛	double_plant	4
煤	coal	
煤矿石	coal_ore	
煤炭块	coal_block	
面包	bread	

红石灯与充能铁轨的特征

红石灯与充能铁轨都是红石机关中的机械元件，红石灯虽然是会发光的光源，但必须通过红石机关开启或关闭。而充能铁轨接收到信号时，走在上面的矿车就会加速，没有接收到信号时反而会减速。

01 开灯关灯

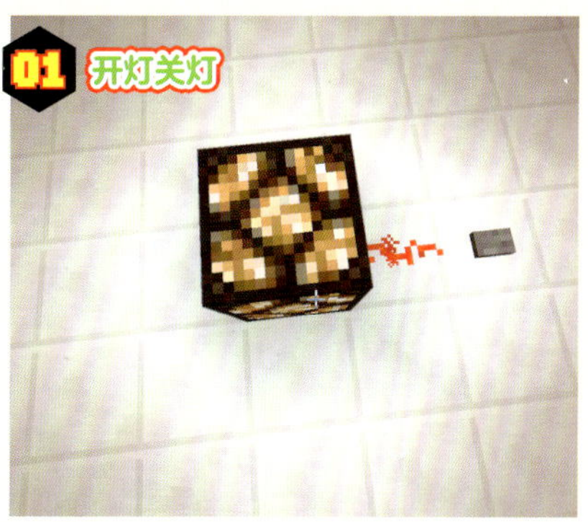

用 4 个红石加 1 个荧石就可以合成 1 个红石灯。不过，如果只是放置在地上，红石灯是不会亮的哦！

02 加上光源就不会生成怪物

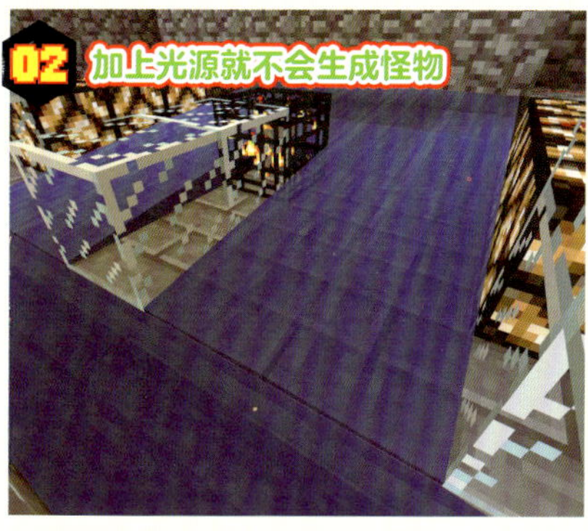

红石灯的亮度可以防止周围生成怪物。将红石灯放置在刷怪箱的周围，再用红石机关从远处控制红石灯，就可以控制刷怪箱了。

03 用充能铁轨爬坡

矿车在爬坡时推力会减弱，如上图所示，将接收到信号的充能铁轨放置在斜坡前面，就可以给予矿车足够的推力了。

04 这就是单线车站的例子

虽然可以让充能铁轨持续接收信号，但是用电路来控制会更加实用。例如，在 P117 中介绍的车站就会运用到哦！

TNT与音符盒也是机械元件

如果想要一些特别的动作，就可以考虑使用 TNT 与音符盒。TNT 是可以引发爆炸的方块，一般来说，使用打火石就可以轻松引爆，当然使用红石信号也可以引爆它。而音符盒在接收到红石信号后，会弹出一个音符；放置之后再点击一下，就可以改变发出的音阶；另外，音符盒也会随着正下方的方块种类不同而发出不同的音色。

CHAPTER 03

01 这就是TNT
TNT

TNT 与红石电路连接之后，在接收到信号的瞬间就会被点燃。

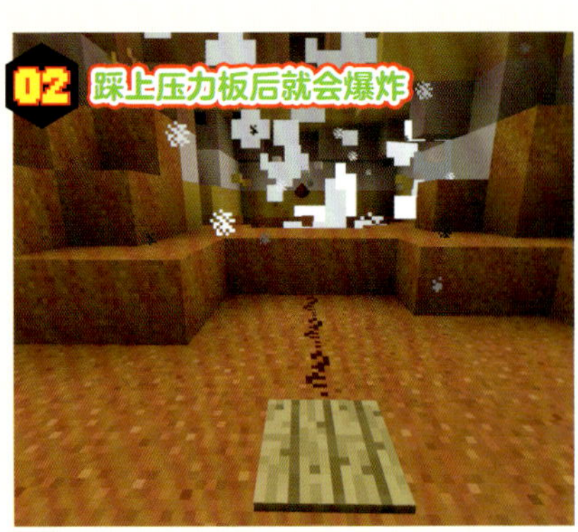

02 踩上压力板后就会爆炸

上图为 TNT 爆炸的瞬间，用电路连接就可以放心引爆了。当然也可以用来制作陷阱。

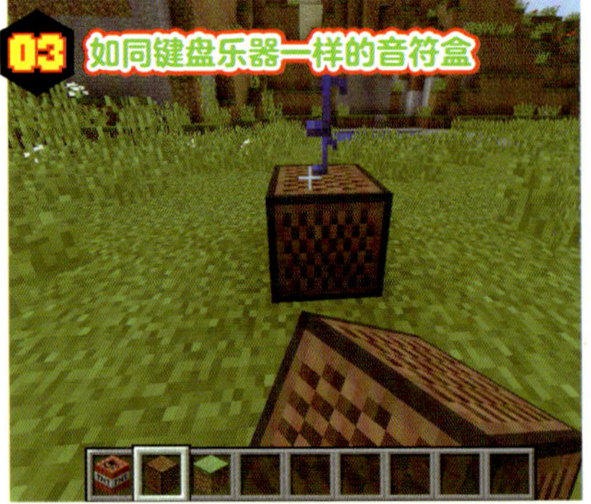

03 如同键盘乐器一样的音符盒

用 8 个木板和 1 个红石就可以制作出音符盒，放置在地上后点击就可以发出声音。

04 发出声音的同时也会跳出音符

即使不用点击，也可以通过红石让音符盒发出声音。只要利用多个音符盒，如同 P115 中所示使用，就可以作为大门的门铃或音乐了哦！

用按钮还是用拉杆

首先要知道，二者的最大差异就是按钮只能提供 1 秒左右的红石信号，时间一过就会马上关闭。而拉杆只要拉动一次，除非再拉一次或被破坏，否则就会一直提供红石信号。也就是说，如果想让灯持续亮着，需要的不是按钮而是拉杆。为了不在放置后才发觉用错道具，请一定要分清楚这两种电源装置的用途。

01 如果只想在短时间内让门开启就用按钮

按钮分为石质按钮和木质按钮，不过因为效果几乎完全一样，所以可以在外观上有需求时再选择使用哪一种。

02 自动开门

按下按钮后就会在一定时间内提供红石信号，时间过后就会恢复关闭。木质按钮的维持时间会稍微长一些，另外射箭也可以触发按钮，这两点是与石质按钮的最大不同之处。

03 这就是拉杆

拉杆只有一种，还可以放置在墙壁上。上图中，不管启动哪一个拉杆，红石灯都会被点亮。

04 启动后想要关闭的话就拉拉杆

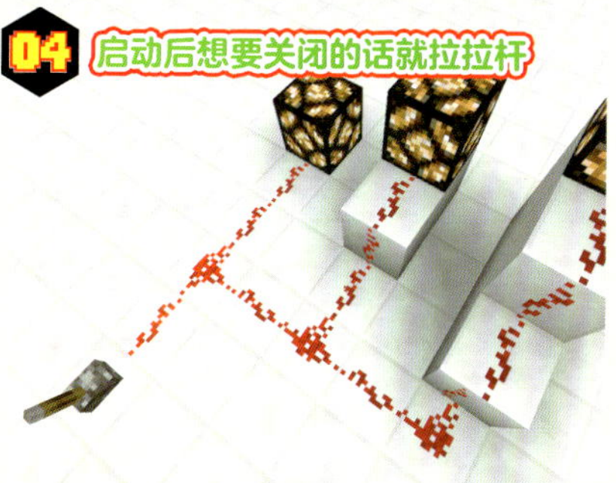

拉杆与按钮不同，启动之后，拉杆不会自动恢复到关闭的状态。

压力板与阳光探测器的不同

压力板与阳光探测器都是红石机关中的电源装置。压力板分为木质、石质、金质和铁质4种。如果只是想让人踩上去就能发出信号，请用木质或石质的压力板。金质与铁质压力板还有度量的功能，会随着放上物品的数量不同，而发出不同强度的信号。阳光探测器则是日光越亮、发出信号就会越强的电源装置，而且不只是随着太阳的高度来变化，就连雨天时也会受到影响哦！

01 踩上石质压力板

木质或石质的压力板（感压式开关）只需2个木板或2个石头就可以制作出来，只要玩家或怪物等生物站上去就会感应到，而且会发出一定强度的信号，经常被用于制作机关。

02 亮灯数与道具的数量成正比

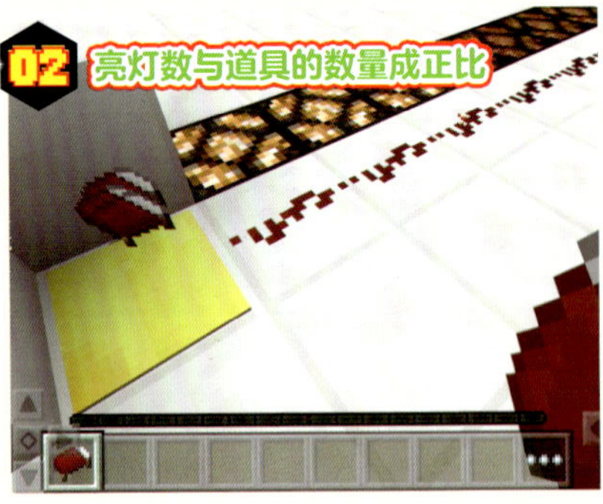

只要2个金锭或铁锭就可以合成测重压力板，在测重压力板上的玩家、怪物或道具等实体的数量越多，发出的信号就会越强。而且测重压力板上的实体数量会与发出的信号强度成正比，所以可以据此来判断数量。

03 会随着太阳的高度变化

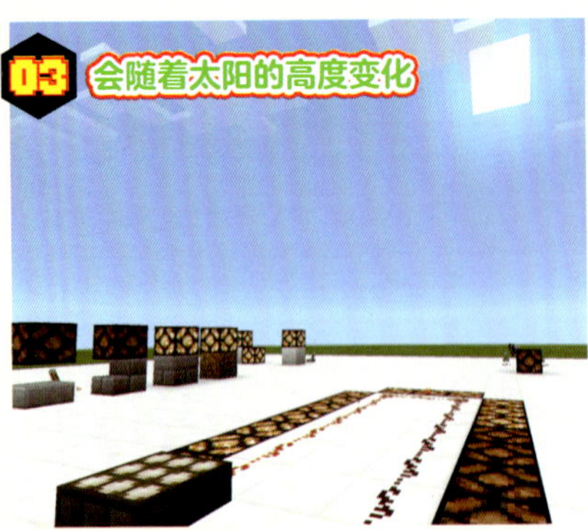

阳光探测器需要3个玻璃、3个下界石英以及3个木质台阶才能合成，接收到的阳光越强，发出的信号就会越强，所以可以据此来推测目前大概的时间（游戏时间）。

04 接近正午时几乎完全不发出信号

阳光探测器在放置之后，点击一下右键就会变成“反向阳光探测器”，阳光越弱发出的信号反而越强（PC版中为1.8版本之后）。使用反转模式，就可以让路灯只在晚上亮起哦！

绊线钩的特征

绊线钩在红石机关中属于电源装置，需要 2 个装置面对面放置在墙上，在中间拉线使用。放置完成后，只要玩家碰触到线，就会启动绊线钩。由于线不太容易被看到，所以非常适合在 P101 介绍的掉落陷阱中使用。除了这里介绍的装置，还有许多不同的电源装置，但是在入门阶段，记住这些就够了。

01 只有一组的话无法使用

绊线钩要放置在距离 3 格以上两面面对面的墙壁上。

02 在绊线钩之间拉好线就放置完成了

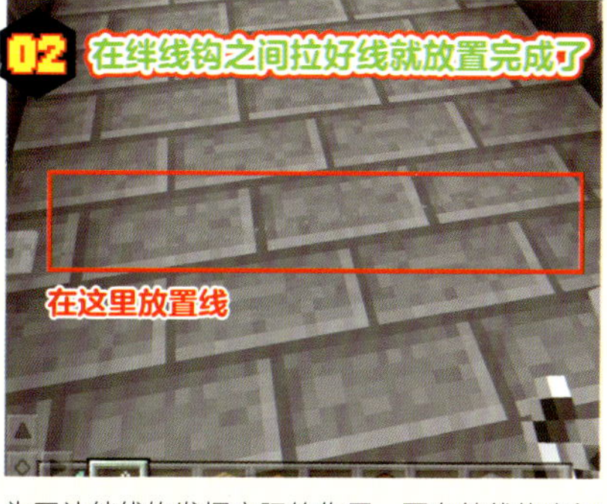

为了让绊线钩发挥实际的作用，要在绊线钩之间放置线，而线可以通过打倒蜘蛛获得。在放置时拿着线，与放置红石时的要领相同，将两个绊线钩连接起来即可。

03 在绊线钩的正后方放置红石电路

绊线钩发出的红石信号会传到本身放置的方块上，所以将红石电路接在放置绊线钩的方块后方即可。如上图所示，只要有谁碰到线，红石灯就会亮起。

LEVEL UP！

用剪刀将线剪断就不会被侦测到

绊线钩的特点是即使将线破坏，绊线钩在无效之前也会发出一次红石信号。但是如果用剪刀将线剪断，就不会发出红石信号了。

动力源方块

为了让各种机械元件运作，基本上都需要在旁边放置并连接红石电路，但是还有其他方法可以供给信号哦！那就是运用被称为“动力源”的方块，动力源可以通过将电源装置放置在立方体的方块上制作出来，是一种可以将红石信号传递给上下左右以及前后的装置。只要利用这个方法，即使不放置红石电路，也可以制作出简易的红石机关。

所需材料

- 按钮 ×1
- 拉杆适量
- 红石适量
- 导体方块适量
- 门 ×1

CHAPTER 03

01 按下按钮就会开门的机关

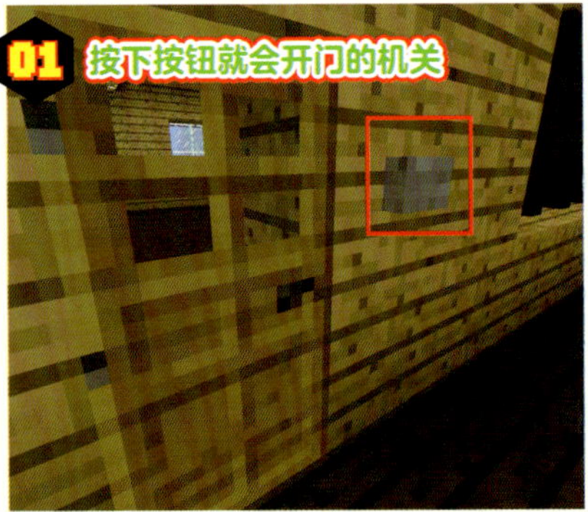

在方块上放置按钮之后，该方块就会变成动力源方块，并且会将红石信号传送给旁边的门。运用这种方法，即使不用红石电路，也可以形成一个简易的红石机关哦！

02 金砖变成的动力源

除了放置电源装置外，还有其他方法可以制作出动力源方块。例如，用红石电路连接到方块旁边，或直接通过方块的上方，都可以制作出动力源方块。如上图所示，动力源方块旁边的红石灯就都被点亮了。

03 有玻璃等方块的例外

几乎所有立方体方块都是导体方块，可以用来制作动力源方块，包括泥土或石头等材质。不过玻璃是个例外，并不能作为导体方块使用。另外像楼梯之类的非立方体方块，也无法制作成动力源方块。

04 经过墙壁后方传递信号

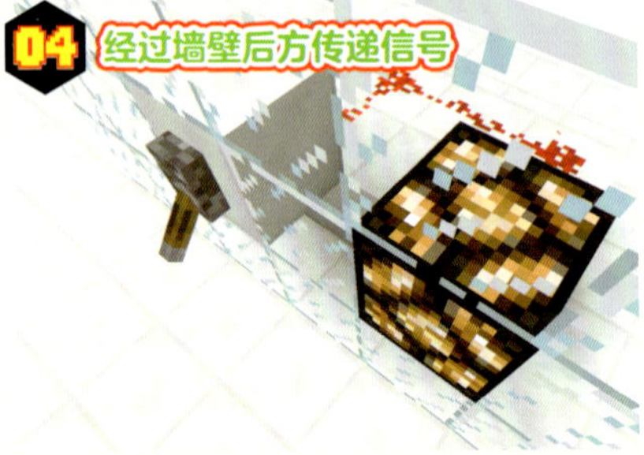

如果电源装置与动力源方块相连，就可以将信号传递给动力源方块旁边的红石电路，只要利用这一点，就可以将红石电路隐藏在墙壁后面。上图为了让读者容易理解，使用玻璃作为墙壁的材料。玩家在制作时也可以根据自己的喜好选择其他材料。

简单开启的自动门

红石机关不一定需要放置红石再连上电源装置，其实还有非常简单而且可以一瞬间就制作完成的机关。最常见的例子就是自动门。如果不做点什么，门很有可能会被怪物破坏，或出现忘记关门等情况。不过只要放置压力板，这些问题就通通解决了！

所需材料

- 按钮 ×1
- 铁门 ×1
- 压力板 ×2
- 门 ×2

01 铁门虽然很坚固……

玩困难模式时，僵尸会破坏木门，这让玩家非常头痛。而铁门虽然不会被破坏，但也不像木门一样点一下就能开启。

02 只用按钮就可以解决

在铁门的旁边放置一个按钮吧！只要按下这个按钮，就可以马上打开铁门了。

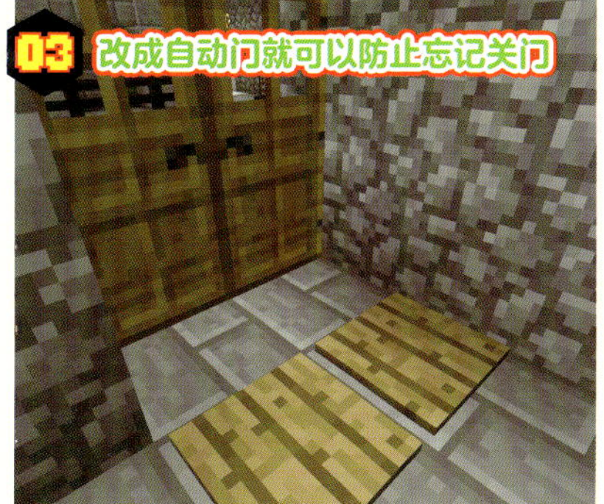

03 改成自动门就可以防止忘记关门

为了防止出现忘记关门的情况，可以在门的内侧放置压力板。出门时需要踩上压力板，当人离开后压力板就不会再发出信号，门也就自动关闭了。

CAUTION！

不能放置在外侧

如果把压力板放置在门外，就要小心不仅自己可以进入，就连怪物也可以站上压力板打开门哦！

到了晚上才会亮的省电灯泡

另外，还有一些使用电路的简单红石机关的例子，这部分要介绍的是到了晚上会自动亮起、到了白天会自动熄灭的灯，利用的就是阳光探测器在不同太阳光强度下能发出不同信号的特性。

所需材料

- 阳光探测器 ×1
- 红石灯适量
- 红石适量

CHAPTER 03

01 把阳光探测器切换成反转模式

请参考 P96 中的内容将阳光探测器切换成反转模式，切换后探测器上的圆形会变成明亮的颜色。这时，对着探测器点击右键。

02 太阳西沉后就会发出

探测器上方的圆形变成暗色后，红石灯就制作完成了。不过较早版本中的阳光探测器无法切换成反转模式，所以需要使用非门（P104）。

03 从此只有晚上才会发光

在红石灯与探测器之间放置 8 格左右的红石。因为反转模式的探测器在早上也会发出微弱的信号，所以隔开一定的距离才能不让红石灯在白天继续发光。

04 到了晚上就会发光

到了晚上，红石灯会如上图一样发光；到了白天，则会马上熄灭。

活捉动物或怪物的掉落陷阱

这里再介绍一个简单的红石机关案例，善加利用就可以在生存模式中活捉动物或怪物哦！运用不易发现的绊线钩或动力源方块的知识，将墙壁后面的红石电路隐藏起来，就可以制作出让人难以察觉的陷阱哦！

所需材料

- 绊线钩 ×2
- 线适量
- 活板门 ×2
- 红石适量

01 这就是横切面

首先盖出一条 4 格宽的通道，然后在两侧各留下 1 格的空间，在中间挖出 2 格宽的洞，这就是掉落陷阱的基本结构。记得通道要一直向后延伸。

02 活板门要朝下开启

在洞的两侧放置绊线钩，并且把线拉好，然后再用活板门将洞填平。

03 这样就完成了

在放置绊线钩的方块正下方放置红石，这样绊线钩就会将红石信号传给下方的红石，然后将上图中圈起来的方块变成动力源，借此开启活板门。

04 让怪物从天而降的陷阱

这个陷阱除可以活捉动物外，还可以应用在其他地方。例如，在天花板上挖一个洞，洞口用活板门堵住，并且在洞里面放置怪物。只要其他玩家踩到地上的线，天花板上的怪物就会随之掉落。

逻辑门是什么

到目前为止，我们介绍的机关都是拉下拉杆后红石灯就会亮起，拉杆发出的信号都会完整地传递到红石灯的电路。不过还有很多机关的红石信号流动比较复杂，例如如何制作不站在压力板上铁门会开启的机关呢？如果只是将压力板和铁门连接起来，会制作成站在压力板上铁门就会开启的机关。所以我们需要在红石电路中加入逻辑门的设定。把许多逻辑门组合起来，甚至可以变成大型计算机哦！

01 电路途中从有信号变成没信号

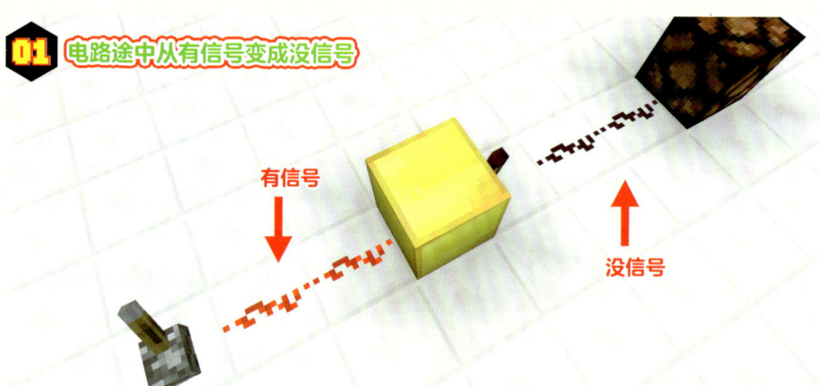

逻辑门可以说是对应信号而改变输出的装置，例如非门（P104）是电源装置发出信号就无法将信号传递出去；相反，如果电源装置不发出信号，才会将信号传递出去。

02 只有两边电源装置发出信号才会让机械元件运作

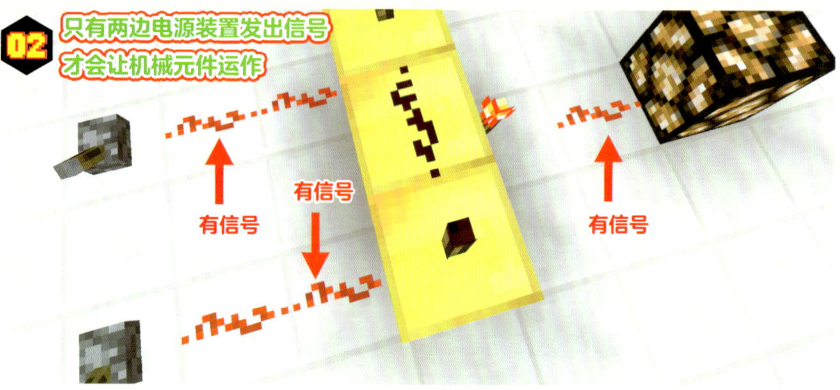

运用逻辑门中的与门（P106），就可以如上图所示，只有在 2 个拉杆启动时，红石灯才会亮起。

红石火把

用 1 个红石和 1 个木棍就可以合成红石火把，而大部分的逻辑门都是红石火把和方块的组合。红石火把可以因放置的方块是否接收到红石信号而开启或关闭，也就是说，放置的方块如果接收到信号，就可以让红石火把关闭。只要利用这个特性，就可以组合出许多逻辑门了！

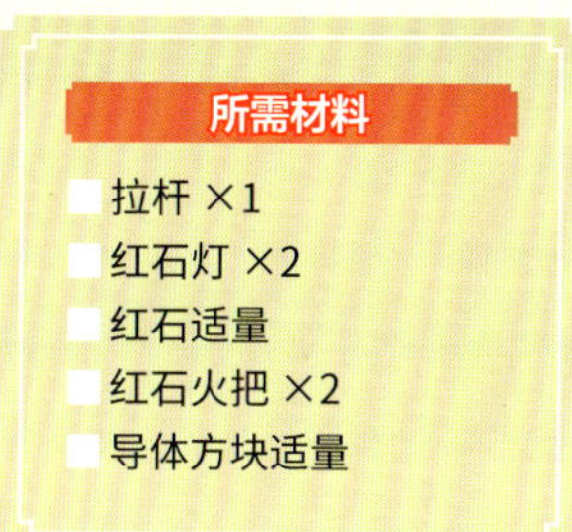

所需材料

- 拉杆 ×1
- 红石灯 ×2
- 红石适量
- 红石火把 ×2
- 导体方块适量

01 在导体方块上放置红石火把

为了测试红石火把的特性，这里先将红石火把插在导体方块（P98）上，并且接通其他的电源装置。图中使用金块是为了让读者看得更加清楚。

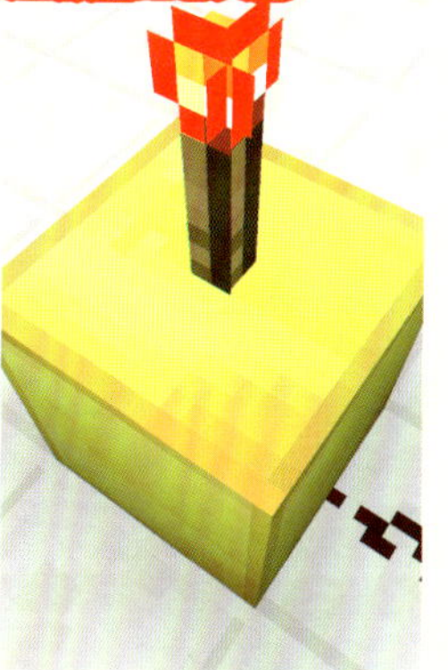

02 接收到信号红石火把正常运作

这个插有红石火把的方块并没有从任何地方接收到红石信号，这种情况下，红石火把就可以正常发出信号。这个状态与方块没有连接任何红石电路的情形相同。

03 接收到信号后红石火把关闭

让这个方块接收到红石信号后，如上图所示，红石火把就会关闭。由于红石火把已经关闭了，所以旁边的电路自然不会有信号流通。

04 不管火把插在哪一面都一样

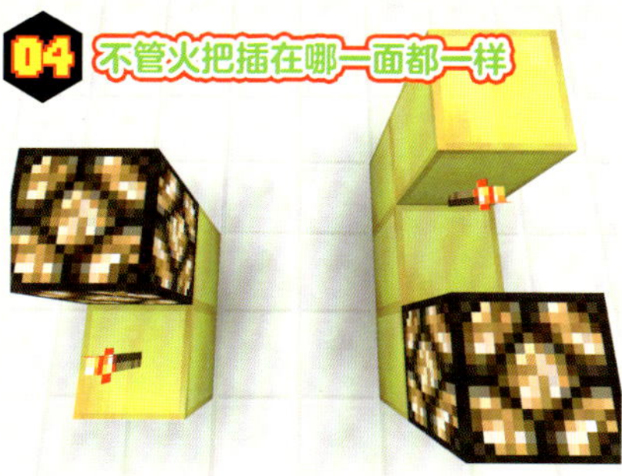

在红石火把旁边放置的红石电路或机械元件，都可以直接从火把上获得红石信号。如上图所示，放置的方块没有接收到信号时，红石火把周围的红石灯仍会发亮。

逻辑门 NOT Gate

接下来就实际使用这些逻辑门吧！首先制作前面提到的不站在压力板上才会开启的门。当然不做任何改变，只有压力板和门是做不出来的。这里要使用的是非门（NOT Gate），非门的性质就是可以反转信号：也就是说，如果接收到红石信号，就不会发出信号；如果没有接收到信号，反而会发出信号。

所需材料

- 压力板 ×1
- 门 ×1
- 红石适量
- 红石火把 ×1
- 导体方块 ×1

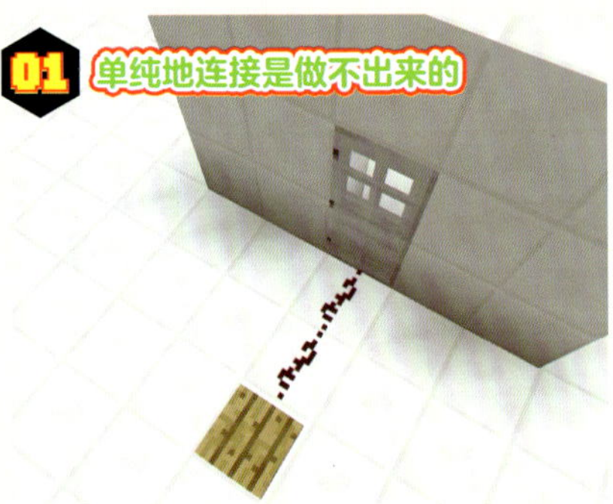

01 单纯地连接是做不出来的

没有人站上压力板，压力板就不会发出红石信号。不仅如此，想让铁门打开还是需要让铁门接收到红石信号，所以不得不将信号反转，这时要怎么做呢？

02 不要弄错红石火把的放置方向

如上图所示，在电路中放入插着红石火把的方块。这里利用的是会反转接收到信号的性质，也就是所谓的非门。

03 压力板没有发出信号 但是门却收到信号

依序来看，压力板没有发出信号的时候，非门没有接收到红石信号。此时，非门会反转而传递出红石信号，并传递给铁门，结果就是铁门因此而开启。

04 压力板发出信号 但是门却没有收到信号

站上压力板试试看！由于压力板发出红石信号，非门接收到红石信号之后，将信号反转，所以不会发出信号，铁门也因为收不到信号而关闭。

逻辑门 OR Gate

那么，只需 2 个拉杆其中之一开启，红石灯就会亮起的电路要怎么做呢？这里要使用的是逻辑门之一的或门（OR Gate）。要注意的是需要 2 个电源装置，前面的非门是反转信号，只要 1 个电源装置就够了；而或门则要增加电源的位置，所以才需要 2 个电源装置。先看看下面的例子，实际做出来才会更容易。

所需材料

- 机械元件适量
- 电源装置适量
- 红石适量
- 红石火把 ×1
- 导体方块 ×1

01 不论拉下哪个拉杆红石灯都会亮起

或门只要将 2 个电源装置连起来即可，这样不论启动哪个电源装置，都会有信号传递至机械元件。

02 使用不同种类的电源装置也没关系

将反转模式的阳光探测器（P96）和拉杆用或门连接起来，这样到了晚上或拉动拉杆时，红石灯就会亮起。

03 按照组合的不同，信号也会随之改变

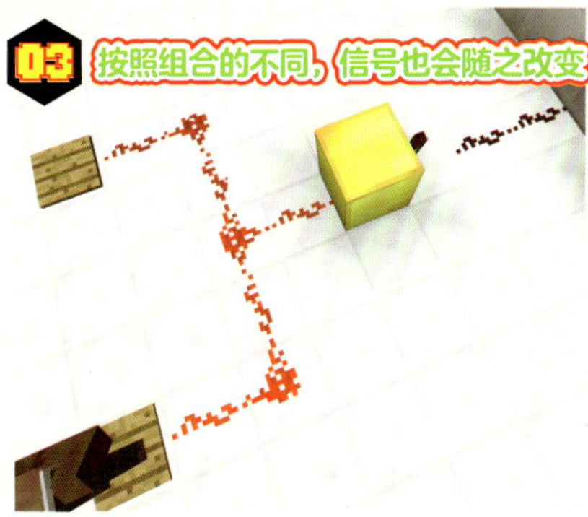

还可以将逻辑门组合起来。上图就是将或门和非门连接起来，所以信号到最后会反转，也就是说，只要站上一边的压力板，铁门就会关闭。

04 有 3 个电源装置的或门

上图为再增加 1 个电源装置的例子。这里同样只需启动 1 个电源装置，信号就会被传递到红石灯，让红石灯亮起。

逻辑门 AND Gate

接着要介绍 2 个拉杆都开启时红石灯才会运作的逻辑门，这个逻辑门被称为与门（AND Gate）。与门和或门一样，需要 2 个电源装置。这里的与门比或门更难一些，但是只要你充分研究每个零件，就可以轻松掌握与门的原理啦！

所需材料

- 机械元件适量
- 电源装置适量
- 红石适量
- 红石火把 ×3
- 导体方块 ×3

01 开启两边拉杆红石灯才会亮

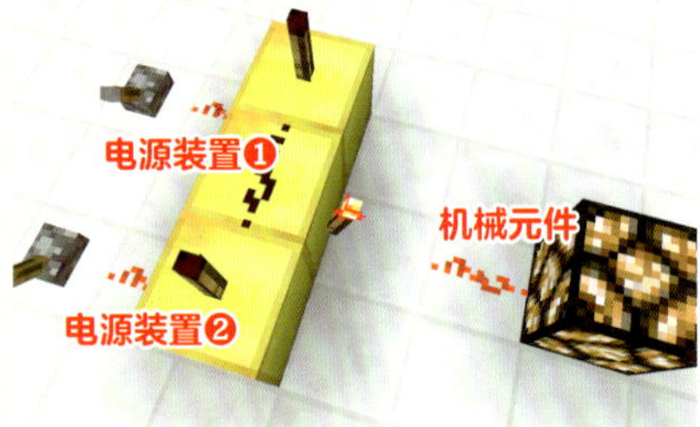

将 2 个电源装置用红石连接到导体方块上，然后在方块上方各插上 1 根红石火把。在 2 根红石火把之间放置红石，然后在红石下方的方块侧面再插上 1 根红石火把，这根红石火把负责的就是主要的电源功能。

02 合理利用红石火把的功能

与门的原理到底是什么呢？为了让整个电路输出红石信号，就需要让 2 根红石火把之间的红石接收不到信号，因此需要关闭 2 根红石火把，2 个拉杆都需要处于启动的状态。

03 就算敌人在晚上踩上压力板也没反应

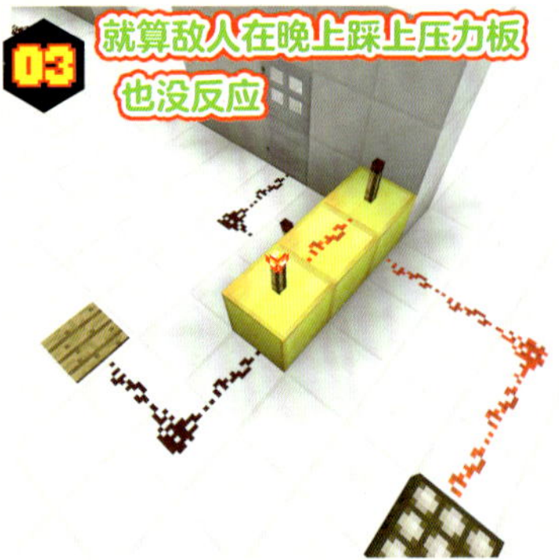

这里应用与门来制作不同的机关，上图是压力板与阳光探测器所组成的与门。也就是说，白天站上压力板时门会开启，但是到了晚上就不会有反应。

04 这是有 3 个电源装置的与门

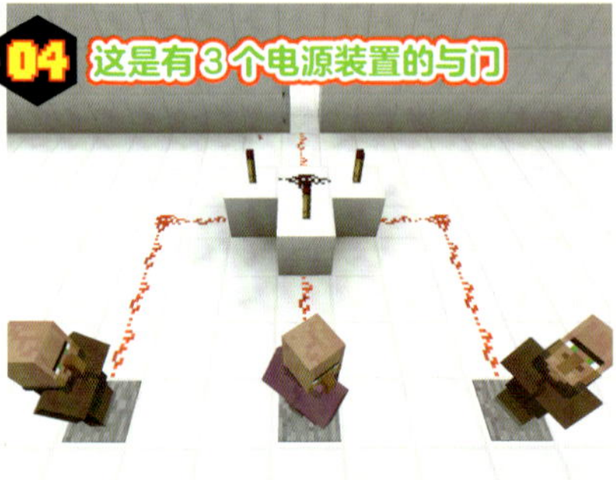

和或门一样，与门还可以再增加 1 个电源装置。上图就是 3 个电源装置都启动时铁门才会开启的机关。

逻辑门 XOR Gate

最后，介绍比较特殊的逻辑门，即可以让走廊的两端或楼梯的上下两边的拉杆控制同一个红石灯的开关。这个逻辑门的名称叫异或门（XOR Gate，exclusive or 的简写），拥有 2 个电源装置，2 个电源装置状态不同时（一个开启，另一个关闭）就会发出红石信号，相同时（两边都是开启或关闭）则不会发出红石信号。因为异或门的理论比较复杂，所以一开始读者可以先记住电路的铺设位置，而不用完全记住电路运作原理。

所需材料

- 拉杆 ×2
- 红石灯 ×1
- 红石适量
- 红石火把 ×3
- 导体方块 ×3

01 不要弄错或非门的位置

异或门是比较复杂的电路，有几种放置方法。像这样将 3 个或非门（或门接到非门）接到 1 个或门的方法已经是比较容易理解的了。

02 试着切换两边的拉杆

不管先挑哪个拉杆开始，想让红石灯亮，就要关掉拉杆；想让红石灯熄灭，就要开启拉杆。

03 异或门的功能

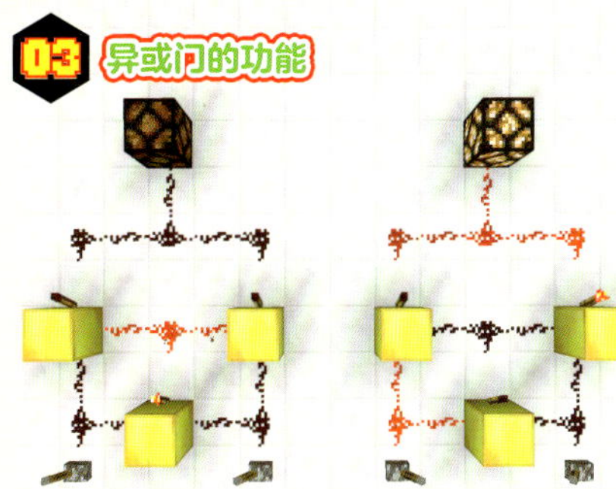

接着，不论切换哪个拉杆，都会让 2 个拉杆变成相同的状态，因此产生 2 个拉杆是相同状态（上图左）或不同状态（上图右）的差别。要让异或门输出红石信号，就一定要让 2 个拉杆处于不同状态。

04 放置拉杆的方块会变成动力源

最后，实际用在建筑物上，再连接上拉杆与红石灯。如上图所示，在走廊的两侧分别放置拉杆，并且将异或门隐藏在墙壁中。

增强红石信号的实验

在电路中传递的信号有强度大小的设定，离电源装置越远，信号的强度会越弱，直至最后中断（请参考 P91）。不过视情况的不同，有时也可以将信号传递到远处。想要让微弱的信号恢复强度，可以使用增幅的技巧。增幅需要红石火把，所利用的就是红石火把放置的方块没收到信号时，就会发出和按钮一样的信号强度的原理。

所需材料

- 拉杆 ×1
- 门 ×1
- 红石适量
- 红石灯适量
- 红石火把适量（偶数）
- 导体方块适量（偶数）

CAUTION！

如果电路太长，传递的信号将无法到达

由于拉杆发出的红石信号最多只能前进 15 格，所以如果想要用上图的电路开启铁门，就会如图中一样，信号在中途断掉，铁门仍然纹丝不动。

01 不足 2 个的话就加到 4 个、6 个……

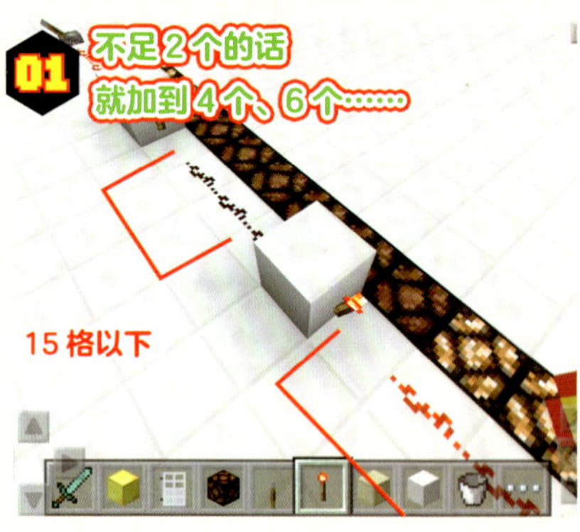

在这个电路的中途放置偶数个非门，并且将间隔的距离控制在 15 格以下。

02 信号经过 2 次反转就会恢复原来的强度

信号会因红石火把而恢复到原来的强度，从而传递到铁门的位置。虽然途中由于反转会有一部分电路没有信号流通，但这并不会影响整个机关。因为放置的非门是偶数个，所以最后还是会恢复为原来的信号。

03 会发出与电源装置相同强度的信号

其实现在已经有可以不用反转信号就能增幅信号的红石中继器（P121），红石中继器不仅可以增幅信号，还有延迟（在 P109 中将会介绍）的功能。

延迟红石信号的实验

在红石电路中，只要中途使用了非门，红石信号就不会在发出的瞬间到达机械元件。非门中的红石火把在将信号反转时会产生 0.1 秒的时间差，这个时间差就是延迟。虽然在之前介绍的逻辑门中，所产生的延迟还没有到会让人注意的程度，不过在制作大型机关时，就会出现让人不得不注意的延迟，因此这里就先来了解一下什么是延迟吧！

所需材料

- 拉杆 ×1
- 红石灯适量
- 红石适量
- 红石火把适量
- 导体方块适量

01 用红石灯做实验

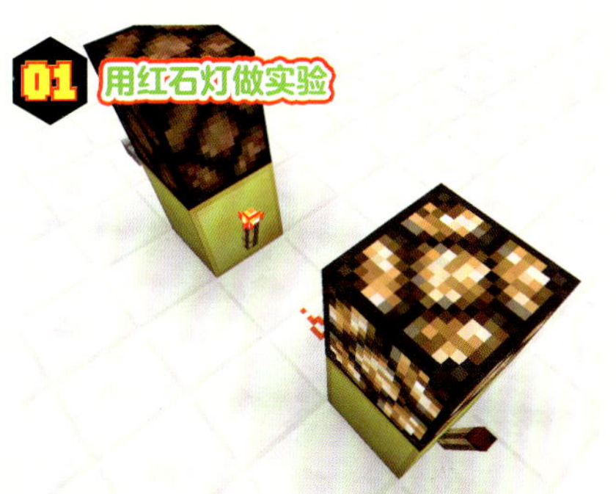

来确认一下是否真的会引发延迟。这里放置了多组非门，为了让信号经过时更加明显，在上方放置了红石灯。

02 信号经过的红石火把越多延迟就会越大

启动拉杆后，红石灯就会从临近开始依序切换，这就是所谓的延迟。

03 在 15 格的地方放置红石火把

接着来实验一下长距离传递信号时延迟最小的方法。放置好红石灯之后，为了不让信号反转，需要放置偶数个非门，记得中间要相隔 15 格的距离。

04 算一下电路的距离

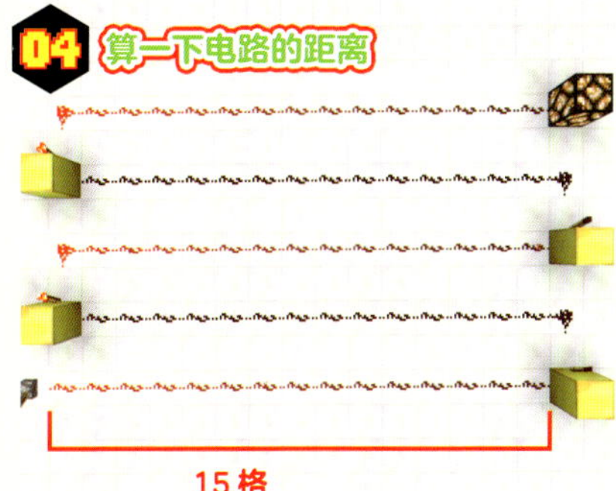

启动拉杆后，红石信号就会马上传到 15 格的地方，像这样将非门数量放得最少，就可以将延迟控制在最小的程度内。

脉冲电路的实验

到目前为止，介绍的机关在运作电源装置时都有限制条件，需要按下按钮或照到太阳光等。不过这些装置无法制作出让红石灯出现闪烁或让信号自行运作的机关。而脉冲电路可以做到。由于红石信号会在脉冲电路中循环，所以可以在一段时间内让机械元件反复运作。

所需材料

- 拉杆 ×1
- 红石灯 ×1
- 红石适量
- 红石火把 ×8
- 导体方块 ×8

CHAPTER 03

01 不要让电路中断

使用奇数个非门环接在一起，非门在发出信号之后，就会被上一个非门关闭，然后再次开启进入无限循环，这整个电路就叫脉冲电路。

02 这样无法形成脉冲电路

理论上再少的非门也可以形成脉冲电路，不过开关过程如果太过频繁，就会引起短路，实际上是无法使用的。

03 放置在不会让电路中断的位置

直接在脉冲电路中接上红石灯，红石灯就会直接开始闪烁。增加红石灯的数量，或特意让红石灯之间产生延迟，看起来会更加漂亮哦！

04 还可以与其他逻辑门组合

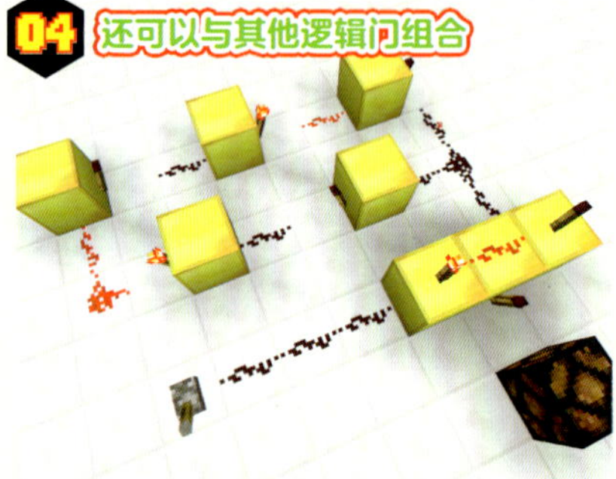

将脉冲电路和一个拉杆接到与门，就可以只在拉杆启动时让红石灯闪烁。不管脉冲电路处于什么状态，只要与门两边都没有收到信号，就不会发出信号。

脉冲电路的应用

这里可以利用脉冲电路闪烁的性质，接上音符盒，这样就可以定期听到效果音哦！如果接上活板门，就可以建造出活动装置；或者接上铁轨，坐上矿车就不知道下个岔路会跑到哪边……脉冲电路还能接上什么？自己也来发散思维思考一下吧！

所需材料

- 音符盒 ×1
- 玻璃 ×1
- 活板门 ×1
- 铁轨适量
- 红石火把适量（奇数）
- 红石适量
- 导体方块适量（奇数）

01 将奇数个非门连接起来

P110 中的脉冲电路是由 5 个非门连接起来的，如果觉得闪烁的速度有点快，可以增加非门的数量。

02 增加音效

放置在玻璃上的音符盒发出的声音为“咔”，感觉很像时钟的声音。如果接上脉冲电路，听起来就像时钟的秒针在转动。只不过这里要注意，玻璃并不会变成动力源方块哦！

03 依自己喜好放置数个非门

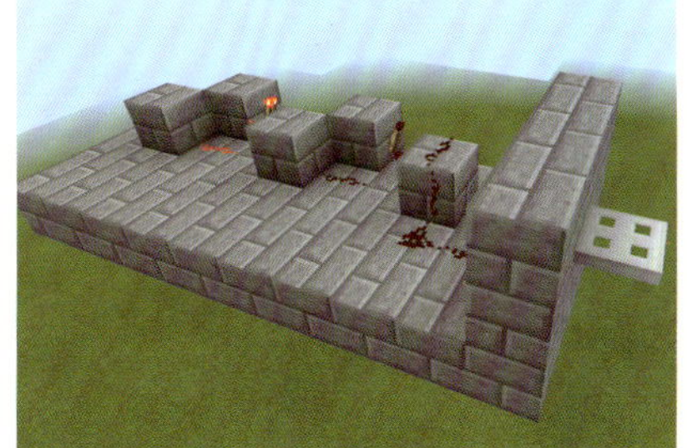

如果要建造活动关卡，可以将活板门接上脉冲电路作为关卡中的落脚点，只不过要记得将电路隐藏在墙壁后面哦！

04 会转向哪一边？

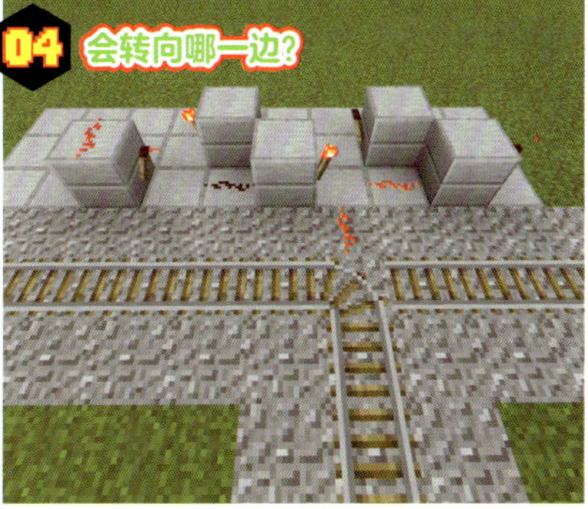

铁轨的岔道在接收到红石信号之后就会转向另一边，因此接上脉冲电路之后，就无法预测矿车会转向哪一边了。

了解闩锁电路的实验

接下来要介绍的是闩锁电路，也就是能够储存 1 位数据的电路，电路的主体由 2 个非门对接而成。这个闩锁电路可以将短暂的信号永远储存在电路中，只要想成是可以用电路操作的拉杆即可。由于计算机中的储存硬件是通过许多个闩锁电路组合而成的，所以在 Minecraft 中也可以组合这种闩锁电路，重现类似计算机的大型记忆装置哦！

所需材料

- 红石火把 ×2
- 红石适量
- 导体方块 ×2
- 按钮 ×2
- 红石灯 ×1

01 使用 2 个非门

将 2 个非门对接起来，如果连接的方法正确，就会有一组非门持续发出信号，而另一组则不会发出信号。这样闩锁电路就完成了，接着再拉一条接上机械元件（红石灯）的电路。

02 在两侧放置电源装置

如果想实际使用闩锁电路，还需要将两边的电路接上电源装置。这里使用的是按钮，红石灯这边的按钮为 1 的储存按钮，而另一边则为 0 的储存按钮（1 与 0 代表左侧红石灯开与关的状态）。

03 分别按下两边的按钮看看

按下红石灯这边的按钮，红石灯就会亮起；而按下另一边的按钮，红石灯就会熄灭。不论接收到哪一边按钮的信号，闩锁电路都会维持该侧的信号。

04 最后按左侧的按钮

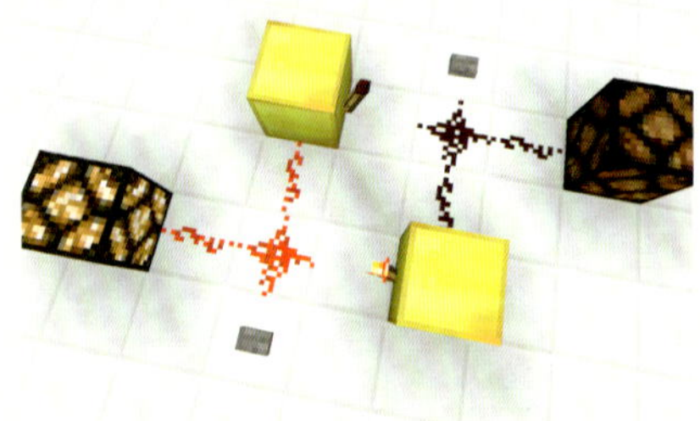

当你不按按钮时，电路仍会维持某一侧的信号，意味着电路已经帮你记住你最后是按了哪一边的按钮。之后即便你忘记按了哪一边，只要看到哪边有信号，也可以马上判断出当初你按了哪边。这就是闩锁电路可以储存数据的原理。

CHAPTER 03

闩锁电路的应用案例

闩锁电路可以记住最后一次发出信号的是哪一边，所以利用电路可以制作出只要踩过一次压力板铁门就会一直开着的机关。其实这并不难，只要将上一页闩锁电路中的按钮换成压力板，将红石灯换成铁门即可。只要踩过一次压力板，铁门就会一直开着了，因此要注意将铁门与压力板放置在同一侧。

所需材料

- 压力板 ×1
- 按钮 ×1
- 铁门 ×1
- 红石火把 ×2
- 导体方块 ×2
- 红石适量

01 先不要在意哪一边才有信号

做出闩锁电路后，再在同一边放置电源装置的压力板与机械元件的铁门，并且在另一侧放置按钮，这个按钮是用来重启的。

02 放置重启按钮

按下去

如果制作好整个机关后，铁门是处于开启的状态，想要将铁门关闭，就按下按钮。这样闩锁电路就会维持在不发出信号的状态，铁门也会跟着关闭。

03 只要踩过一次铁门就会一直开着

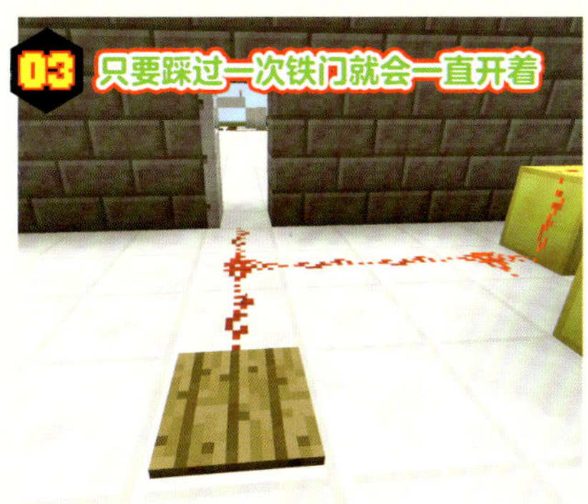

站上压力板之后铁门就会开启，而且就算离开压力板，铁门仍会维持在开启的状态。这是因为闩锁电路一直保持在发出信号的状态，就算再踩一下压力板，铁门也不会关起来哦！

04 不论几次都可以重启哦

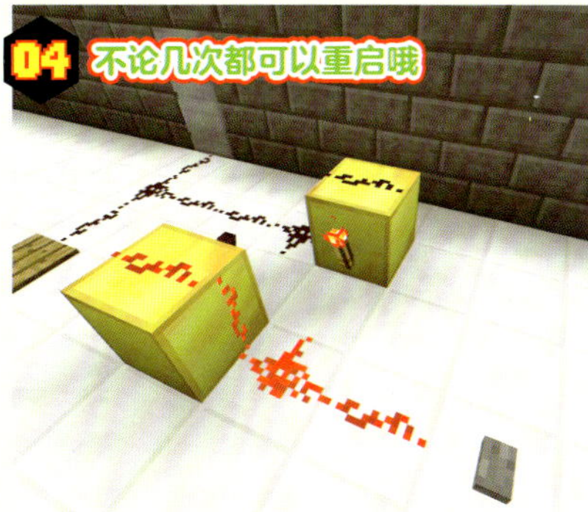

想要回到一开始的状态，就要按下另一边的重启按钮，让闩锁电路回到最初没发出信号的状态。

音符盒的特征

音符盒是红石机关中非常特殊的方块，在下一页将会介绍门铃声的制作案例。不过，先记住音符盒的特性吧！虽然1个音符盒只能发出1个音，但是只要将多个音符盒组合起来，就可以演奏旋律。而且，共有25个音阶（2个八度）以及5种音色可以选择哦！

所需材料

- 拉杆适量
- 音符盒适量
- 各种方块适量
- 红石适量

01 改变音阶

放置音符盒之后点击一下右键，所发出的声音就会提高半个音阶，而且设置的音高也可以从跳出来的音符的颜色中得知。最低音为F#3（Fa#），最高可以提升2个八度。

02 有5种音色

音符盒发出的音色会随着下方的方块种类不同而有所改变，木质方块为贝斯，石质方块为大鼓，砂质方块为小鼓，玻璃质方块为定时器的声音，其他方块则是钢琴的声音。

03 只有拉下拉杆的瞬间才会响

音符盒只有在接收到信号的瞬间才会发出声音，就算持续接收到信号，也不会再度发声。如果想持续发出声音，需要接上连闪器。

04 让音符盒演奏C大调

想发出和声时，只要让不同音阶的音符盒一起发声即可。另外，音符盒也可以变成动力源方块（P98），只要将红石电路拉到3个音符盒中间的音符盒上即可。

门铃声

接下来要介绍如何制作会发出“呼砰”声音的门铃声。通常只要按下1个按钮，就会发出整个旋律，因此必须先决定好每个音符发出的时机，也就是需要创造出音符之间的时间差。想用红石电路创造出时间差，可以使用红石火把或红石中继器让信号延迟（P109）。

所需材料

- 音符盒 ×2
- 红石火把 ×2
- 导体方块 ×2
- 红石中继器 ×1
- 红石适量
- 按钮 ×1

01 在下方放置泥土等方块

首先，放置按钮作为电源装置，然后将红石电路向后拉；接着，在旁边另外拉出支线，并且连接上音符盒。因为这次想要的是钢琴的音色，所以音符盒下方的方块维持泥土或空气即可。

02 故意制造延迟

想要发出“呼砰”声，就不能让“呼”和“砰”同时发出，而是需要让2个音符盒之间存在延迟。这里可以用数个非门或红石中继器来制造延迟。

03 音符的颜色也能作为参考

最后来放置音阶，“呼”的音为Si，设置时从最低音开始连续点击16次即可。而“砰”的音则为Fi#，所以点击12次即可。只要这样按下按钮，就可以发出门铃声了。

04 多用几个音符盒

这个门铃声的案例虽然只用到2个音，但只要使用大量音符盒，就可以演奏出一首完整的音乐了哦！

铁轨的特征

说到红石机关的应用，最常见的就是铁轨了。只要铺设铁轨并且穿插几个已接收信号的充能铁轨，就可以当作移动的道具了。而且再使用电路的话，就会更加方便，可以让铁轨改道或制作可以自动停车的车站，不过这里还是先来了解一下铁轨的特征吧！

所需材料

- 拉杆 ×1
- 按钮 ×1
- 各种铁轨适量
- 红石火把 ×1
- 导体方块 ×1

CHAPTER 03

01 只会对矿车有反应

探测铁轨就是电源装置，简单来说就是放有压力板的铁轨，只要上方有矿车通过，就会发出一段时间的红石信号，也可以将信号传递给旁边的铁轨。

02 没有信号就不会运作

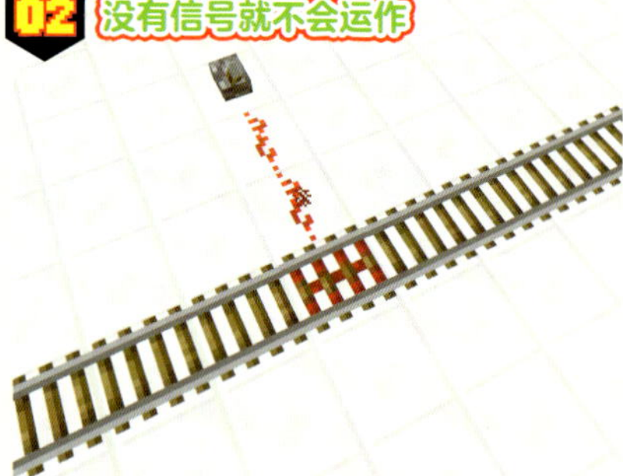

激活铁轨就是机械元件，收到红石信号之后， 如果有玩家坐着矿车经过，就会强制玩家自动下车。虽然还有其他功能，但是在这里先省略。

03 注意这里铁轨不会变成直线

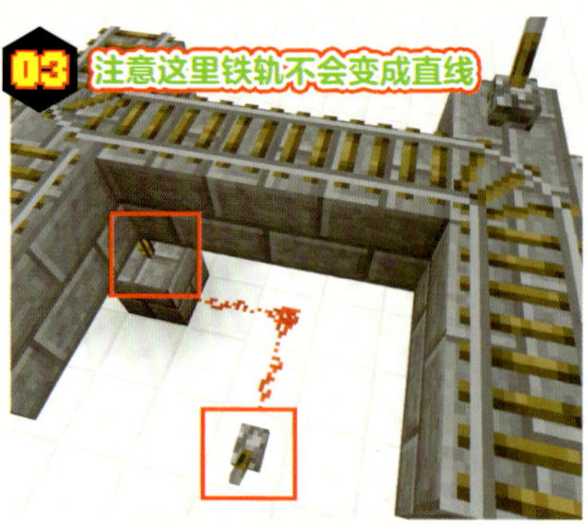

利用弯曲铁轨接收到信号后，会让行进方向改变的设定。我们只要将红石信号传送到图中左上角的岔道，就可以让铁轨改变方向。因为铁轨放置成十字交叉，红石信号无法顺利传递，所以这里让信号改为从下方传递，在正下方放置一个红石火把即可。

04 会向没有方块的方向加速

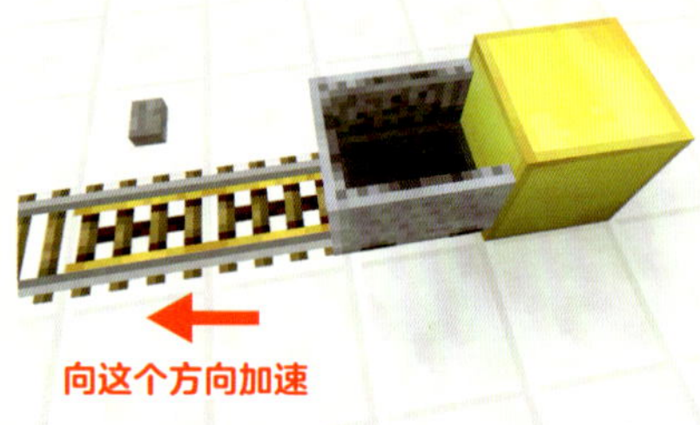

一般来说，充能铁轨并不会影响静止的矿车，不过靠在方块旁的矿车则是例外。这时只要接收到信号，充能铁轨就可以让矿车加速了。

铁道的火车站

接着就来盖一座车站吧！要让矿车停下来，需要将充能铁轨放置在月台前，只要没有接收到信号，充能铁轨就会让通过的矿车减速。而要让玩家下车，就要使用激活铁轨。另外，还要在车站内放置岔道，这样就能让玩家下车了哦！

所需材料

- 拉杆 ×1
- 探测铁轨 ×2
- 充能铁轨 ×3
- 激活铁轨 ×1
- 铁轨适量
- 红石火把适量
- 导体方块适量
- 红石适量

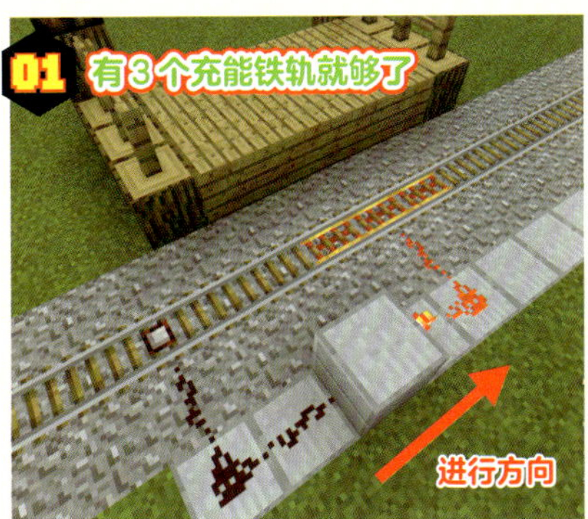

01 有3个充能铁轨就够了
进行方向

首先建造出月台，然后在月台前面放置充能铁轨。只要将探测铁轨发出的信号用非门反转并连接到充能铁轨，矿车就会在进站时自动停下来了。

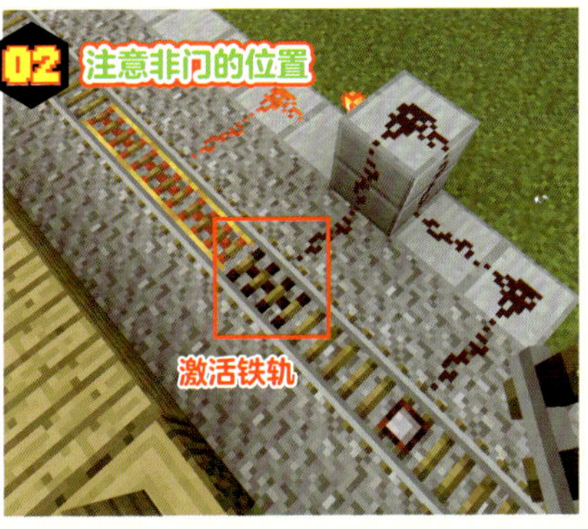

02 注意非门的位置
激活铁轨

接着，在充能铁轨前面放置 1 个激活铁轨，注意红石电路要接在信号反转之前。这样的话，只要玩家坐着矿车经过，就会自动在这里下车了。

03 电路太长时要记得增幅

如果想让这个车站有两个不同的前进方向，就要放置 1 个转辙器（切换铁轨方向的装置）。把拉杆放置在车站中，然后拉一条红石电路接到分岔点即可。

04 只有在矿车通过时
才会改变铁轨方向
前进方向

想让两道分岔的铁轨在某个地点合并到一起，就要在一边的铁轨上放置探测铁轨，然后连接到合并点即可。

矿车的车库

无人矿车就这样停在车站中有点奇怪，不如帮它建造一座专用的车库吧！在车站前面放置岔道，然后放置一个机关，让有人乘坐的矿车直接通往主要铁轨，而无人乘坐的就送往车库。要做到判断矿车上是否有人，我们需要使用绊线钩。将绊线钩放置在高处，让坐在矿车上的乘客能够触发绊线钩。最后，我们在充能铁轨上加点装置，放置 1 个按钮就可以让矿车自动从车库跑出来哦！

所需材料

- 绊线钩 ×2
- 按钮 ×1
- 线适量
- 探测铁轨 ×2
- 充能铁轨适量
- 铁轨适量
- 红石火把适量
- 导体方块适量
- 红石适量

01 放置绊线钩

在出车站的区域，将绊线钩放置在离地面 2 格高的地方。然后在附近建造出铁道的岔路，并且把绊线钩之间的线拉好。接着让绊线钩在没有触发的情况下，让矿车可以通往车库，必要时还可以使用非门。

02 放置充能铁轨与叫车用的按钮

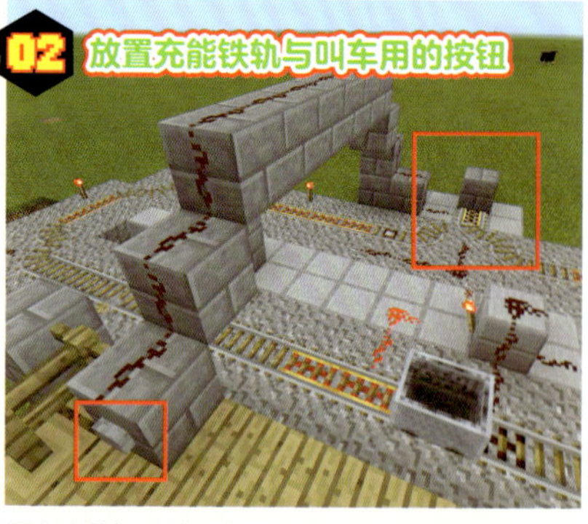

把车库盖好，并且在 1 个方块前面放置充能铁轨，进到车库的矿车就可以停在这里。然后在车站中放置 1 个按钮，并拉一条电路接到刚放置的充能铁轨上，这样按下按钮就可以召唤出空矿车了。

03 尽量在直线电路段放置充能铁轨

在车库里很容易出现矿车在途中停住而出不来的情况。为了防止这类情况发生，建议在直线电路段多放置充能铁轨。

04 利用探测铁轨

为了让从车库里出来的矿车可以准确来到月台前，必须让从车库出来的铁轨与进站的铁轨合并，放置方法请参考 P117。

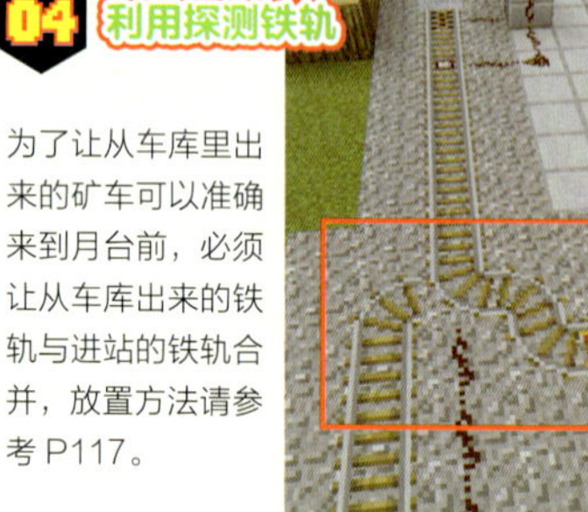

CHAPTER 03

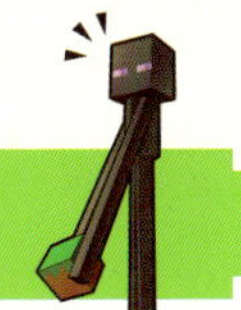

发射器与投掷器

原本 PE 版没有红石系统，但是在几次更新之后，PE 版的红石系统就相当齐全了，包括这里要介绍的发射器与投掷器。发射器与投掷器的功能都是将道具发射出去，不过发射器的效果是使用道具，而投掷器的效果则是让道具掉落出去。

发射器与投掷器的外观看起来非常相似，点击右键后就可以开启内藏的物品栏。

投掷器在接收到信号后，就会随机掉落物品栏中的 1 个道具。

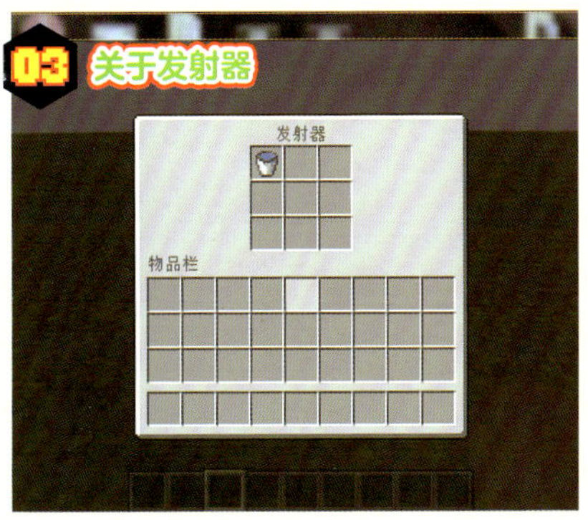

上图为发射器的物品栏，界面格式都与投掷器的一样，此时物品栏中有 1 个水桶。

拉下拉杆后，发射器就会产生使用水桶的效果。如果里面放的是烟花火箭，烟花火箭就会被发射出去。

陷阱箱与漏斗

陷阱箱只要一开启就会发出红石信号，光是在旁边放置 1 个 TNT 就已经是一个完整的陷阱了。陷阱箱会对应同时使用的人数而发出相同强度的信号，所以如果只有一个人开启，陷阱箱就只会发出 2 格强度的信号，这时可以在旁边放置红石中继器（P121）增幅信号的强度。而漏斗则与名称相反，可以回收掉到漏斗上的道具。如果将漏斗放置在箱子旁边，就可以回收丢弃的道具。不过放置需要技巧，建议先放置箱子，再按住 Shift 键对着箱子进行放置。

上图就是陷阱箱的物品栏，外观看起来和箱子没什么差别。由于和箱子相邻时并不会变成大箱子，所以可应用在仓库类的建筑中。

陷阱箱只能发出 2 格的微弱信号，如上图所示，如果红石灯再远 1 格，就无法接收到陷阱箱发出的信号了。

我们经常会看到如上图左边的漏斗一样，底部没有连接到箱子的例子。为避免出现这种情形，需要在放置时按住 Shift 键并且对着箱子放置。

就算在漏斗上方放置台阶，掉在上面的道具也会穿过台阶被漏斗回收。但如果是左边漏斗上方的立方体方块，道具会被挡在上面而不会穿过哦！

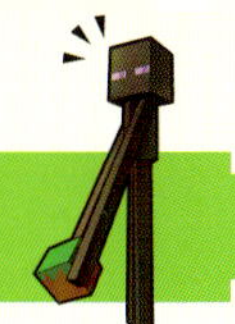

红石中继器

红石中继器的功能不只是可以增幅微弱的信号，还可以设置延迟制作出闪烁的效果。将红石中继器环接之后，还可以制作出脉冲电路（P110），而在P121中还会介绍如何配合红石比较器制作出红石连闪器。

01 红石信号的强度最多15格

红石信号最远只能传递15格，如果要放置15格以上的电路，信号传递到一半就会消失。

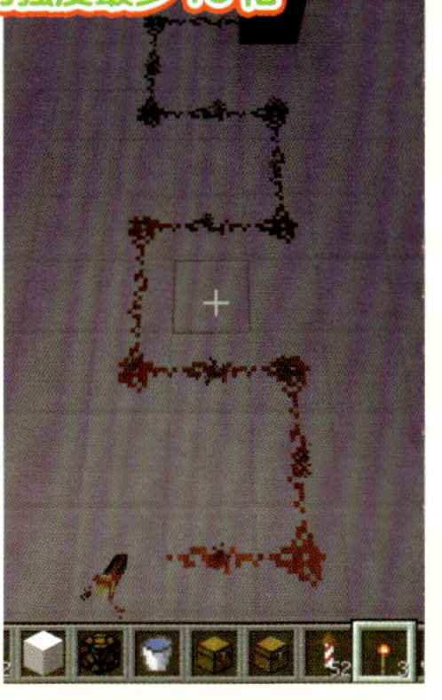

02 用红石中继器增幅

如果在途中放置红石中继器，信号又可以继续传递15格。对着中继器点击右键，还可以设置延迟的间隔。

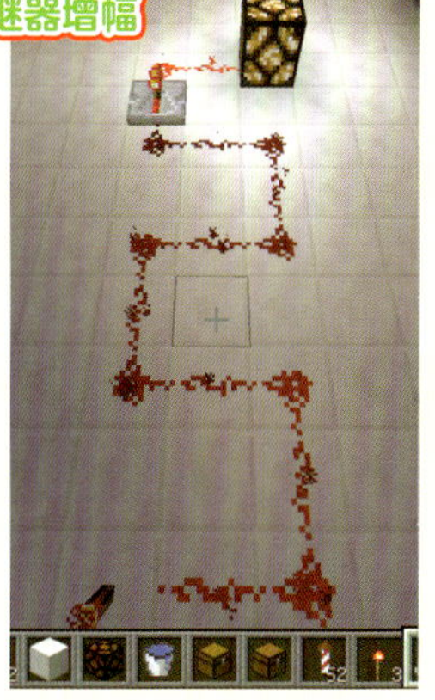

03 注意方向

单看上图或许有些难懂，因为红石中继器的方向装反了，所以信号无法传递给红石灯。本页中介绍的红石中继器与P122中介绍的红石比较器都只能单方向传递信号。底座的板子上有一个三角形的标记，信号只能按这个三角形的方向进行传递。

04 还可以闪烁

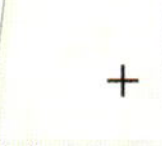

将红石中继器环接起来，利用信号的延迟（P109）可以让信号永远闪烁。不过在下一页中还会介绍与红石比较器进行组合搭配，做出更简单的信号闪烁电路哦！

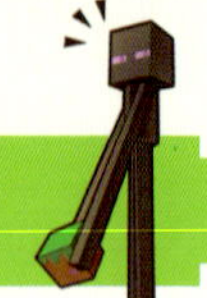

红石比较器

虽然红石比较器的外观看起来很像红石中继器，但是红石比较器需要接上两组红石电路，并且会按照这两组电路的信号强弱，发出不同强度的信号。红石比较器会比较主电路与副电路的信号强弱，如果主电路的信号较强，就会发出红石信号；如果是副电路较强，则不会发出信号。另外，只要将 1 个红石比较器和 1 个红石中继器环接起来，就可以制作出连闪器了。

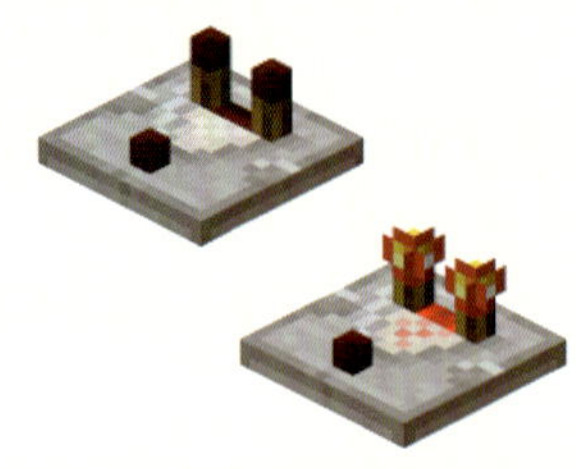

CHAPTER 03

01 这就是红石比较器
这个是主电路
这个是副电路

红石比较器会比较主副电路的信号强度，如果副电路较强，就不会发出信号。上图中主电路较长，所以比副电路多损耗了 1 格的能量，因此红石比较器就没有发出信号。

02 还有作差模式

对着红石比较器点击右键，让前方的小红灯亮起后，就会转换成作差模式，变成主电路的强度减去副电路的强度。另外红石比较器也和红石中继器一样，要注意信号的传递方向。

03 制作红石连闪器 1

如上图所示进行放置，红石比较器前方的小红灯并没有亮，而红石中继器的延迟则设置成最大。

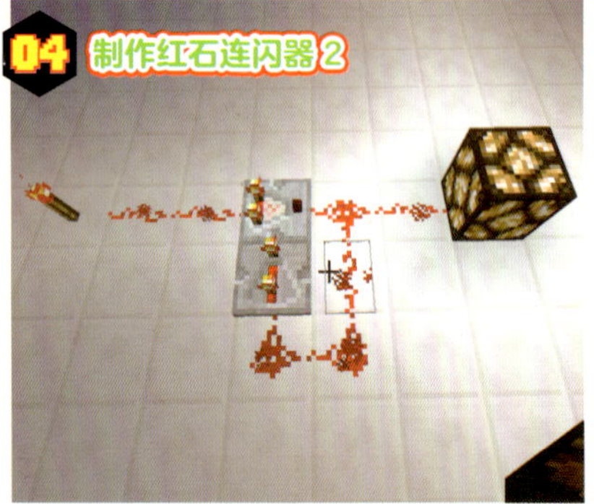

04 制作红石连闪器 2

这样就可以看到红石灯开始闪烁。虽然红石中继器的延迟调到最小也会让信号闪烁，不过作为机械元件的红石灯会来不及切换，所以看起来并没有闪烁。与发射器配合，还可以制作出连射装置哦！

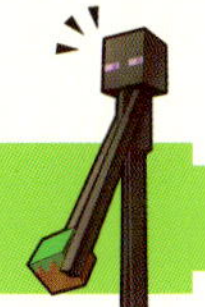

活塞与粘性活塞

活塞也是红石系统中相当常见的机械元件，接收到信号之后，活塞就会像玩具惊吓盒子一样，将活塞头推出去。粘性活塞的动作虽然与活塞相同，但是当活塞头被拉回来时，也会顺便把前面的方块拉回来。

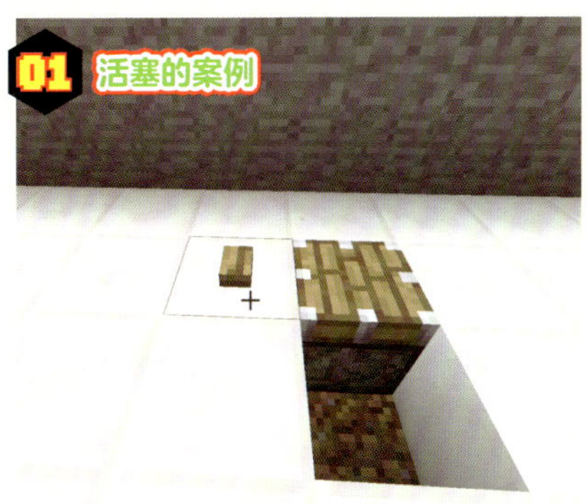

地板陷阱中经常会用到活塞，这里将活塞埋在地板里，然后在旁边放置一个按钮。

按下按钮后，活塞头就会被推上去，如果配合使用压力板，就可以制作出更简单的陷阱。

粘性活塞可以将方块拉回来，所以应用范围也非常广，如上图所示。

按下按钮让粘性活塞运作，当活塞头缩回去时，就会将方块一起拉回去。

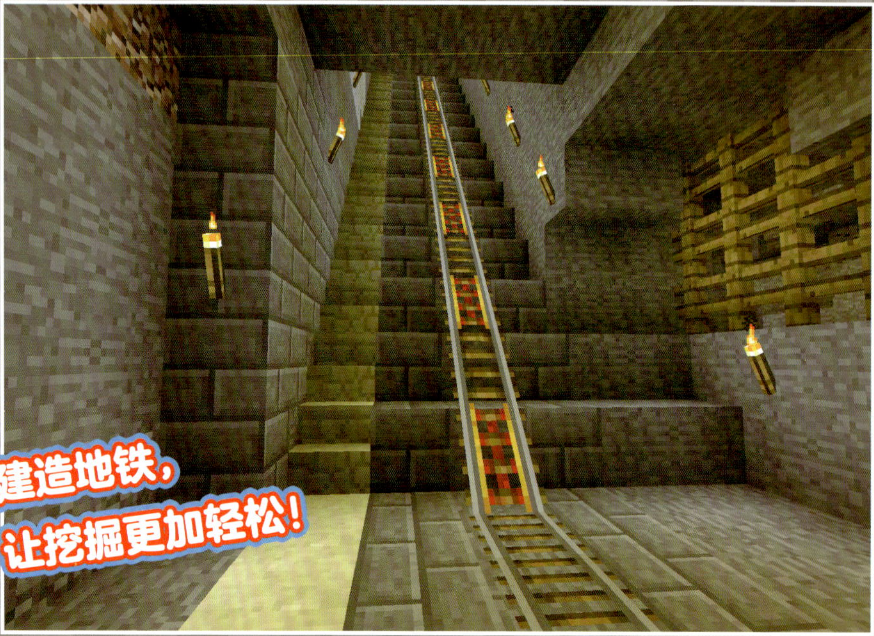

建造地铁，
让挖掘更加轻松！

CHAPTER 04

用红石盖出铁路系统

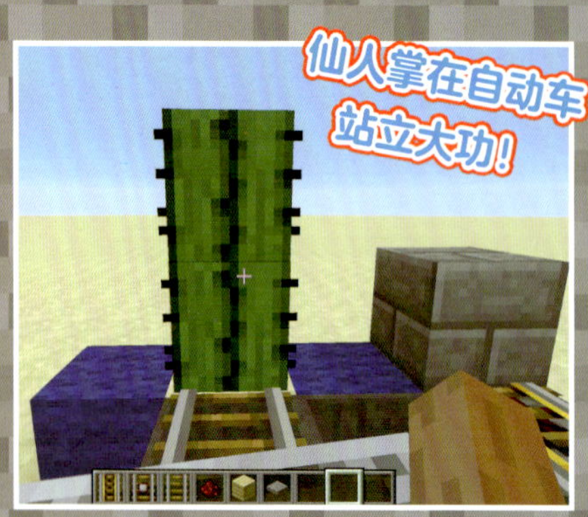

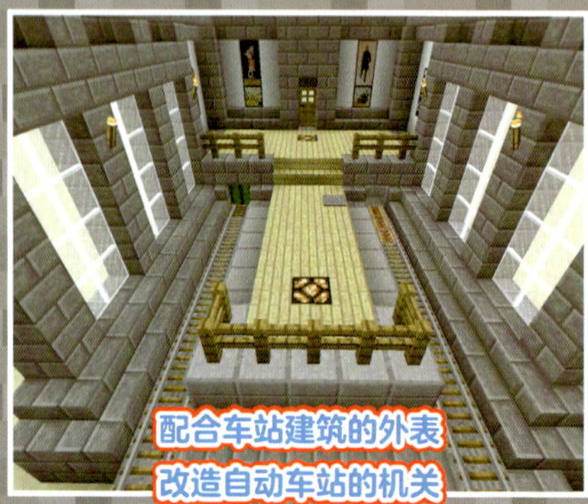

配合车站建筑的外表
改造自动车站的机关

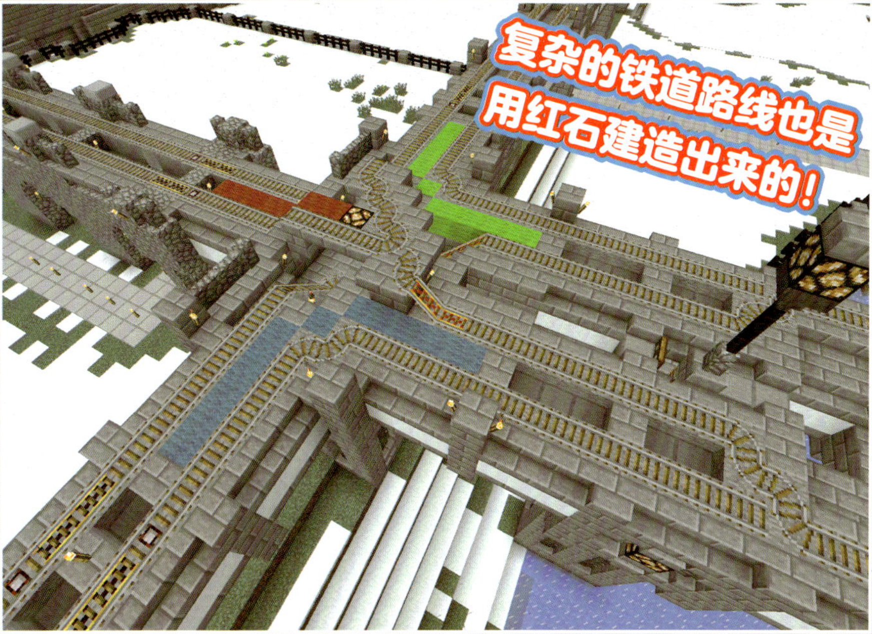

复杂的铁道路线也是用红石建造出来的！

大致了解了红石机关之后，我们终于要开始实践了！本单元将介绍如何建造一个现代化的大型铁路系统，让以往只能徒步或骑马慢慢走的距离，可以乘矿车快速到达。这里将会详细解说自动车站以及转辙器的建造方法哦！

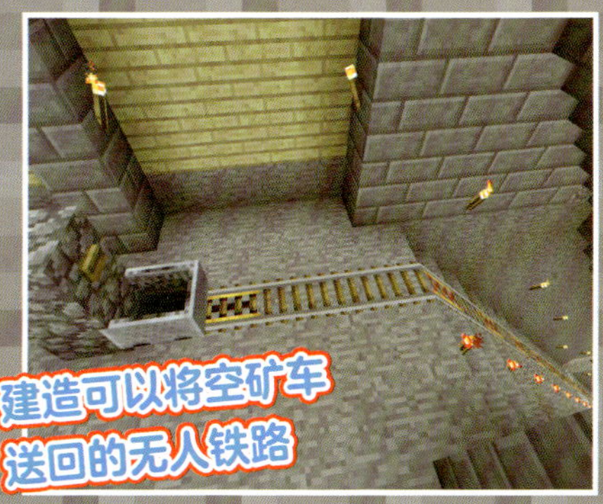

建造可以将空矿车送回的无人铁路

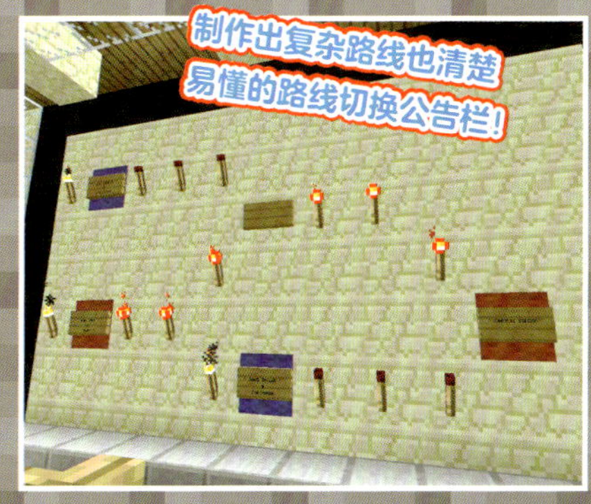

制作出复杂路线也清楚易懂的路线切换公告栏！

用充能铁轨让矿车高速移动

每次到目的地都需要走路或骑马，这也太麻烦了，不如来建造一个现代化的铁道系统吧。这部分要介绍的是使用矿车和红石机关就可以实现快速移动的系统，玩家可以自己乘坐，也可以用来移动动物哦！重要道具就是充能铁轨，只要使用这个，就可以让矿车快速地移动。

所需材料

- 矿车
- 红石火把
- 拉杆
- 铁轨
- 充能铁轨
- 探测铁轨

01 用W键控制矿车前进

坐进矿车后，按住W键不放，矿车就会一直向前移动。虽然矿车也可以爬坡，但是速度会非常慢，这个时候就需要充能铁轨出场了！

CAUTION!

矿车的速度有其上限

不得不考虑的是，需要在出发地点放置几个充能铁轨呢？因为矿车的速度是有上限的，所以充能铁轨并不是越多越好哦！

02 因数量的不同而出现的距离差距

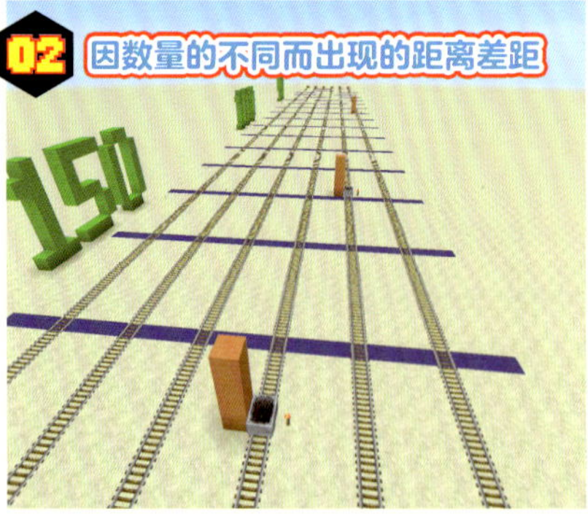

在出发地点放置2个以上的充能铁轨，就可以让矿车移动至少150格左右的距离。如果只有1个充能铁轨，矿车的速度会很快慢下来，差不多在80格左右就会停下来，连100格都到不了，这是相当大的差距呢！

03 最适当的间隔距离

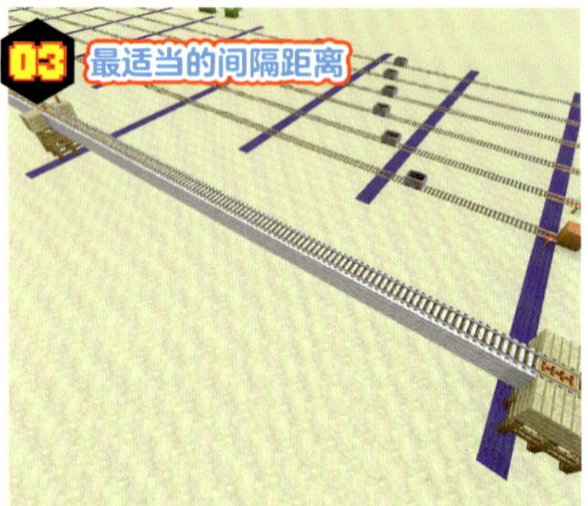

在出发地点放置2个充能铁轨，然后每隔30格就放置1个充能铁轨，这是矿车在平地上移动时放置充能铁轨最合适的距离。

CAUTION!

矿车突然没人的话移动距离会变短

如果玩家从矿车上突然下来，矿车的速度就会很快慢下来，在让空矿车移动时，一定要注意这一点。

04 上坡时要缩短放置间隔

平地上间隔 30 格没问题，而下坡的话，就算不放置充能铁轨也可以。问题在于一上坡，矿车的速度马上就会减慢，甚至会向后退。所以在上坡时放置充能铁轨的间隔距离要更短一些。

05 上坡的间隔距离是多少？

虽然需要使用的充能铁轨会变多，但是不管多长的上坡路，只要每隔 1 格放置 1 个充能铁轨就都能爬上去哦！

06 充能铁轨的动力源①

想将红石信号传送给充能铁轨，最简单的方法是使用红石火把。如果直接将红石火把放置在铁轨旁边，外观并不好看，还有可能不小心拆掉铁轨，所以建议将红石火把放置在地下。

07 充能铁轨的动力源②

如果铁轨盖在高架桥上，没办法隐藏电源装置的时候，就可以使用拉杆，还可以将拉杆放置在墙上哦！

08 充能铁轨的动力源③

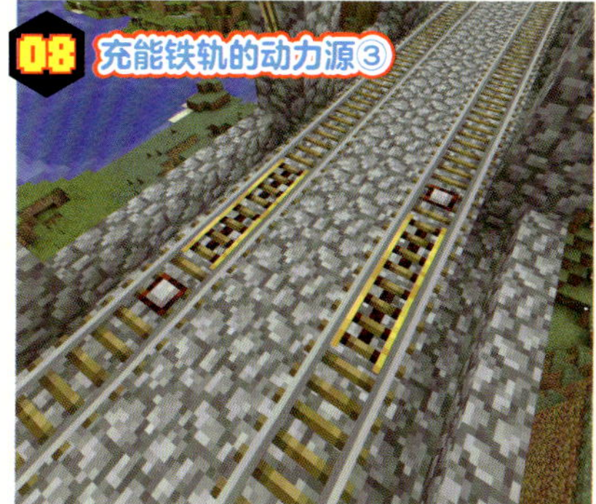

最后要介绍的是探测铁轨。探测铁轨只需更换铁轨即可，最大的优点就是不会影响到周围的建筑物和景观。

在地底与地上轻松移动的矿车路线

到地底开采矿石时，玩家需要常在地底与地上之间往返，所以这部分要介绍如何用红石机关和矿车在地底盖出地铁，而且比建造电梯还要简单很多哦！
这次要介绍的是交换矿车系统，这个系统可以及时补充矿车。在从家里出发前，无人矿车就会自动从终点开到家里哦！

所需材料

- 红石火把
- 按钮
- 铁轨
- 充能铁轨
- 探测铁轨

01 如果要简单连接

如果要从地上连接到地底，可以参考 P127 中介绍的出发用的 2 个充能铁轨与 1 个按钮。然后将铁轨一直连接到地底，记得在坡道的部分每隔 1 格放置 1 个充能铁轨。

CAUTION！

虽然方便但也有不方便的地方

虽然地上直通地底非常方便，但是如果这样，平常活动的区域就会被限制在地上与地底。一旦不小心死掉，就会重生回到有床铺的地上，而矿车却还留在地底。

02 矿车在 T 字路口的动作①

这里介绍一下矿车与铁轨之间的特性，将铁轨如上图一样放置，从左侧开过来的矿车就会转弯驶进上方的路线。

03 矿车在 T 字路口的动作②

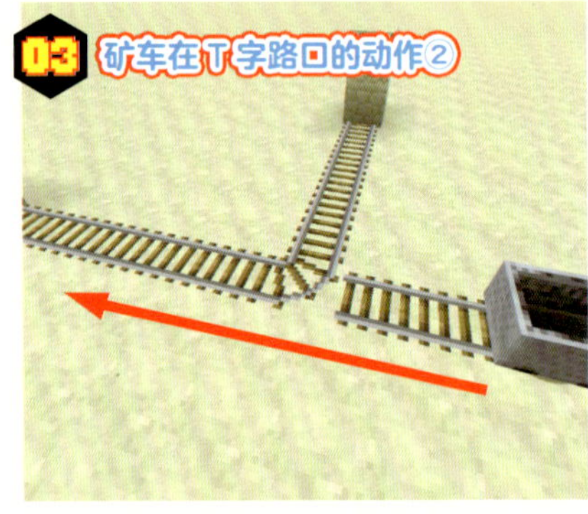

从右侧开过来的矿车会跑哪一条路线呢？如果矿车维持一定速度，就会继续沿着直线前进。

04
建造出发地点

接下来就开始实际动手建造吧！首先是发车地点，这部分请参考前面的介绍，不过这里只需要将空矿车停下，因此放置 1 个充能铁轨即可。

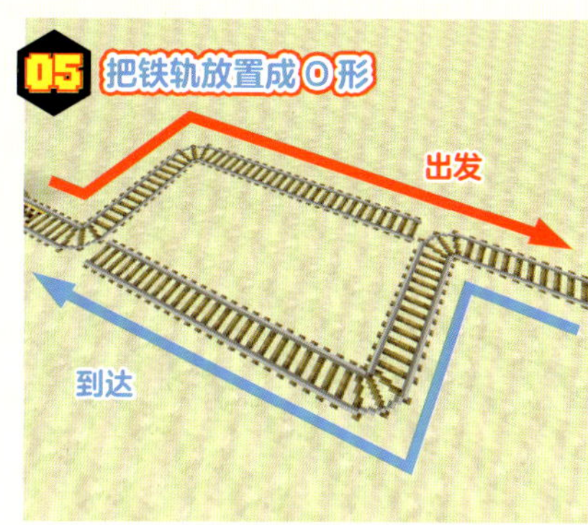
05
把铁轨放置成 O 形
出发
到达

接着，在出发点与目的地之间的中途放置一个 O 形的铁轨。这里就要利用刚刚放置的 T 形路口的特性，将出发与到达分成不同路线。

LEVEL UP！

T 形路口转向不如预期时

铁轨要转向哪一边和放置时的方向有关，如果转向和自己预期的不同，在连接点的下方放置红石火把就可以解决了。

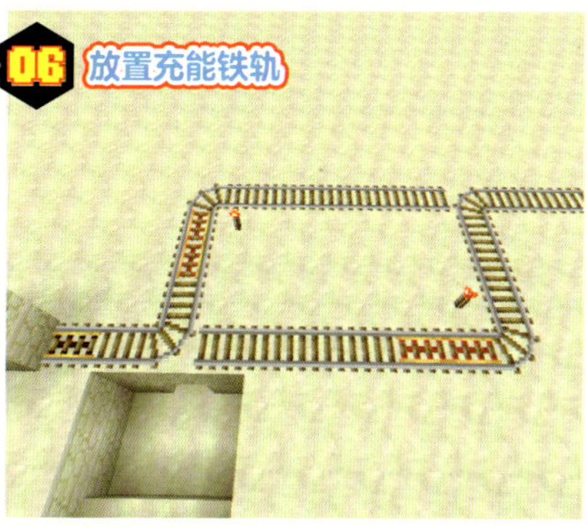
06
放置充能铁轨

在 O 形的 2 个转角附近各放置 2 个充能铁轨，这样就可以补足出发时动力不足的缺点了。

07
放置探测铁轨

在距离通向目的地的 T 形路口前 1~2 格左右的地方放置探测铁轨，这是这次介绍的机关中最关键的装置哦！

08
连接红石电路

将刚刚放置的探测铁轨用红石连接到出发点的充能铁轨上。这样一来，只要矿车通过探测铁轨，停在出发点的另一辆矿车就会从出发点离开了。

09 确认动作

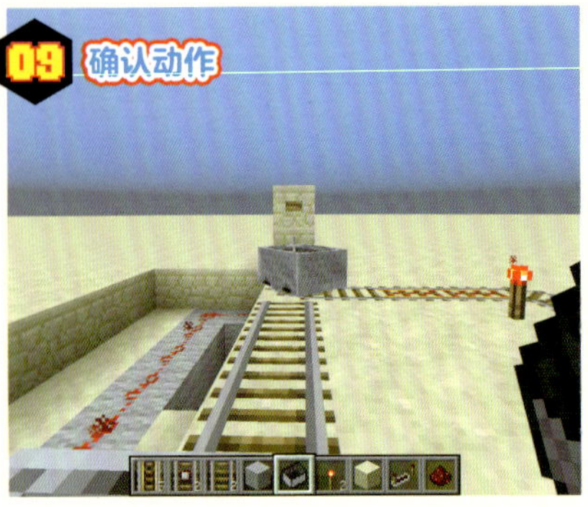

分别在出发点与目的地放置矿车，然后从目的地乘坐矿车出发看看。如果在回到出发点之前，出发点的矿车会事先出发并随后与自己会车，整个系统就成功了。

10 装饰一下出发点并且隐藏电路

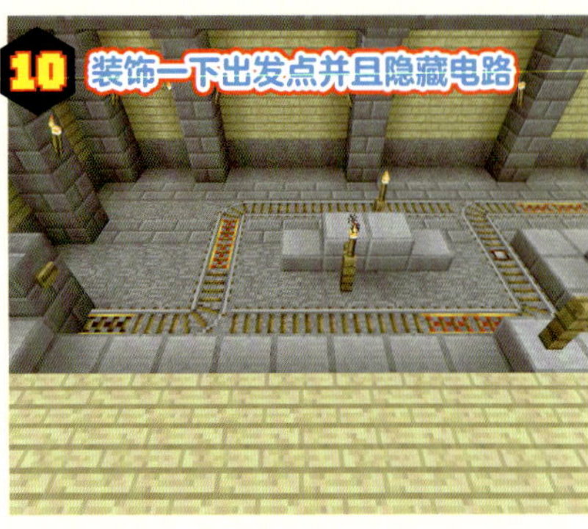

系统完成之后，接下来就是隐藏红石电路。这里可以利用台阶覆盖红石电路，再加些装饰，看起来就更像车站了。

11 在目的地也放置相同的装置

装饰完成之后，如果机关的动作一样顺利，就可以在目的地也盖一个同样的机关。由于角度问题，铁轨的转向不一定会和预期一样，所以别忘了用红石火把来调整。

12 调整充能铁轨之间的间隔

由于整个系统会有空矿车在行走，如果不把充能铁轨的间距放置得近一些，矿车很有可能走到一半就停下来。而上坡的路段只要每隔 1 格就放置 1 个充能铁轨，就一定不会有问题。

13 会车式铁道路线完成

等整体系统都完成之后，再做一次测试。测试成功后一定会成为一种轻松愉快的移动方式，如果移动过程不顺利，请再调整一下充能铁轨的间隔或探测铁轨的位置。

CAUTION !

注意事项

离玩家几百格远的机关会自动停止运作，所以这个装置只适合距离较近的情况。如果想长距离移动，可利用下界距离 1 等于主世界距离 8 的设定，先用传送门传到下界，再铺设铁轨，最后再传回主世界，就能完成了。

自动回收矿车的车站

如果要用矿车进行长距离移动或扩大铁道分布，可以参考接下来要介绍的自动车站，这个车站可以用1个按钮收起矿车，或叫出矿车并且出发。整个系统中最关键的道具是仙人掌，矿车只要撞到仙人掌就会变成道具，我们可以利用这个特性来建造自动车站。

所需材料

- 红石
- 各种铁轨
- 漏斗
- 发射器
- 按钮
- 仙人掌

01 首先放置发射器

放置1个发射器，这里将会是以后乘坐矿车并且出发的地点，因此在放置的时候，需要考虑整体车站的配置。而且最重要的一点，就是记得要让发射口朝向正上方。

02 在发射器上面放置充能铁轨

接着，在发射器上方放置充能铁轨，放置时只要按住 Shift 键，并且点击右键，就可以进行放置了。如果直接点击右键，就会变成开启发射器的物品栏了。

03 放置铁轨以及发车用的按钮

用铁轨从刚刚放置的充能铁轨开始铺设路线，这里要记得连续放置2个充能铁轨，让矿车起步时加速，而发车用的按钮则放置在稍远一些的位置。

04 放置漏斗并且接向发射器

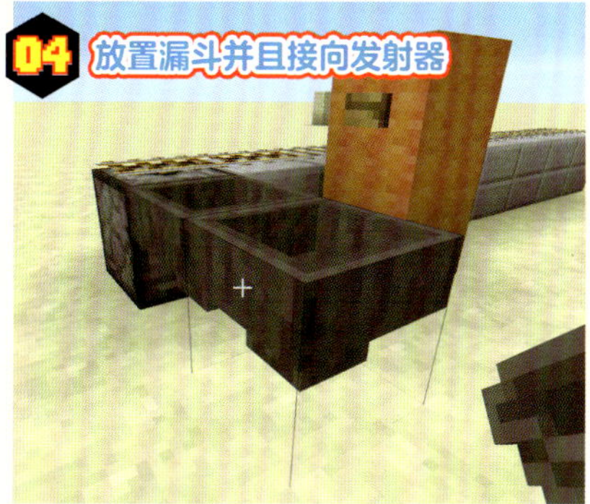

接下来，对着发射器连续放置两三个漏斗，在放置时也和前面一样，要同时按住 Shift 键进行放置。

CAUTION!

注意漏斗的放置方向

漏斗是非常方便的道具，可以收集掉落在上方的道具，并且传送到底部所指的方向。在这里使用漏斗是为了将变成道具的矿车传送给发射器，所以底部一定要朝向发射器哦！

05 在漏斗上面放置铁轨

按着 Shift 键在刚刚的漏斗上面放置铁轨，然后与出发点放置的铁轨平行，向前放置铁道路线，这条路线将会在回程时使用。

06 在漏斗旁边放置仙人掌

接下来在漏斗的旁边放置沙子，然后在沙子上方放置仙人掌。回程的矿车会直接撞上仙人掌，然后变成道具，接着就会掉到漏斗上并被回收，最后重新传送至发射器里。

07 要注意漏斗的周围

如果在仙人掌的周围放置方块，仙人掌就会变回道具。之后在建造车站时，很有可能无法顾及这里，所以可以在沙子的旁边放置蓝色羊毛方块，提醒自己不要在仙人掌周围放置方块。

08 完成发射器一端的出发点

回到发射器这一边。在发射器后面放置 2 个方块。然后在旁边拉出一条红石电路，这个位置是车站的关键哦！

09 放置发射器用的开关

接下来就是放置压力板，并把它与刚刚放置的红石电路接在一起。这里要启动的不是充能铁轨，而是发射器，放置完之后，这个机关就完成了。

这里开始确认一下机关的运作，同时说明自动车站的使用方法。首先在发射器内放入多个矿车。

11 将出发以及回程用的铁轨连接起来

由于这里只是确认机关，所以先将出发以及回程用的铁轨连接起来。在确认完成之后，再动手兴建铁轨的部分也不迟。

接下来，站上刚刚最后放置的压力板，这时发射器上方就会出现矿车。这里如果弄错了红石电路，矿车就会跑出去哦！

矿车顺利出现后，对着矿车点击右键就可以乘坐了。然后点击一开始放置的发车用按钮就能出发。如果觉得按钮的位置不便于操作，可以再调整一下位置。

矿车回到回程终点后，在撞向仙人掌的瞬间就会消失，玩家也会被强制下车，而消失的矿车就会变回道具，并且被漏斗回收。

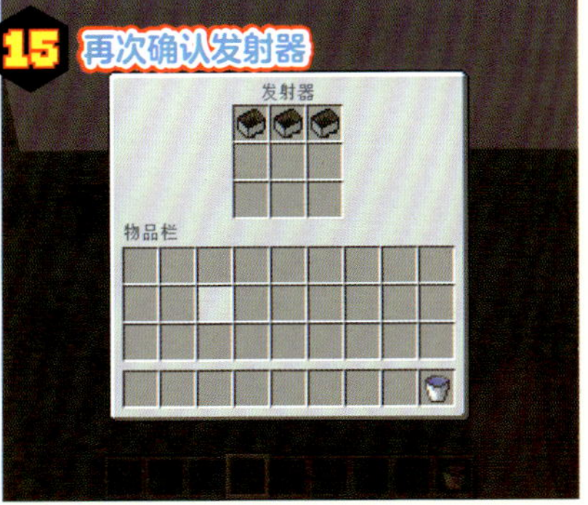

最后再确认一下发射器，如果发射器内的矿车数量与一开始放进去的一样，整个机关就成功了。如果矿车的数量变少，那么很可能是漏斗放置错误了哦！

配合月台与站体改造车站

自动车站完成之后，还是感觉整个车站太简单了。一个车站应该配有上下车的月台以及旁边的站体建筑物。如果我们继续建造下去，会发现要增加建筑物时，总是会影响到原有的自动车站。因此这部分介绍的是如何配合车站的结构，改造整个车站的系统。要调整的是出发位置与回程位置以及省略较复杂的电路等。虽然有些麻烦，但是有很多地方都可以发挥创意，请一定要挑战一下哦！

所需材料

- 红石火把
- 压力板
- 玻璃
- 玻璃板
- 红石灯
- 其他建筑用方块

01 改变红石电路的连接方法

例如自动车站前的系统，原先从探测铁轨拉出来的红石电路（P129 08）可以如上图所示，从地面以下拉过去，就可以节省不少空间。

02 按 W 键发车

修改一下用按钮发车的设计，也可以让整个机关缩小。做法是将充能铁轨后面的方块改成玻璃，把驱动部分改成红石火把即可（如上图所示）。出发时，只要坐上矿车按 W 键，让矿车接触到第 2 个充能铁轨就可以顺利加速前进了。

03 分别建造出发与回程的月台

上图是几乎维持原本的路线，而用玻璃板隔离出发点与回程点的案例。仙人掌则用地毯隐藏起来。

04 建造兼具出发与回程的月台

上图经过改造，将出发点与回程点整合在一个月台的两侧，发车方式也改成上面介绍的 W 键式发车，看起来就非常便捷了。

将自动车站改造得更具功能性

这次在盖自动车站的站体时，意外发现仙人掌的回收矿车系统有些挡路。另外，出发点与回程点分开的设计，也就是所谓的双线设计增加了整体车站的面积。如果想建造一座小巧的车站，可以将仙人掌藏在不明显的位置，并且把出发点与回程点合并成一条路线。接下来要介绍的是如何利用地底来进行改造的案例。

所需材料

- 红石
- 各种铁轨
- 压力板
- 按钮
- 红石中继器
- 仙人掌

01 首先决定出发点

选定出发点与回程点的整合位置后，如上图所示，将充能铁轨与铁轨交替放置4格。另外，在第2个充能铁轨旁放置拉杆，并且保持运作的状态。

02 将铁道拉向地底

接着，在刚刚放置的第4格铁轨旁边向下挖，并且将铁道路线拉到2格深的地面下。放置在坡道上的充能铁轨可以如上图所示，在旁边放置红石火把，保持运作的状态。

03 将发射器放置在地底

如上图所示，到再深2格的地底旁边放置发射器，并且在发射器上放置一个漏斗并连接到发射器上方。

04 在地底种植仙人掌

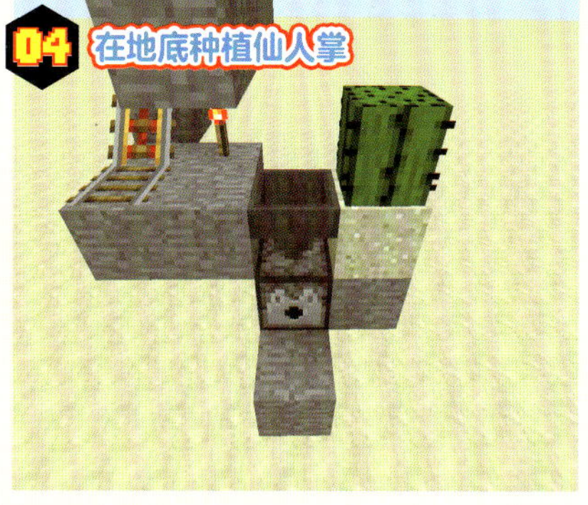

在漏斗的旁边放置沙子，并且在沙子上种植仙人掌。这样仙人掌会处于地下2格的位置，而且整组机关包括发射器都藏在地底下。

05 让铁轨连接发射器

如上图所示，在发射器前面放置铁轨，并且一路接向地面。上坡时要记得使用充能铁轨，可以让整套系统更加稳定。

06 如果想要更节省空间

如果想要节省空间，还可以缩小 1 格的距离，只不过在这个距离内想调整电路会更加困难，而且调整电路所需的空间说不定会更大。

07 将铁轨铺向仙人掌

如上图所示，在发射器前面放置铁轨，并且一路接向地面。上坡时要记得使用充能铁轨，可以让整套系统更加稳定。

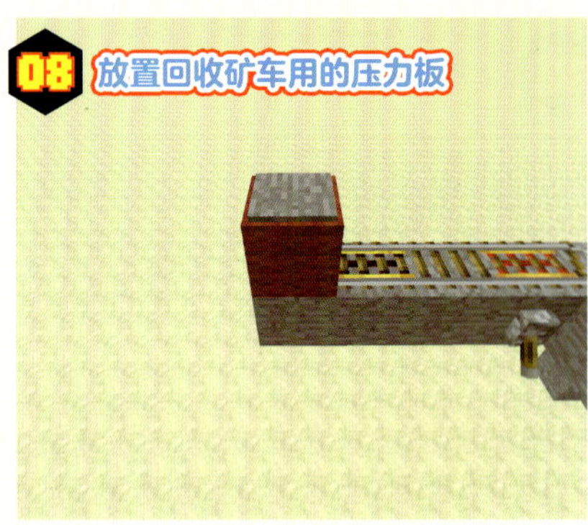

08 放置回收矿车用的压力板

回到地面上的部分，在出发点的充能铁轨旁放置 1 个方块，并且在方块上放置压力板。这样只要踩上压力板，矿车就会自动开向地底的仙人掌。

09 放置召唤矿车的按钮

考虑车站的位置，在不会挡路的地方放置召唤矿车的按钮。由于这个按钮要拉出通向地底发射器的电路，所以建议最好放置在容易连接的位置。

10 从按钮开始放置红石电路

想要向下拉电路，可以使用数个非门方块的组合。在 1 个插上红石火把的方块侧面放上红石，就可以让信号反转并向下传到另一个非门方块了。

CHAPTER 04

最后要盖的是发车用的机关。按照上图铁轨的放置情况，发车之后矿车会直接通向地底。所以在发车时，必须改变铁轨的方向。

首先在第 1 个充能铁轨以及 T 字路口的切换点下方放置红石火把，让这两个装置都能够运作。

接着放置发车按钮，记得按钮要朝向出发的方向才会更方便，还要记得将按钮和刚刚放置的红石火把用电路连接起来。这里需要考虑好电路的放置位置之后，再决定按钮的放置位置。

放置电路的方法跟召唤矿车时一样，并且可以用红石中继器调整信号传递的时间。再检查一下，看看电路是否放置成功了。

这次放置的橘色羊毛方块电路信号流到浅绿色羊毛方块的电路上了，用红石中继器来放置电路的确非常方便，但有时也会出现这样的麻烦。

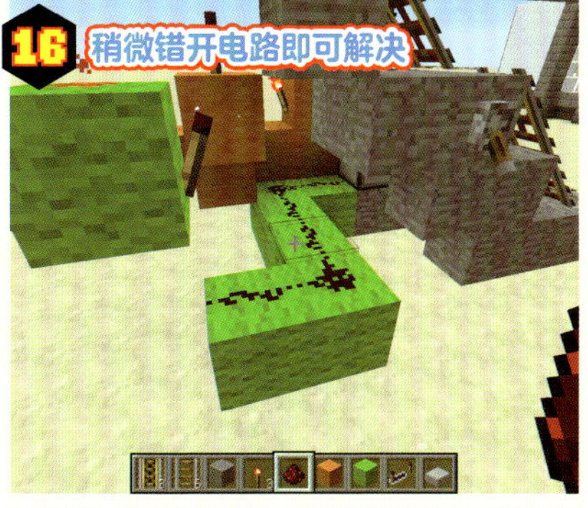

虽然解决的方法有很多，但选择修改一下浅绿色羊毛方块的电路是最快的。像这样在放置电路的中途进行调整修正，是非常重要的步骤哦！

回到地面后，从目前红石机关的状态来看，矿车是无法进入通向地底的弯道的，所以接下来要将这部分调整好。

只需要一个按钮就可以解决铁轨转向的问题，而这里也一样调整一下电路即可。也就是说，只要在电路上放置非门，调整每一种机械元件是否接收到信号即可。

这个步骤虽然不是必要的，不过放置非门之后，电路就会出现延迟现象，这部分可以用红石中继器的延迟来配合。

将矿车放置在出发的位置，并且按下发车的按钮。只要矿车发车之后没有跑到地底下，测试就成功了。

车站建造完成了。图中浅绿色的电路可以召唤矿车，橘色是发车的电路，红色则可以回收矿车。虽然在下车后一定要踩一下压力板会有些不方便，但这样就成功地将铁轨调整为单线并且全部隐藏在地底了。

最后，简单盖出建筑物。在 Minecraft 中还可以将自动车站缩得更小，并且附带许多功能，如果有兴趣，可以自己挑战试试哦！

路线切换告示板

熟悉了自动车站建造过程并且建造出数条铁道之后，接下来就是建造一个转接站，将所有铁道全部串联起来。如果想将每个车站都串联起来，形成一个环状线，那么用之前介绍的自动车站就已经足够了。但是如果想建造出能双向通行且结构复杂的铁道网络，就需要建造许多转接站。虽然可以使用拉杆操纵这些转接站，但是增加拉杆数量会让电路变得更加复杂，也很难记住哪个拉杆控制哪条电路。所以这部分将会介绍统整这些转接站的告示板系统哦！

所需材料

- 红石
- 红石火把
- 各种铁轨
- 拉杆
- 红石灯

01 用拉杆就可以简单切换铁轨

就如之前的介绍一样，想要切换铁轨的转向，使用拉杆就可以了。如果铁轨只通向两个方向，那么使用拉杆会非常方便。

02 要如何切换成三个方向？

如何才能切换三个方向呢？答案非常简单，只要使用 2 个切换装置即可。上图可以切换到三个方向，包括原来的方向就有四个方向了，使用 2 个切换装置就够了。

03 用红石机关远距离操作

接上红石电路就可以远距离操作，不用特地跑到切换地点。想远距离控制车站的切换点也不是什么难事。

04 容易搞混怎么办？

要操作铁轨的转向本身是非常简单的，但是拉杆要是太多的话，很容易让人搞混，接下来要介绍的是改善方案。

05 让拉杆的状态可视化

放置2个红石灯，并且用拉杆来控制。这里用1个拉杆来让2个红石灯相互切换，到底要怎样放置才能做到呢?

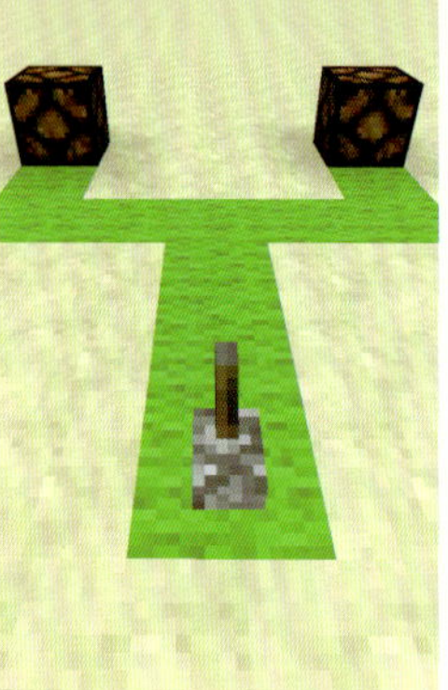

06 善用非门

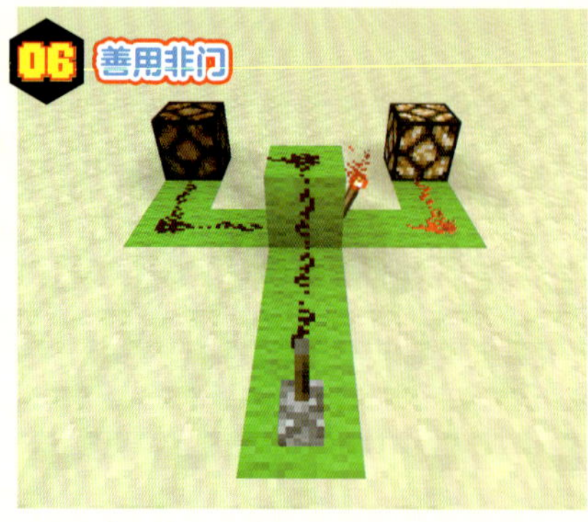

答案非常简单，只要在电路中加入非门即可。加上红石灯，就能更加清楚地看到拉杆是否启动了。

07 将两边接起来

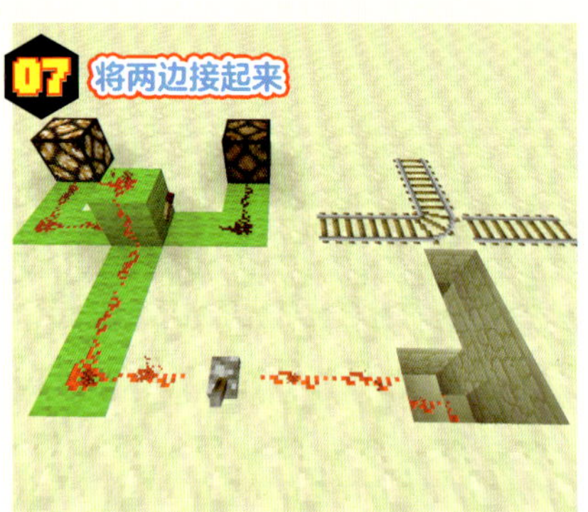

接下来只要组合起来即可，这样红石灯与铁轨切换装置连动的机关就完成了。

08 放置在车站显眼的地方

将标识切换状态的红石灯放置在车站显眼的地方，车站就会变得逼真许多。

09 放置切换三个方向的告示板

回到主题中的三个方向切换。要切换三个方向就需要2个拉杆，也就是要将2个刚刚的装置组合在一起。

10 将拉杆与红石灯组合起来

首先放置2组相同的红石灯组合，虽然比较容易理解，但具体怎么放置才能便于操作呢?

11 稍微变更一下放置

将红石灯的排列组合按照实际铁轨的分岔状况进行排列，这样看起来就会简单许多，基本上直接照这样放置也可以。

12 发现问题

稍微切换一下拉杆就可以发现问题，当铁轨电路转到前方的浅绿色时，后方红色或蓝色中的一个还会亮着。这样制作出来的告示板还是无法很好地控制铁轨。

13 一点一点地解决问题

解决这个问题有很多方法，这次需要一个一个解决亮灯的问题。首先在电路中放置一个非门，不让红色羊毛方块的灯亮起。

14 从浅绿色羊毛连接信号

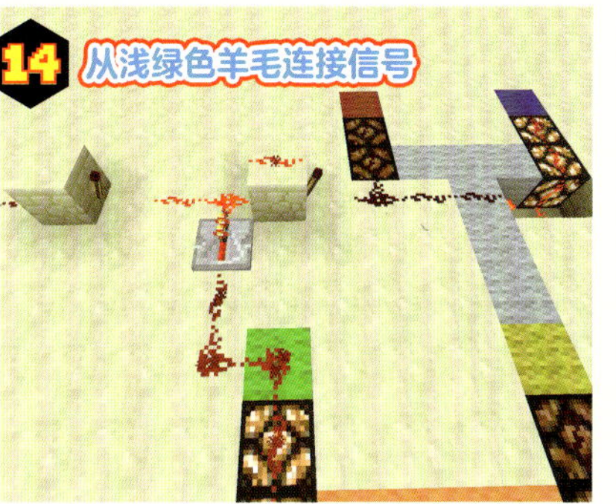

从浅绿色羊毛方块的位置拉条电路，将信号传递给非门，并且要记得放置红石中继器，避免信号逆流。这样当浅绿色羊毛方块的灯亮起时，红色羊毛方块的灯就不会亮了。但如果只是如此，蓝色羊毛方块的灯还是有可能亮起，所以还需要进行调整。

15 善用非门和红石中继器

接下来的放置方法和刚刚一样，放置 1 个红石中继器来避免信号逆流，并且将浅绿色羊毛方块和非门用红石电路连接起来。只要浅绿色羊毛方块的信号流到这两个地方，另一个拉杆就无法让灯亮起也无法改变铁轨了。

16 利用这个机关制作告示板

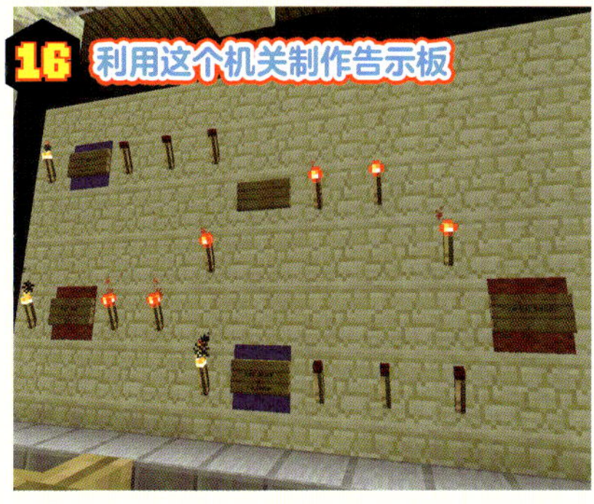

上图就是利用这个机关制作的告示板。虽然这个告示板有些大，但是可以很快掌握铁轨目前的转向。

路线统一的选择器

P141介绍了让拉杆的操作可视化的告示板，不过如果铁道电路变得复杂，还是会让人想用按钮切换，使用按钮切换可以让整体联动变得简单又直观。而要实现这些愿望可以使用名为选择器的装置，这会用到红石中继器和活塞的复杂机关，要理解原理可能也会有些困难。因此这里先依序介绍制作的方法，请大家依样画葫芦制作试试看。

所需材料

- 红石
- 红石火把
- 红石灯
- 红石中继器
- 粘性活塞

CHAPTER 04

01 这就是选择器

上图就是选择器，把这个放置在车站的中央，按下染色羊毛方块上的按钮后，上方的灯就会亮起。除此之外，还会发生什么事呢？

02 用铁轨盖出大规模的交会点

在车站的前方有三个方向的大规模铁道交错形成的立体交流道。刚刚的染色羊毛方块上的按钮，就是能够控制这三个方向的转辙器。接下来就开始介绍制作方法。

03 排列3个红石

首先在地上排列3个红石。虽然这次装置的宽度比较短，但随着铁道的发展，需要的宽度会越来越大，所以还是尽可能地保留空间比较好。

04 放置3个按钮

接下来在红石上方放置任意3个方块，并且在每个方块上都放置按钮，这就是操作用的按钮了。

05 放置红石灯

放置好按钮之后，在方块上方同样放置 3 个红石灯。这次并不需要在红石灯之间留空。

06 在后侧放置方块

接下来在一开始的红石后方放置任意 3 个方块。从这里开始会渐渐变得复杂，所以请确认方块的位置关系。

07 放置红石中继器

在刚刚放置的方块上方放置红石中继器，而且要朝向后方。想要延迟就维持原样，不用变动。

08 放置粘性活塞

这里会有些难，在红石中继器的旁边，离地面 1 格的地方，放置 3 个朝向上方的粘性活塞。这里可以先暂时放置辅助方块，再放置粘性活塞会更加简单，之后拆掉辅助方块即可。

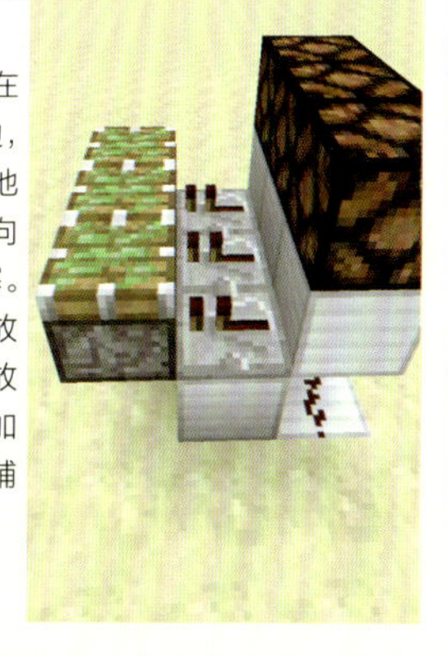

09 放置方块将上方覆盖

接下来在红石灯、红石中继器以及粘性活塞上方各放置 1 个方块，将整个装置的上方全部覆盖。

10 面向前方放置红石中继器

在方块的上方，如上图所示放置朝向前方的红石中继器。然后对准每个中继器点击 2 次右键，注意不要忘记这个调整延迟的设定。

11 放置平台

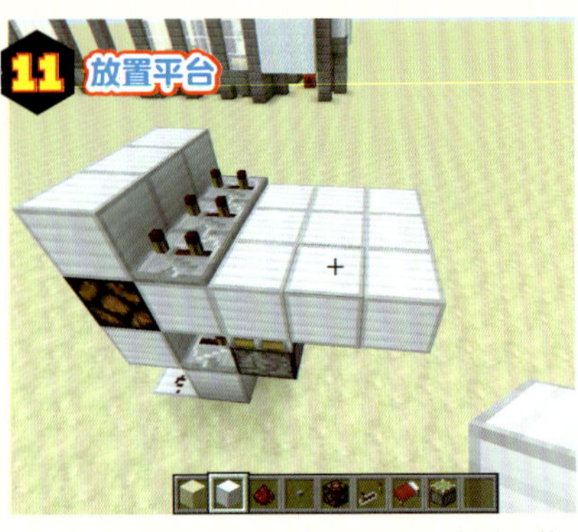

接下来将放置红石中继器的平台再向后扩建 2 格，记得不要弄错高度，因为这里也要放置电路。

12 在平台上放置红石中继器

跳过粘性活塞的位置，在平台上放置红石中继器与红石，这里的红石中继器不用设置延迟。

13 在地下埋入粘性活塞

在一开始放置的红石旁边向下挖 1 格，然后放置 1 个朝上的粘性活塞。这个粘性活塞放置在左边或右边都可以，不过只需要 1 个。

14 放置方块并且增加红石中继器

在刚刚的粘性活塞上方放置方块，并且在后方放置 1 个朝后的红石中继器，这里要点击一次红石中继器增加延迟。

15 放置红石以及红石火把

将方块放置成楼梯状，并从刚刚的红石中继器拉一条电路接到上方，插上 1 个红石火把，装置的主体结构就完成了。

16 测试按钮

装置完成后，就马上来测试一下按钮吧！按下按钮，上方的红石灯就会亮起，而这就是选择器的功能。

17 以后还能增加按钮

这个装置只要在红石信号不产生延迟的距离内，都可以一直在旁边放置同样的按钮装置哦！

18 放置输出的电路

用按钮改变红石灯虽然很有趣，但是到目前为止它只是个外观变化的装置而已。接下来要放置配合按钮可以向外输出信号的机关。首先在装置的最上方放置红石火把。

19 上方再放置一个平台

在红石火把上方再放置方块，并且在红石火把的后方也放置方块，形成一个平台。

20 再放置红石火把

平台完成之后，这次将红石火把插在最上面的方块后侧，这就是朝外侧输出信号的动力源。

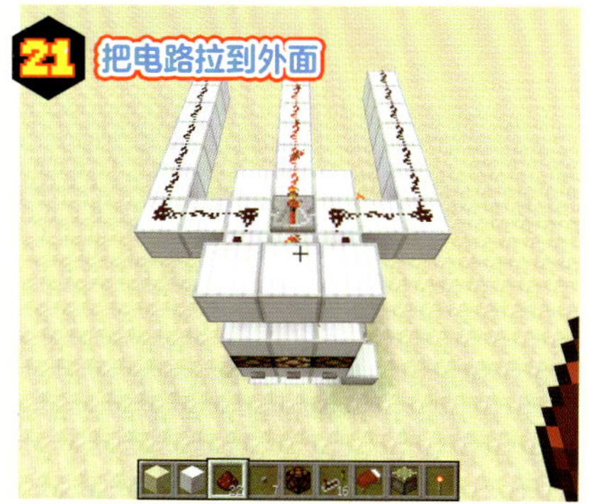
21 把电路拉到外面

接下来要避免电路相互干扰，用红石与红石中继器将电路拉到目标的地点即可。由于下方插有红石火把，记得要避开哦！

22 与3个岔道连接后就完成了

这次的案例只用到 1 个按钮，但同时需要切换 2 处转辙器，只要配合按钮进行调整，连接到后面的 2 个转辙器即可。到这里，装置就全部完成了！

宏伟的海底遗迹！

CHAPTER 05

享受最新改版的乐趣！Q&A

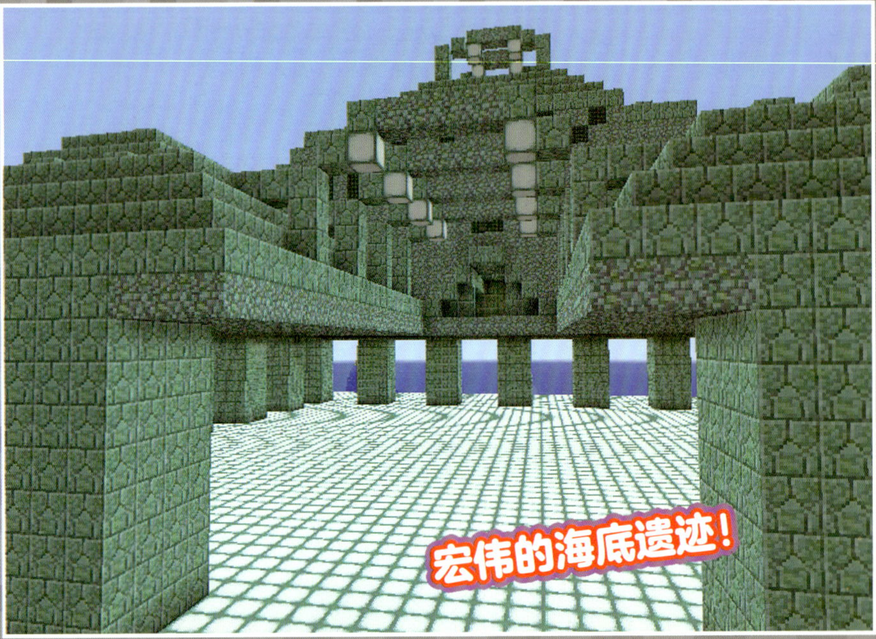

五彩缤纷的
海底世界！

Minecraft里
也有海龟？！

建造铁道列车与列车头的诀窍是什么?

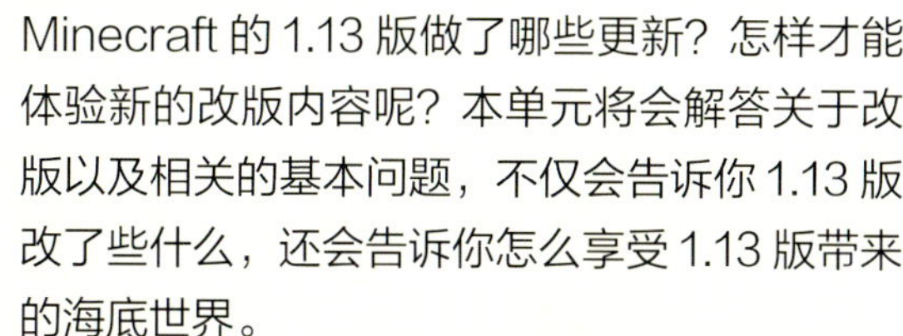

Minecraft 的 1.13 版做了哪些更新？怎样才能体验新的改版内容呢？本单元将会解答关于改版以及相关的基本问题，不仅会告诉你 1.13 版改了些什么，还会告诉你怎么享受 1.13 版带来的海底世界。

水底也有僵尸吗?

Q 什么是1.13？

网络上常常有人提到1.13，如果是刚接触 Minecraft 的新手，可能完全不明白。其实 1.13 指的是计算机版 Minecraft 的游戏版本，目前（2018 年 11 月）的最新版本就正好是 1.13。之后更新的 1.13.2 版本则修正了 1.13.1 版的漏洞。

01 Minecraft 计算机版的版本

点击启动器右上方的“≡”符号，再选择启动选项，就可以自定义使用哪个版本开启游戏了。

02 水域更新

1.13 版的名称为水域更新（Update Aquatic），因为更新的内容与过去有许多不同，所以经常被玩家们讨论。

Q 1.13 版做了哪些更新？

1.13 版的名称为水域更新（Update Aquatic），因此更新的大都是和大海有关的项目。例如，新增了水草、海带、珊瑚等丰富的海底景观，以及各种水中的生物、怪物等。

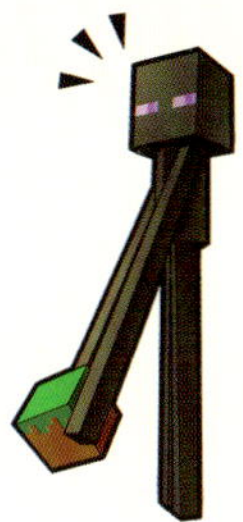

1.13 版让海底变得非常精彩哦！

1.13 版新增了几种动物与怪物，特别是海龟还会回到出生地生蛋哦！

1.13 版在海底增加了一些新结构，其中沉船多到会让人以为是到了百慕大三角呢！

在这次的更新中，末路之地被分成了末地小型岛屿、末地中型岛屿、末地高岛和末地荒岛 4 种生物群系。

Q 如何才能玩到 1.13 版呢?

其实，在游戏启动器中就可以选择使用哪种版本开启游戏。一般来说，默认选项都会是最新版本，但如果你曾经玩过较旧的版本，再开启游戏就会默认为上次所玩的旧版本了。

通常游戏启动器默认的都是最新版本，只要选择这个项目，就可以一直玩到最新的版本哦！

如果选择项目中没有 1.13 版，则可以点击启动游戏旁的“≡”符号，然后再选择“启动选项”。接着点击“新增”，就可以设置要启动哪个版本的 Minecraft 了。

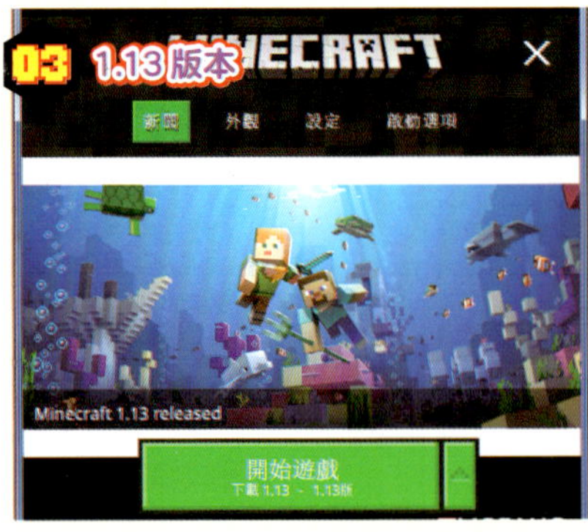

选择好 1.13 版之后，可以为这个游戏启动选项取一个名字，再点击最下方的“保存”，这样以后就可以选择启动 1.13 版的游戏了。

接下来只要选择其他分页，并且点击启动器下方“开始游戏”旁边的箭头，跳出来的选项列表中就会有刚刚设置好的选项，选择“最新版本”项目，就可以启动最新版本的游戏啦！

Q 1.13 版还有更新的改版消息吗？

根据最新公布的消息（2018 年 11 月）可以得知，1.14 版的名称为村庄和掠夺（Village and Pillage，已于 2019 年 4 月 23 日发布），主要新增了更多的村民种类，包括加入一个称为掠夺者的灾厄村民变种，它们会成群结队攻击村庄，还会携带一头战牛，另外还会增加新武器弩哦！

01
可爱的熊猫登场了

1.14 版的亮点之一就是可爱的熊猫将在游戏中登场！

02
新武器弩

相对于 1.13 版的新武器三叉戟，1.14 版的新武器则是弩。

03
掠夺村庄的村民与战牛

在 1.14 版中新增了数种村民，而且在袭击村庄的时候会带着战牛一起进行掠夺哦！

04
村民不再只有一种风格

在之前的版本中，村民因职业的不同而有不同的穿着，但风格却都是一模一样的。而在 1.14 版中，村民会按照生态群系的不同，穿上不同风格的衣服哦！

Q 有办法快点玩到新内容吗?

其实 Minecraft 官方一直都会提前将新版本放到网络上请玩家下载试玩，这些版本就叫快照。不过等到正式推出时，设定可能会不一样，甚至会全部换掉哦!

在游戏启动器的启动选项中，有一项是最新快照的选项。选择这个项目启动游戏，就可以玩到最新的测试版本了!

喂鹦鹉吃饼干就是一个很好的例子。一开始鹦鹉是靠喂食饼干而被驯服的，但由于游戏中的饼干是由可可豆合成的，而现实生活中鹦鹉不能吃巧克力，所以官方很快就修改了这个设定。

虽然现在 1.14 的正式版已经推出了，但如果以后想抢先试玩新版的快照版本，可以到官方网站了解快照版本的消息哦!

虽然 Minecraft 官网（https://minecraft.net/）的 NEWS 还不支持中文，但是官方的很多消息都会在 NEWS 上透露哦!

Q 有在海里建筑作业的技巧吗？

既然 1.13 版是水域更新，想必会有很多玩家到水底建造建筑吧！如果玩家想在水中进行建筑作业，可以使用夜视药水或水下呼吸的附魔，甚至可以利用海底遗迹中的潮涌核心，都可以让水底建筑作业进行得更顺利哦！

只要喝下夜视药水，就可以让玩家在水中的视线变得更清晰。

除夜视药水之外，还可以装备带有水下呼吸附魔的头盔，这样就可以延长在水下呼吸的时间。另外，还可以使用水肺药水哦！

还可以利用在海底遗迹发现的潮涌核心。只要将潮涌核心覆盖一层水，外面再包裹一层海晶石等遗迹的材料，就可以启动潮涌核心并获得潮涌能量效果。该效果不但会让玩家在水中的视野变得更清晰，还能延长水下呼吸的时间。

我们还可以利用沙子的特性将部分范围的水完全抽干，这个方法将会在后面介绍。

Q 什么是种子代码？要怎么使用呢？

虽然 Minecraft 可以随机创造出不同的世界，但其实每个世界都有所谓的种子代码，只要利用这个种子代码，玩家就可以创建出地形完全一样的世界。有了种子代码之后，你就可以与好友在相同的世界比赛，看谁生存得更久哦！

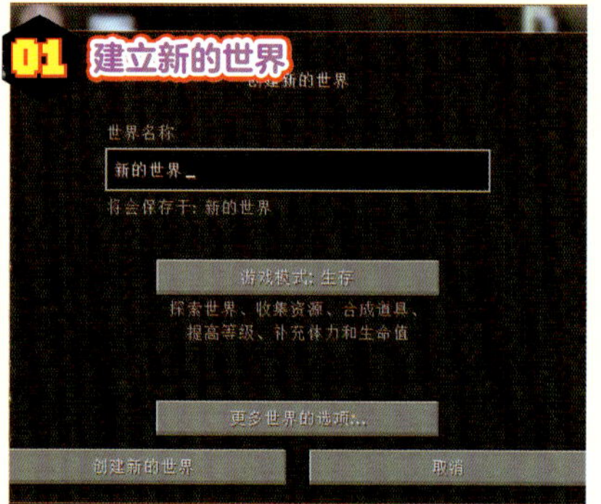

创建新世界的时候，点击下方“更多世界的选项”。

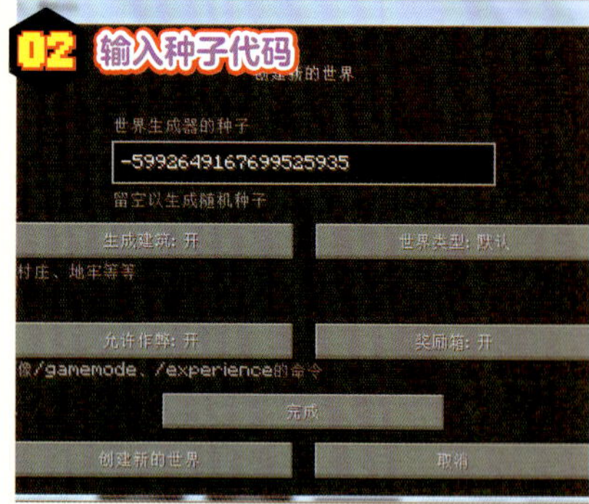

在上面的“世界生成器的种子”字段中输入种子代码，再点击“创建新的世界”即可。

使用相同的种子代码创建出来的世界里，所有的地形都完全一样哦。

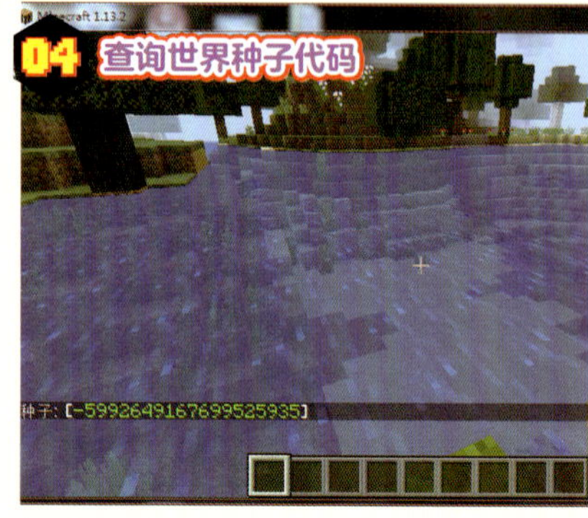

如果想要查询目前世界的种子代码，只要输入“/seed”即可。

Q 海底遗迹在哪里?

想必已经有很多读者跃跃欲试，想到海底遗迹探险了吧！不过海底遗迹又不是到处都有，究竟要怎么找呢？没关系，这里介绍一个海底遗迹的种子代码，只要在创建世界时输入种子代码 -5181140359215069925，就可以在进入游戏后马上找到海底遗迹啦！

所需材料

- -5181140359215069925

一进入游戏就可以在出生点旁边找到海底遗迹，而且在 1.13 版中，海底遗迹还长满了海草。

入侵中央房间，远古守卫者马上就出现了。

一到潮涌核心附近就会获得潮涌能量状态效果，建造海底建筑时会非常好用哦！

在附近的海域稍微绕一下，就可以看到许多沉船，会让人认为这片海域非常危险。

Q 为什么感觉不到改版呢?

也许会有人在玩游戏时并没有感觉到改版，可能是因为这次 1.13 改版更新都集中在海洋里，如果玩家的活动区域不包括海洋，是不太能感觉到变化的。另外还有一种可能，就是玩家打开了旧的游戏版本。请参考前面介绍的方法开启最新的版本。

01 活动的区域

如果玩的时候没有感觉到改版，很有可能是活动的区域不包括海洋。

02 注意游戏的版本

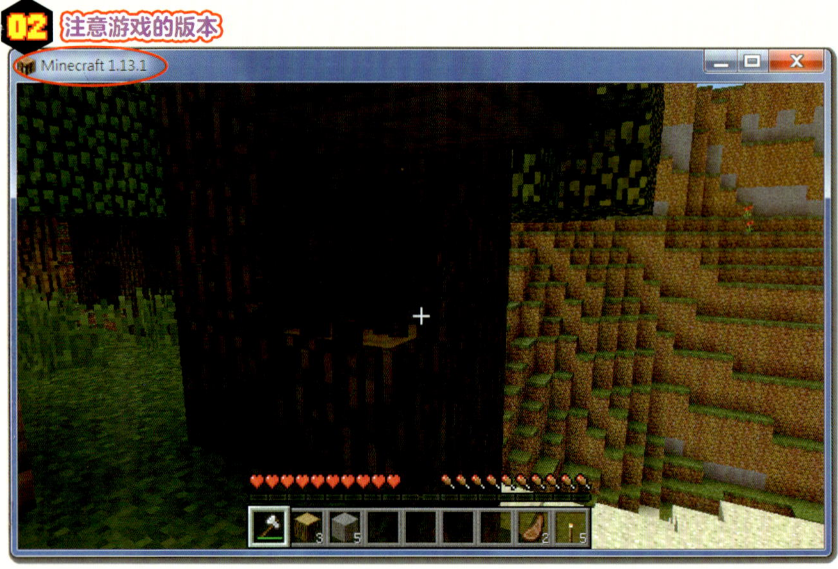

还有一种可能就是开启的是旧游戏版本，此时需要确认一下游戏窗口左上角的版本。

CHAPTER 05

Q 网络的新手教学在新版本中还有用吗？

有些游戏在进行改版之后就不再适用网络上的新手教学了。不过在 Minecraft 中不用担心这个问题，因为基本的生存常识并不会有太大改变。新手要担心的仍然是如何收集资源，度过第一个黑夜。

01 活动的区域

新手要做的事情还是不变的，要尽量收集资源生存下去。

02 度过第一个黑夜

新手要在第一个夜晚来临之前做好准备，否则就要一直在黑夜中与怪物战斗了。

Q 为何更新到 1.13 版游戏变得非常卡？

一部分玩家更新到 1.13 版之后，在进行游戏时会出现延迟卡顿的问题，甚至影响游戏的进行。这其实是游戏优化不够的问题。后来官方马上推出 1.13.1 版，改善了这个问题。1.13.2 版也进一步修复了更多漏洞。

01 进入选项界面

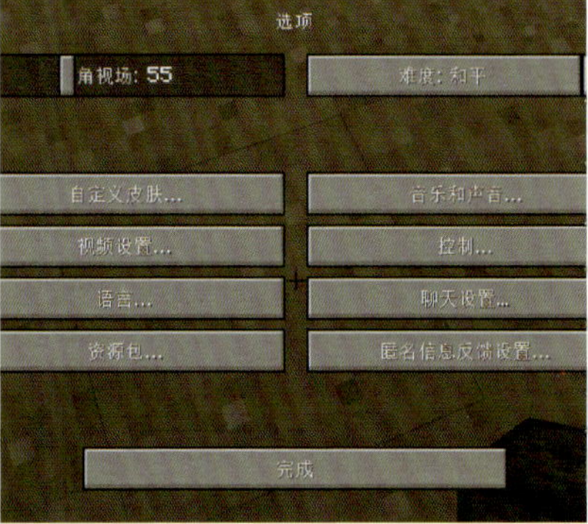

如果画面太卡，可以修改一下游戏设置。在游戏中按下 Esc 键之后，点击“选项”。

在选项的页面中点击“视频设置”，然后将视频设置中左侧的“使用垂直同步”关闭即可。

03 优化世界

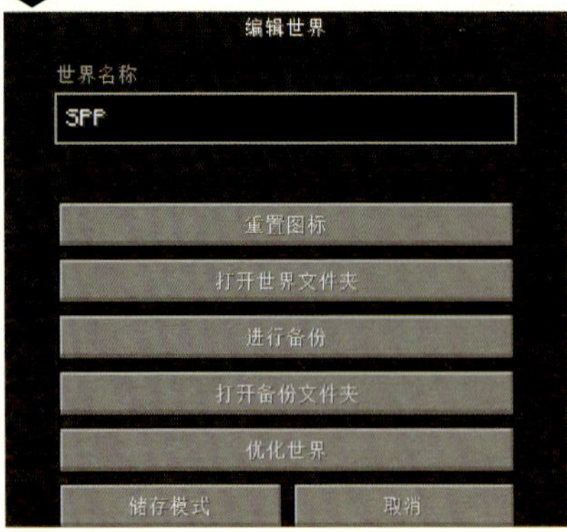

游戏会卡顿可能还有一个原因，就是使用的地图是在旧版本中创建的。此时可在世界选项菜单中选择世界后，点击左下角编辑键，在“编辑”世界的选项菜单中选择“优化世界”就可以解决了。

1.13 版本身的优化不足，官方随后就推出了更新的优化版本。所以记得确认一下，是否还在使用 1.13 版哦！如果是，请换成最新版本。

Q 可以让游戏运行得更顺畅吗？

如果和 1.13 版没有关系，那么还有什么原因会让游戏运行起来卡顿呢？有些玩家因为设置或者计算机设备的问题，在玩游戏时会觉得比较卡，所以这里介绍几个可以让游戏运行得更顺畅的方法。

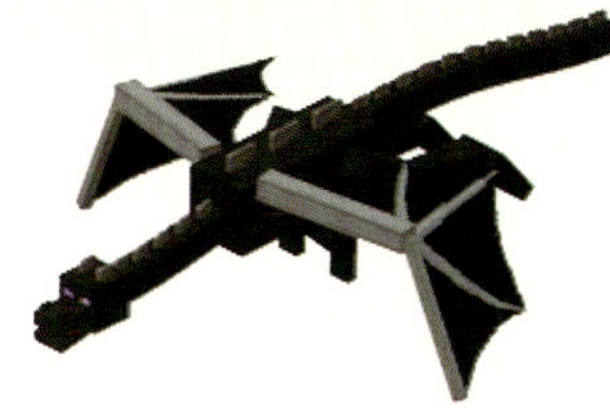

01 调整游戏性能

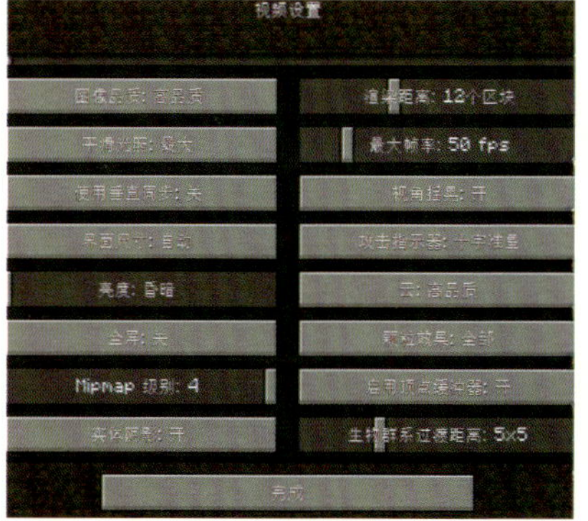

有时可能是由于计算机的性能，使用太高的性能会让游戏变得卡顿。这里可以在刚刚介绍的视频设置中，拉到下面把性能都调低。

02 下载新版 Java

Minecraft 是使用 Java 制作出来的，因此计算机上的 Java 版本太旧也会影响游戏运作。如果遇到这种情况，直接到 Java 官网（https://www.java.com/）下载新版即可。

03 修改 JVM 自变量

在游戏启动器中，有一项“JVM 引数”的设置，开启后就可以修改。默认的命令中“-Xmx1G”指的是使用内存的最大值，可以按照自己的计算机规格进行修改（记得留一些内存给系统程序），如果内存有 8G，可以修改成“-Xmx5G”。

04 地图的开发程度

地图的开发程度也会影响游戏的顺畅度，所以当同一张地图被开发到很大的规模，并达到电脑能负荷的极限时，建议最好在新的地图另起炉灶进行建造。

Q 如何安装地图文件?

或许还有部分新手玩家不知道如何安装地图文件，这里介绍如何安装地图文件，只要按照步骤做，就可以顺利安装 Minecraft 的地图文件了。

01 游戏标题画面

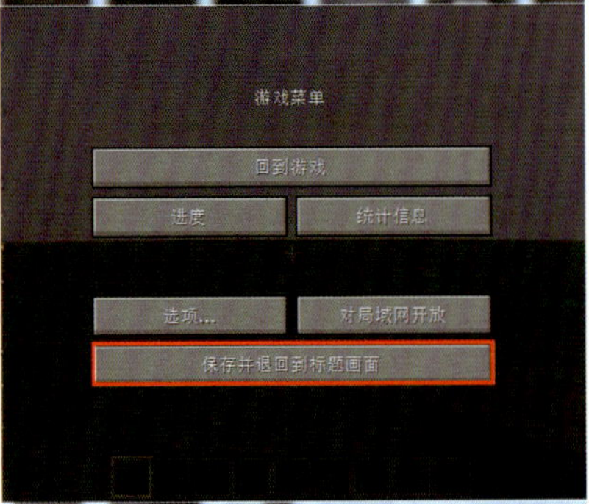

首先开启游戏的标题界面，如果还在进行游戏，可以按下 Esc 键，再点击下方的“保存并退回到标题画面”。

02 点击选项

开启游戏标题界面后，点击左下的“选项”。

03 点击资源包

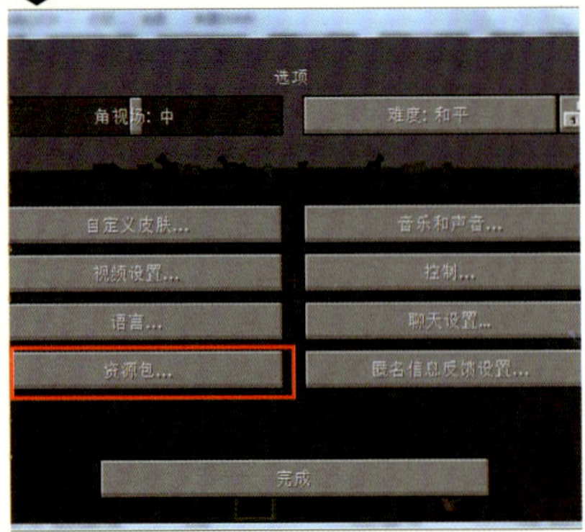

到了选项画面之后，点击左下的“资源包”。

04 点击开启资源包文件夹

在选择资源包的画面中，点击左下角的“打开资源包文件夹”。

05 回上一层文件夹

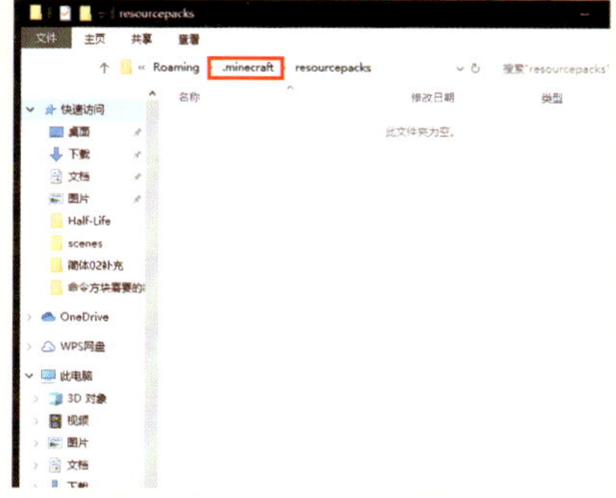

点击开启资源包文件夹之后，就会出现一个资料夹，这里直接回上一层。如果操作系统是 Windows 7，就可以直接点击地址栏中的“.minecraft”。

06 下载新版 Java

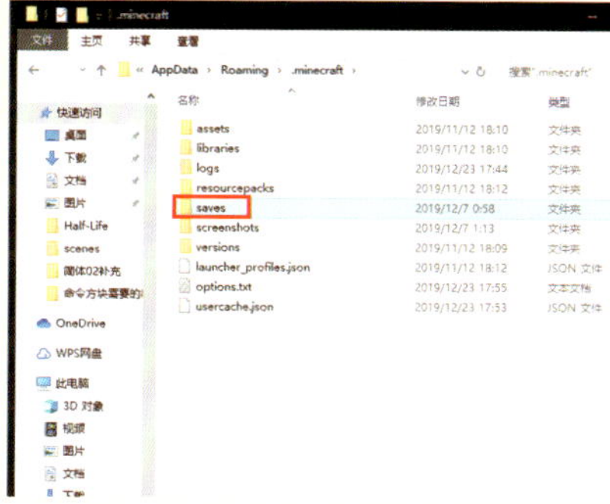

来到 .minecraft 文件夹之后，点进 saves 资料夹。

07 将地图文件复制到 saves 文件夹内

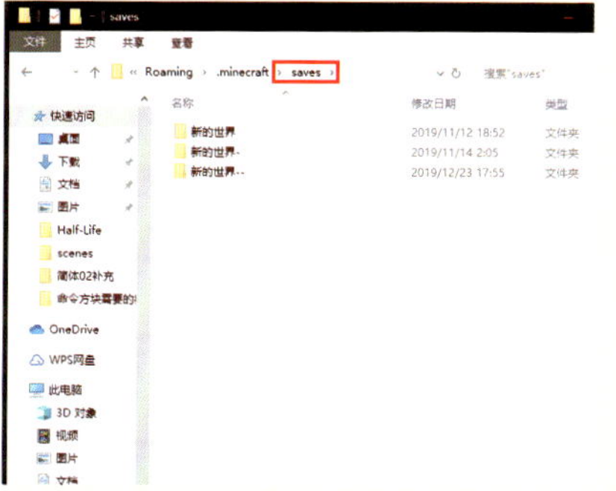

开启 saves 文件夹之后，就可以将下载好的地图文件拉进去了。安装地图文件的步骤就完成了。

08 回到游戏中的世界菜单

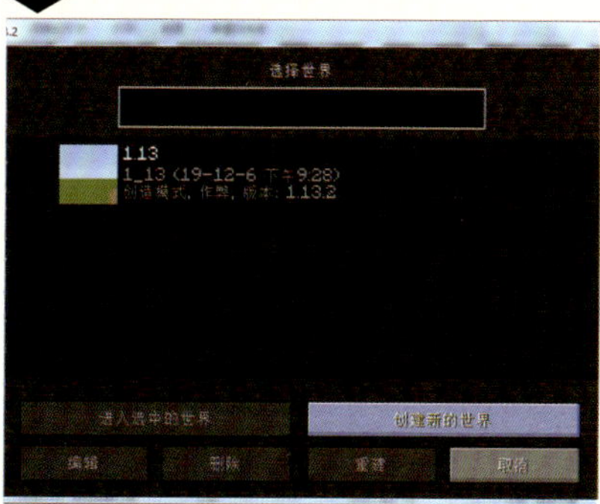

最后回到游戏中，来到选择世界的界面（在标题画面中点击上面的“单人游戏”），就可以看到刚刚安装的地图文件已经出现在世界选择菜单中了！

LEVEL UP！

新增 .minecraft 文件夹的快捷方式

其实，STEP2 到 STEP6 都是为了开启 .minecraft 文件夹。虽然方法很简单，但是如果嫌麻烦，建议可以在桌面或其他适当的地方新增一个 . minecraft 文件夹的快捷方式，这样以后不管是存取地图文件还是资源包，只要点击桌面的快捷方式，就可以马上进入。

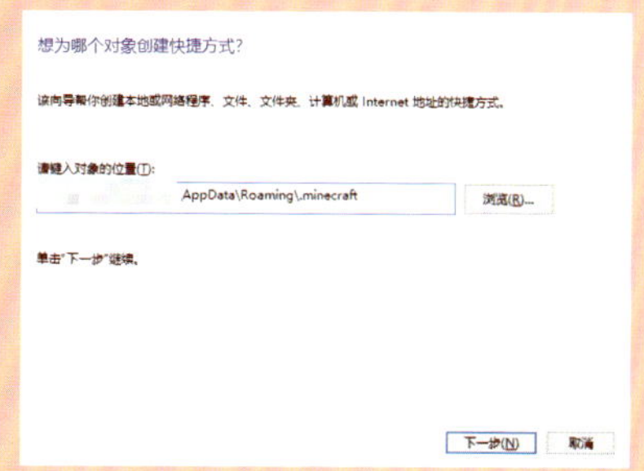

Q 1.13 版的命令系统有什么变动

除完全的新手之外，Minecraft 的玩家应该或多或少都听说 1.13 版中的命令进行了很大的改变，那么究竟有什么样的改变呢？最大的改变就是命令系统在 1.13 版中有了提示功能，输入栏中会随时列出下一个可能的命令词汇，玩家甚至不用牢记这些英文就可以使用命令了。从这个方面来看，命令其实变简单了。

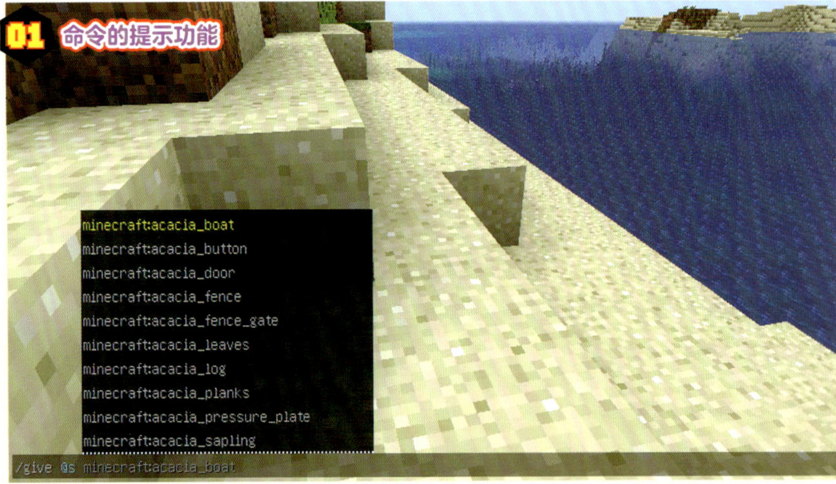

在输入命令的同时，系统也会列出所有可以输入的正确字符串。玩家只需用鼠标点击，就可以输入整串命令。

命令方块中也有相同的提示功能，只要命令有错，错误的部分就会变为红字。

Q 为什么命令到了 1.13 版就不能用了？

或许还有人会有疑问，为什么有些命令反而不能用了？其实主要原因有两个，首先就是部分命令的构造发生了改变，依照不同的功能有了不同的副命令；其次是 Minecraft ID 的修改，不只是方块 ID，包括附魔 ID、状态 ID 等都做了改变。因为之前的命令系统中并没有提示功能，所以部分 ID 简化为数字，1.13 版新增了提示功能后，就全部变成英文 ID 了。

原本增加经验的 /xp 命令新增了 2 种功能，副命令也变成了 3 个，分别为增加（add）、查询（query）和设定（set）。

原本附魔 ID 和状态 ID 都可以用数字来代替，不过到了 1.13 版之后，数字 ID 都失效了。

Q 什么是 ID 扁平化？

在 1.12 版之前，想完整指定一种方块需要 2 串代码，分别为方块 ID 和数据值。例如，在 1.12 版之前，所有的羊毛 ID 都是 minecraft:wool，而要完整指定白色羊毛则要输入 minecraft:wool 0；到了 1.13 版中，则直接变成 minecraft:white_wool，其他种类的羊毛也各自有了不同的 ID，这就是 ID 的扁平化。

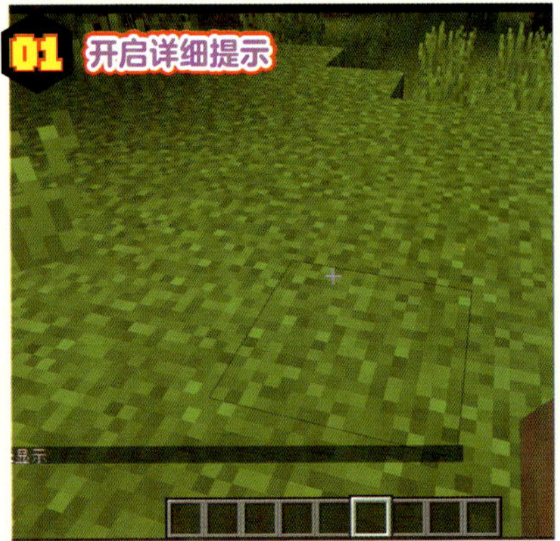

查询方块 ID，可以在游戏中按下 F3 键 +H 键，开启详细提示功能，这样鼠标在移到背包中的方块上时，就会在跳出来的说明框中显示方块 ID。

我们从创造模式中的物品选择栏里拿一个白色羊毛。在 1.13 版中，白色羊毛的 ID 为 minecraft: white_ wool。

接下来把游戏版本换成 1.12 版，再拿出白色羊毛，方块 ID 就变成了 minecraft:wool，在命令中，后面还要再加上 0，才能指定白色羊毛。

虽然 1.13 版的方块 ID 变成全英文，在输入时有些不方便，但是我们可以利用 1.13 版的提示功能。只要输入“minecraft:white”，就会出现很多白色地毯、白色混凝土等的方块 ID 可供选择。

Q 什么是探险家地图?

探险家地图是 1.13 版的更新内容之一，是用来帮助寻找罕见结构的地图，例如海底遗迹或林地府邸。探险家地图只能与村民交易，或在海底遗迹的箱子中获得。由于探险家地图与空白地图共享一个 ID（minecraft:filled_map），所以即使用命令也无法获得，只能通过正常的方式获取。

首先，与制图师村民交易获得探险家地图。

刚拿到手的探险家地图全都是褐色的，并非一般的蓝色与绿色，这代表自己的足迹还没有踏入这张探险家地图。

接下来就开始寻找目标吧！由于距离可能有上万格之远，所以你可以偷偷用传送命令进行寻找，到达后地图上的周围会变成正常的蓝色与绿色。

直接向目标走过去，就可以发现目标地有一座林地府邸。

Q 出生点在汪洋中的小岛上要如何生存?

有些新手玩家创建新世界的时候，发现一登入就身在茫茫大海中的小岛上，岛上的资源非常有限，究竟要如何生存下去呢？其实孤岛世界虽然是高难度的地图，但是也并非毫无生存方法。通常在出生点正下方会有废弃矿井，只要找到矿井，收集到必要资源，就可以离开小岛了。

01 寻找废弃矿井

如果出生点在孤岛，通常正下方都会藏有废弃矿井，玩家在矿井中收集必要的资源，就可以生存下去了。

02 制作小船离开孤岛

只要将 5 个木板在工作台中排成 U 字形，就可以制作出小船。只要坐上小船，就可以离开孤岛了。

Q 喝了夜视药水还很暗怎么办？

在海底活动时，有时即使玩家喝了夜视药水还是会觉得四周非常暗。其实在水下也和在地上一样，会有较亮和较暗的地方，并不是喝了夜视药水就可以忽略亮度的变化。在海底深处光线不容易到达的地方，我们可以使用海晶灯来照明哦！

在海底深处可以寻找海晶灯来照明，不过要注意的是，海晶灯需要通过精准采集的方式才能完整获得，否则只会掉落海晶砂粒哦！

如果喝了夜视药水还觉得很暗，可以输入“/effect give @s minecraft:conduit_power 600”命令，为自己加上潮涌能量的状态效果。

Q 海中的生物会攻击玩家吗?

有很多玩家在过去很少接触大海，原因无非是海里有些无聊。不过现在 1.13 水域更新发布之后，就会有许多玩家想到海里玩，此时玩家可能会担心被海中的生物攻击。海中最常见的生物是鱿鱼，就连河中也会出现，虽然鱿鱼全身黑漆漆的，又有一张血盆大口，但它属于被动生物，就算受到攻击也不会反击哦!

01 全身黑漆漆的鱿鱼

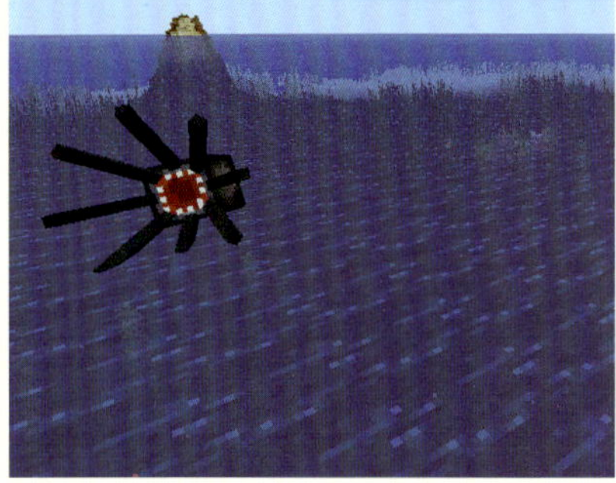

鱿鱼很早就在 Minecraft 中出现了，而且是黑色染料——墨囊的来源。由于鱿鱼是动物，所以即使受到攻击也只是吐出墨汁，并不会反击哦!

02 海中的鱼儿们

海中有很多种鱼，分别为河豚、鲑鱼和热带鱼等，这些鱼都是被动生物，并不会攻击玩家。

03 中立的海豚

在 1.13 版中新增的海豚算中立的生物，只要没有受到攻击，就会在玩家旁边游来游去。但是一旦受到攻击，就会连同附近的海豚一起发起反击。

04 水中的殭尸

在 1.13 版中还新增了一种海中怪物，它们就是海底的僵尸——溺尸。只要将僵尸沉到水里，就会自动转化为溺尸。溺尸虽然是水中怪物，但只会在水底行走，并不会游泳。

Q 海底有什么景观？怎样才能找到珊瑚礁？

在 1.13 版中新增了许多珊瑚礁的方块，但是为什么四处都找不到自然形成的珊瑚礁呢？其实海洋也有不同的生物群系，有暖水、温水、冷水等分类，而且各自又分为海洋与深海，但珊瑚礁只会在暖水海洋中自然形成哦！

01 珊瑚礁群只会出现在暖水海洋

其实珊瑚礁群只会出现在暖水海洋中，并不是海底到处都可以找得到的哦！

02 常见的海带

海底最常见的就是海带，所以即使找到海带，也不见得有珊瑚礁。海带最高可以高到 26 格，甚至有些海域的海带顶端可以接近海面。

03 高度较矮的海草

海草的高度较矮，最高只有 2 格。不过除海底之外，海草还会出现在河流或沼泽的底部哦！

04 冰山会从水面延伸到水下

冻洋或封冻冰洋中的冰山还会延伸到水下，在海里也是一道特殊的风景呢！

Q 建造铁道列车与列车头的诀窍是什么？

想自己建造铁道列车或列车头模型的难度非常高，因此这部分用已有的建筑来进行解说，说明建造铁道列车与列车头大致的建筑诀窍。

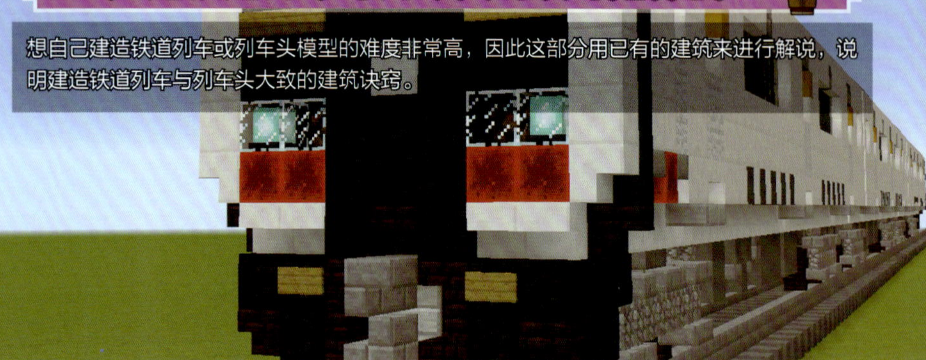

01 确认车厢的宽度

列车的车厢宽度约为 3m，就算是车厢较大的高铁，车厢宽度也只有 3.38m 而已。以 Minecraft 中 1 格的长度等于 1m 的比例来看，只有 3 格的车厢也未免太窄了。

02 制作比实物还要大的列车

因此，想在 Minecraft 中建造列车，一定要比实体的列车还要大。从这个案例来看，车厢的宽度已高达 9m 了。

03 放置铁道

想要放置铁道，首先推荐使用楼梯方块或台阶，而这次建造使用的是石砖楼梯和石台阶。

04 缩小轮距并且加高高度

从实际的列车比例来看，车轮之间的距离要比车厢的宽度更小。另外，车厢的实际高度要比看起来低得多，因此在建造的时候，车厢要尽可能高一些，这样成品才会更加漂亮。

05 车厢节数越多越帅气

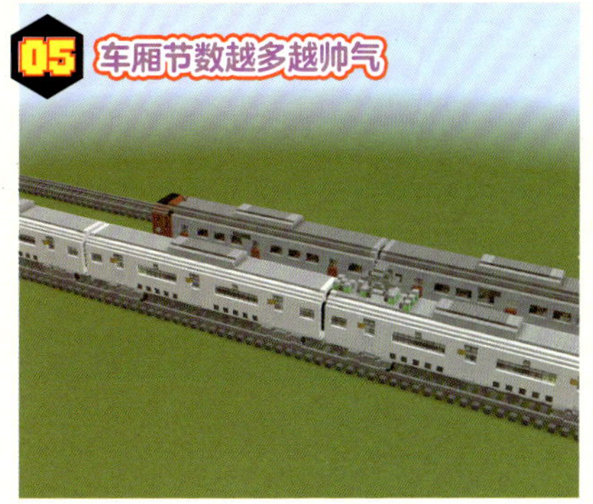

为了容易制作，列车模型的车厢大多都设计得比较短，但实际上列车车厢的比例要比列车模型更长哦！所以你在建造列车时可以多建造几节车厢。

CAUTION！

形状比颜色重要

虽然游戏中的列车建造比例比实体列车还大，但是如果不使用楼梯方块、台阶以及栅栏等特殊方块，还是无法呈现车厢的细节。这样一来，使用的方块颜色很容易与实际有差别。当然颜色也非常重要，不过要记住更重要的是细节哦！

LEVEL UP！

建造列车的诀窍

建造列车时最重要的就是车厢，车厢建造得越精细，整列列车看起来就越有型。你可以先分别建造出车厢与列车头，再试着组合起来，就可以建造出更逼真的列车了。

LEVEL UP！

蒸汽火车的建造诀窍

在建造蒸汽火车的时候，最重要的部分就是车头锅炉的比例、车轮的大小以及放置在两侧的管线。特别要注意的是要分别用地狱砖栅栏、木栅栏以及圆石墙放置管线，这样可以大大增加管线的密度。而车轮也要分别做出不同的尺寸，才能让火车头看起来更加逼真哦！

Q 拍摄 Minecraft 建筑有什么诀窍吗？

好不容易在 Minecraft 中建造出建筑，大家可能都会想拍照存档留念。我们可以利用游戏中的截图功能，把作品定格在照片上。这部分将会介绍各种版本的截图方法以及拍摄的技巧。

01 PC版要按F2键

在 PC 版中，只要按下 F2 键，截取的图片就会自动储存在 .minecraft 文件夹下一级的 screenshots 文件夹中了。

02 iOS手机

iPhone 与 iPad 等 iOS 系列设备，只要同时按下 Home 键和电源键即可（右图的例子为 iPhone 6s）。

03 Android手机

Android 4.0 以后的手机，同时按下电源键和降低音量键即可（右图的例子为 Xperia Z4 SOV31 au）。

04 调整视角广度

选项
角视场：55
难度：和平
自定义皮肤…
音乐和声音…
视频设置…
控制…
语言…
聊天设置…
资源包…
匿名信息反馈设置…
完成

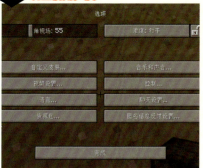

如果你非常在意拍摄物歪斜程度，可以在选项界面中调低视角广度。默认的视角广度是正常（数值 70），数值越大，视野越大，歪斜就会越严重；数值越小则相反，不过画面两侧就不会再有歪斜的情况。另外，建议有 3D 眩晕的玩家不要调高数值，否则会晕得更厉害。

LEVEL UP！

降低视角广度

调低视角广度之后，两侧的歪斜就会消失，拍出来的建筑会更加整齐。

CAUTION！

将视角广度调到最大

将视角广度调到最大，可以让玩家看清楚左右两侧，不过这样画面两侧就会出现歪斜。

CAUTION！

不应该的拍摄方法

如果要举出拍摄的反面例子，那就是在晚上拍照了。如果没有特别想法，最好不要在晚上拍照。因为晚上的光线非常昏暗，会看不清楚截图的内容。相同的道具，在建造的时候，如果没有特殊的用意，也最好不要使用暗色系的方块。让观赏者能够一目了然也是非常重要的哦！

LEVEL UP！

找到漂亮的构图

如果要解说构图的知识，就要提到摄影技巧，解说的内容过多而且很难说清楚。因此建议感兴趣的玩家可以自己上网搜索相关资料，或阅读相关的拍摄技巧书籍，甚至找出自己觉得漂亮的构图也可以。

Q 如何拍摄海底建筑？

由于在水底时视野会变暗，所以水底下的建筑很难拍出好照片。虽然可以喝夜视药水增加能见度，但是效果仍然有限，因此这一部分要介绍的是直接把水抽光的方法。没有水的阻隔，就能够拍出好照片了！

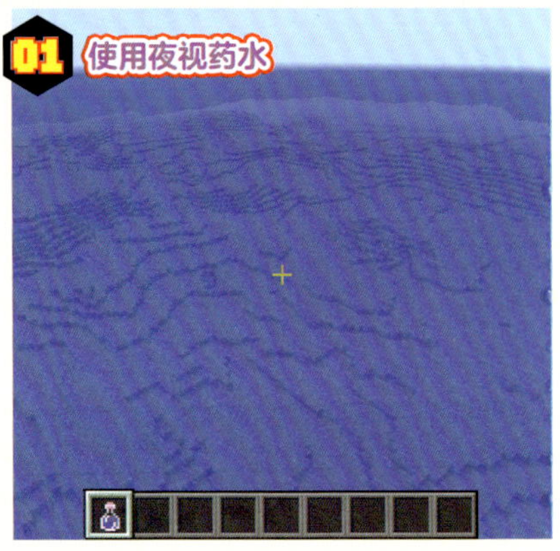

01 使用夜视药水

首先要寻找海底遗迹，不过直接找会有点困难，所以要先喝下夜视药水。如上图所示，喝下去后就可以看到海底了！

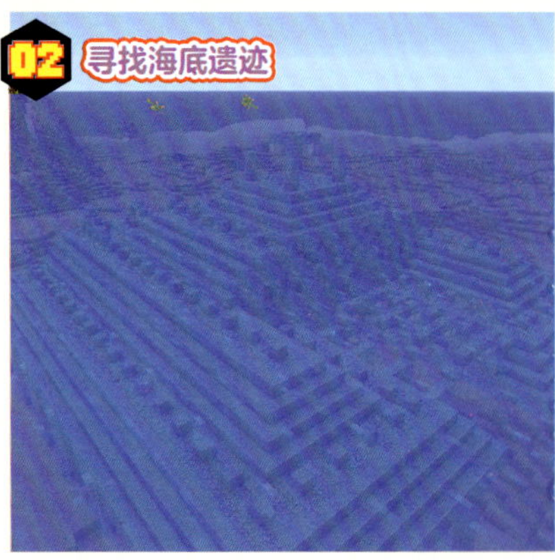

02 寻找海底遗迹

接着就是寻找海底遗迹。海底遗迹的面积不小，但是并不经常出现。如果有海底遗迹的世界种子代码（请参考 P219），建议直接使用。

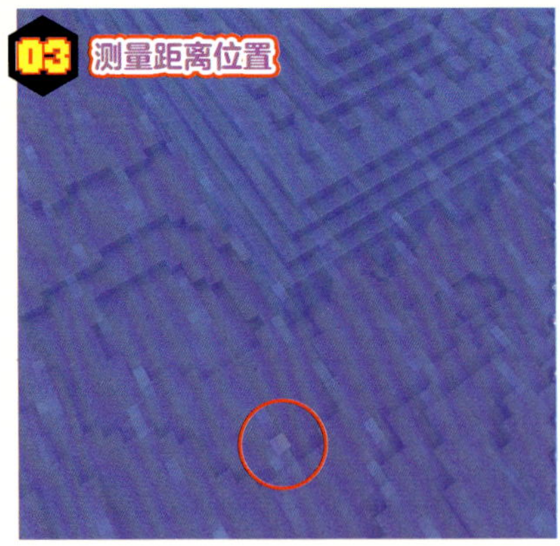

03 测量距离位置

下一步就是测量距离位置，在这里放置一个沙子，让沙子落到海底，看看沙子的 X 坐标与 Z 坐标是否会切到建筑本体，这样使用命令时，就不会不小心破坏建筑物了。在放置沙子时，使用“/ setblock ~ ~ ~ sand”命令即可。

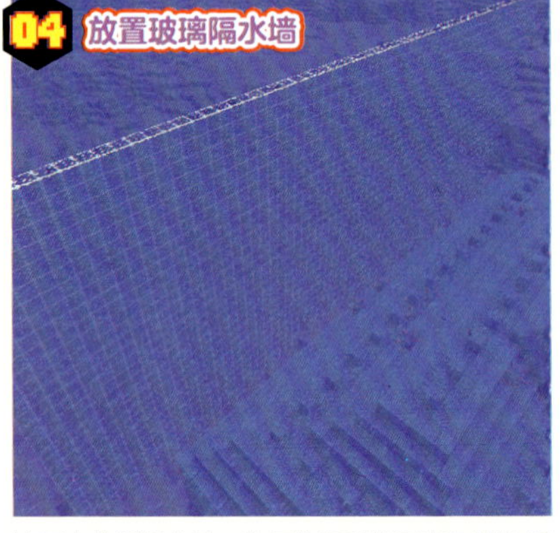

04 放置玻璃隔水墙

接下来放置隔水墙，为了拍摄时的采光可以使用玻璃，也可以自行换成其他材料。海底遗迹底部的面积约为 58 格 x58 格，隔水墙的范围需要更大一些，所以设定隔水墙的底边长为 75 格。海底遗迹的高度约为 30 格，海平面的高度为 62 格，隔水墙的高至少也需 62 格，因此在上个步骤找出来的坐标上，输入“/fill ~ 62 ~ ~75 30 ~ glass”，即可放置一面玻璃墙。

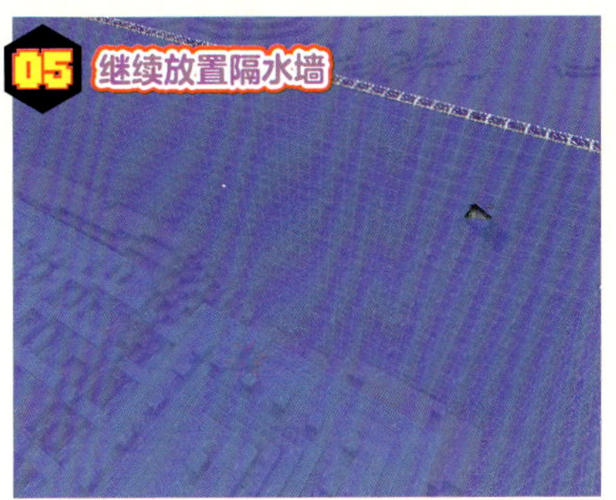
05 继续放置隔水墙

然后同样站在原地依序输入命令“/fill ~ 62 ~ ~30 ~ 75 glass/fill ~75 62 ~ ~75 30 ~75 glass /fill ~ 62 ~75 ~75 30 ~75 glass”。

06 隔水墙完成

四面隔水墙都完成之后，就成功将海底遗迹与外面的海水隔开了。

07 将水抽干

最后只要将水抽干即可，输入命令“/fill ~ 62 ~ ~ 75 ~30 ~75 air replace water ”。

LEVEL UP！

分段抽干

如果出现因置换太多方块而无法执行的情况，建议从上而下分段将海水抽干，每次将 2~4 层的海水置换成空气，多置换几次就能将海水完全抽干了。

CAUTION！

玻璃墙的海底

刚刚输入的命令会将指定的区域全部置换成玻璃，所以会如上图一样，连海底也变成玻璃了。如果在意，可以将命令换成“/fill ~ 62 ~ ~75 30 ~ glass replace water”（1.12 之前的版本请在 glass 后面加 0），只置换海水的部分。

LEVEL UP！

利用海绵吸水

当抽水抽到海底的时候，还会残留一些水，这时可以利用海绵将水吸干。海绵的功能是可以吸干半径 7 格内、最高 65 格的水。如果一开始就使用海绵吸水，那么不只需要分段，还需要分区才能将水吸干。否则，到处都是无限水源，刚吸光又会产生新的水源哦！

Q 如何将海底遗迹拍得更漂亮?

虽然已经用玻璃墙将海水隔起来了，但是感觉拍出来还是不太漂亮，尤其在处理照片时还不容易去背景里的玻璃墙。如果想将海底遗迹拍得更漂亮，可以将整个海底遗迹复制到海平面上，这样就不会有光线或去背景的问题了。

01 将海底遗迹周围的水抽干

首先用前面介绍的方法将海底遗迹周围的水抽干，这样可以避免将水一起复制上来后，增加电脑的负荷。

CAUTION!

恐怖的远古守卫者

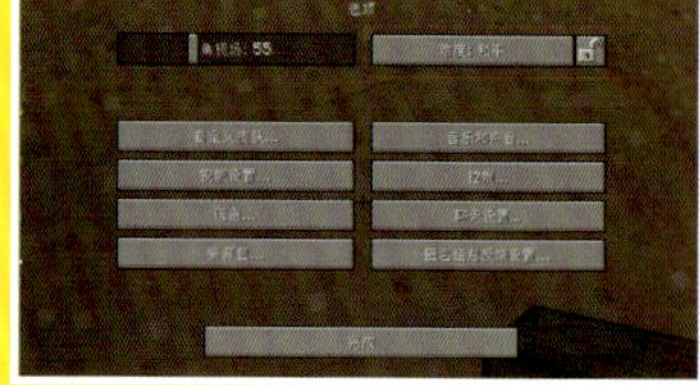

在水抽到一半之后，就会遇到守卫者甚至是远古守卫者，虽然在创造模式中不会受到攻击，但是总会觉得不自在。这个时候可以按下 Esc 键，将游戏难度调到和平，守卫者就会自动消失了。

02 寻找复制地点

接着就是寻找复制地点了，可以直接选择将海底遗迹复制到旁边的海平面上。如果拍照时不想让海也入镜，还可以复制到更高的位置，不过别忘了世界最高点是 256 格哦!

03 分层复制

接下来就开始将海底遗迹复制到指定位置了，同样每次复制 3~4 层，就像 3D 打印一样，将海底遗迹复制出来。由于使用的命令次数较多，这里就不再列出来了。

复制建筑与分层抽水不太一样，抽水时即使抽到同一层也不会有什么问题。但是复制建筑时，如果弄错数字，建筑就会歪斜，所以记得检查复制好的建筑。如果是海底遗迹，检查上方的斜坡是否平顺是最快的方法。

逐层复制完成之后，就可以看到有两座海底遗迹了。此时给复制出来的海底遗迹拍照，不但光线充足，而且不会有玻璃或海水影响画面哦!

仔细看一下复制好的遗迹底部，就可以发现除了遗迹本身，还一起复制了许多沙砾和石头等杂物。

接下来要清除遗迹底部的杂质，可以参考前面 / fill 命令的 replace 用法，也可以手动拆掉多余的方块。

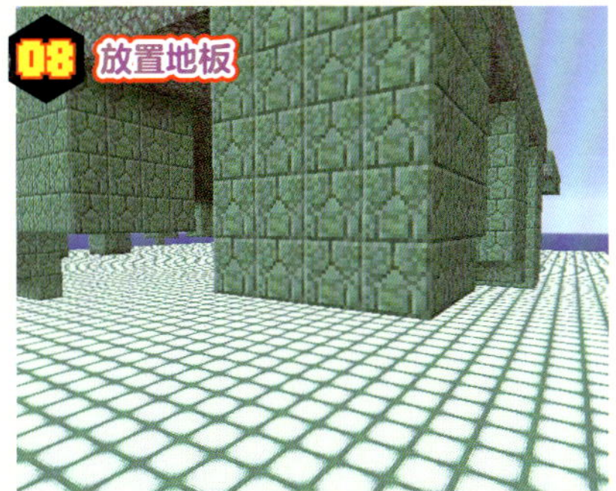

接下来是在海底遗迹下方放置一层地板，虽然没有规定需要什么材质，但是中央部分光线有些暗，所以建议使用海晶灯铺满地板，这样就不怕光线不足了。

所幸海底遗迹是左右对称的建筑，最后只要将缺少的部分修补起来，一座完整的海底遗迹就完成了。

Q 不会使用命令怎么挖掘海底遗迹？

有些人看到坐标的一大堆数字就会觉得头痛，没办法使用太复杂的命令，那么前面介绍的方法也就没办法使用。因此这部分介绍基本的填沙海方法：利用沙子掉落的特性，用沙子将海底遗迹附近填满，之后再清掉沙子即可。

01 寻找海底遗迹

首先，需要找到海底遗迹，这里和前面一样，使用夜视药水就可以看到海底了。

02 在海平面放置标的物

由于空中和海面都无法凭空放置方块，所以这里要使用命令“/setblock ~ ~ ~ stone”来放置石头，否则只能从海底或最近的岛屿开始盖了。

03 填满沙子

接下来就是利用刚刚放置的标的物来放置沙子了。由于这里需要利用沙子会掉落的特性，所以准星要对准石头方块的侧面，让沙子可以掉到海底。当沙子从海底一直填到海平面后，就可以继续放置第 2 排（图中是利用命令在空中放置沙子使其自动掉落）了。

04 分层填补

使用命令填沙时，由于数量庞大，所以还是要分层填满。这样逐渐把沙子填高，就可以大致看出水底下建筑的模样了。

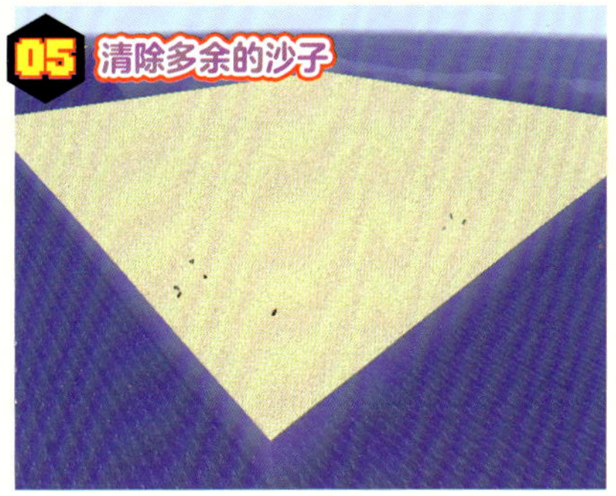

将沙子填到海平面之后，把海平面之上的沙子全部清空。这个步骤是要清楚地看出填满沙子的范围轮廓，虽然不一定如上图一样是正方形，但是至少要能够清楚看出整体形状，这样才能够预留 1 格宽的沙子当作隔水墙。

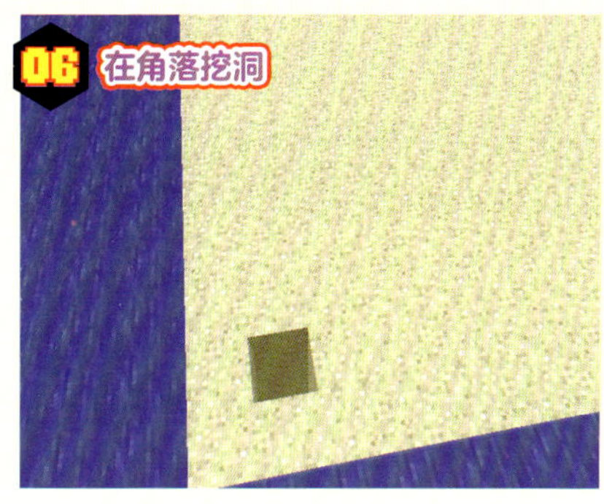

接下来就是在沙堆的角落向下挖，这里要注意方向以及位置关系，千万不要挖到最外层的沙墙，否则外侧的水就会渗进来了哦！

挖到海底之后，把隔壁的沙子挖掉 1 格，然后快速插上火把。这样上方的沙子掉下来后就会自动变回道具，可以节省很多挖掘的时间。

当然，光有沙子是无法排除所有海水的，因为在原本有屋顶的部分，掉落的沙子会被屋顶挡住，水就被完整地保留下来了。这小部分的水可以用海绵来吸收，范围太大的话，还可以用沙子填满再清掉。

将中间的沙子与水全部清空之后，就会如上图所示。只需要留下一层沙子作为隔水墙，即使只有一层也能完全发挥隔水墙的功能哦！

海底遗迹的挖掘全部完成了！虽然背景中有一半都是沙子，但是整个过程并没有用到太复杂的命令，就算是在生存模式中也可以使用这个方法哦！

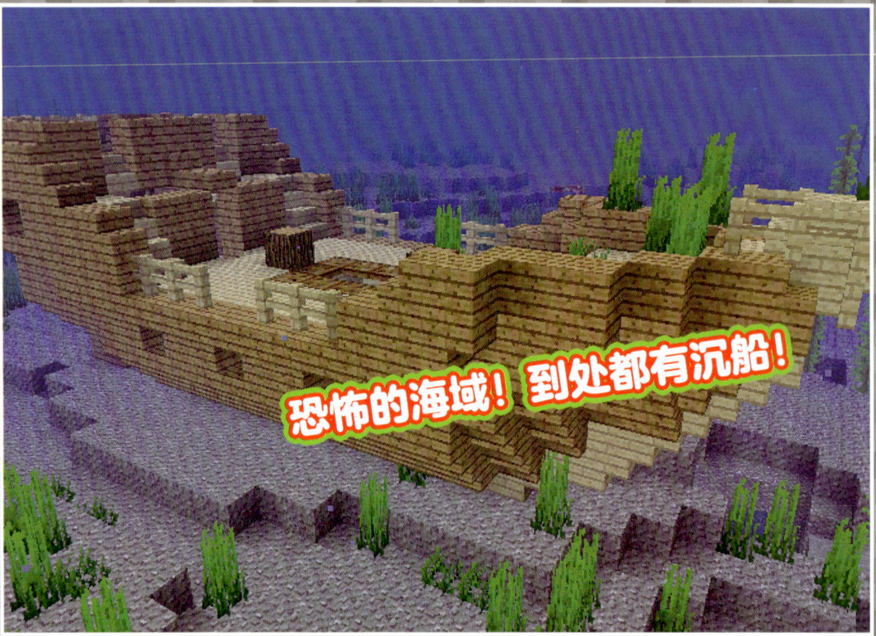

恐怖的海域！到处都有沉船！

CHAPTER 06

水域更新最新内容

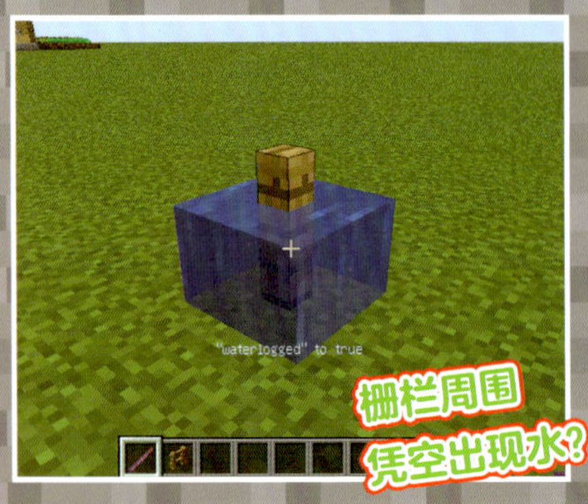

栅栏周围凭空出现水？

可以将树木去皮！

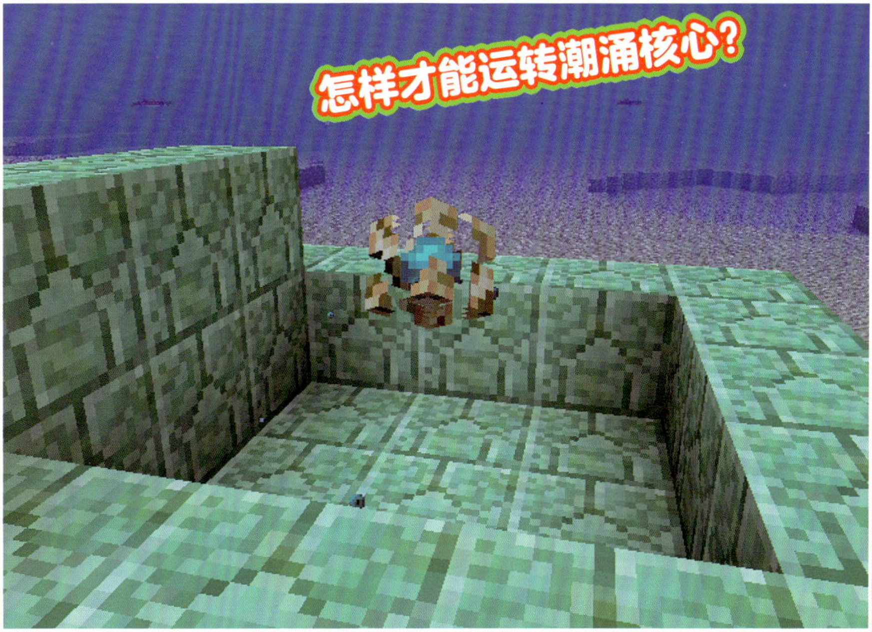

怎样才能运转潮涌核心?

1.13 版水域更新的内容十分精彩，让海底变得丰富又有趣！玩惯了陆地上的Minecraft，你是否开始觉得乏味了呢？1.13 版的海底绝对不会让你失望！现在就一起来看看水域更新到底有什么吧！

漂亮的冰山底部!

三叉戟还能召唤闪电?

1.13更新：调试棒

在1.13版的更新之中，最容易被玩家们忽视的就是调试棒了。调试棒的功能是改变方块的状态属性。在旧版本中需要复杂的命令才能做到的事，有了调试棒之后，只需用鼠标点几下就完成了。不过和命令方块一样，在游戏中没有其他方法可以获得调试棒，只能通过命令“/give @p minecraft:debug_stick ”获取。

01 选择方块的状态

拿着调试棒对着放置好的方块点击鼠标左键，就可以选择要调整的方块状态了。上图中的facing就是最常见的状态，指的是方块面对的方向。

02 调整方块的状态

选择好要调整的状态后，直接点击鼠标右键即可。箱子等点击右键后有特殊功能的方块，可以按住Shift键再点击。如上图所示，点击一下右键，箱子的方向就会改变。

03 栅栏的状态

如果是栅栏、石墙或玻璃等方块，只要旁边有其他方块，该侧的状态就会改变。不过有了调试棒之后，即使旁边没有方块，也可以将状态调为true并使其改变。

04 含水状态

还有一个在1.13版中新增的含水状态，所有非固体方块都有这个状态，只要将waterloged项目设置为true后，如上图一样该方块周围就会充满水了。不过要注意的是，如果在旁边随便放置或拆除方块，水可是会外溢的哦！

1.13更新：调试棒应用

虽然调试棒的设定非常简单，就是修改方块的状态，但其实它还可以应用在很多地方哦！下面举几个简单的例子，如箱子、漏斗等，还有很多其他应用方法等着你去发现哦！

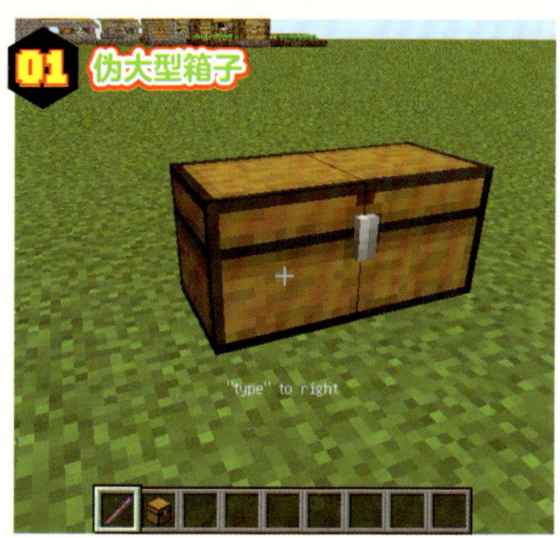

如果将箱子的 type 修改成 right，箱子的外观就会变成一个大箱子。但是一点开箱子就会发现其内容量还是和小箱子一样，只有 27 格。

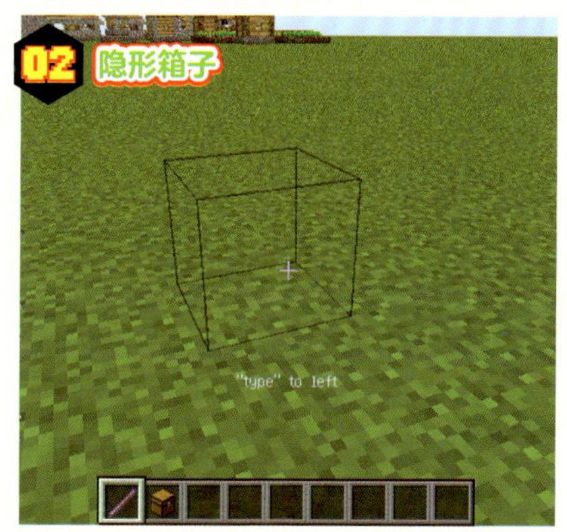

如果再修改一下箱子的状态，将 type 修改成 left，整个箱子会消失不见，但是箱子的功能还是可以正常使用的，可以当成秘密小金库来使用哦！

在放置漏斗时，最麻烦的就是调漏斗的方向了。只要有了调试棒，就可以轻松修改漏斗的方向。而且如果将漏斗的 enabled 状态修改成 false，还可以让漏斗失去功能，漏斗就会如上图一样不再吸收道具。这样就能将漏斗用于建筑装饰了。

如果修改栅栏的方向状态，还可以如上图一样制作出简单的日式鸟居。

1.13更新：珊瑚

在 1.13 版的水域更新中，最为注目的莫过于珊瑚了。珊瑚虽然色彩鲜艳，但是却只能放置在水中，如果放置在陆地上，过几秒就会因死亡而失去色彩。

01 五种珊瑚

珊瑚的种类一共有五种，分别为蓝色的管珊瑚、粉红色的脑纹珊瑚、紫色的气泡珊瑚、红色的火珊瑚以及黄色的鹿角珊瑚。

02 珊瑚的不同形态

每种珊瑚都各自有珊瑚、珊瑚方块以及珊瑚扇三种形态。

03 失活的珊瑚

如果将珊瑚放置在地上，珊瑚就会死亡并失去色彩，变成对应的失活珊瑚。

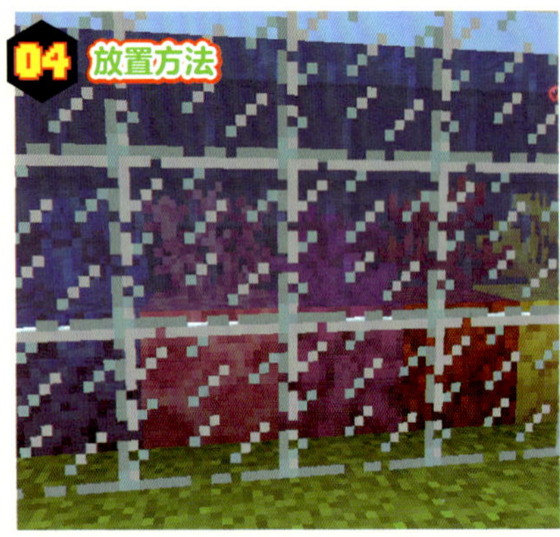

04 放置方法

想要保留珊瑚的色彩，就必须将珊瑚放置在水里，因此还需要顺便放置一个水族箱。

1.13更新：鱼桶

相信很多玩家在用创造模式登入 1.13 版时就已经发现了，物品栏中多了几个鱼桶，分别是河豚桶、鲑鱼桶、鳕鱼桶以及热带鱼桶。不过应该也有很多玩家马上发现，物品栏中也有相同鱼种的刷怪蛋，功能和鱼桶完全一样，那么游戏研发团队为什么会多此一举呢？其实鱼桶并不是在创造模式中使用的，而是让玩家在生存模式中，也能将水中的鱼抓回家里养！

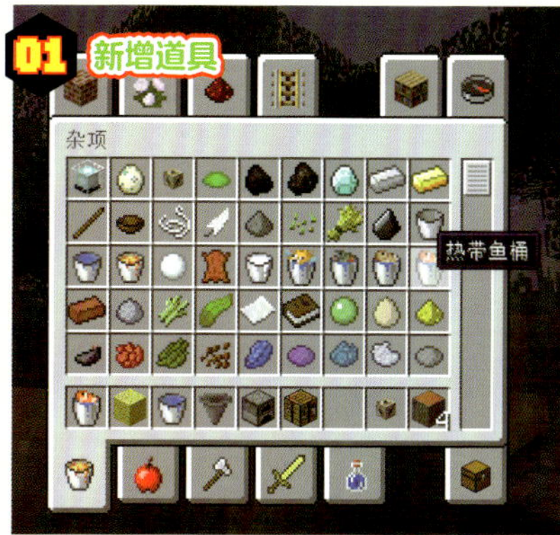

01 新增道具
杂项
热带鱼桶

在 1.13 版的 Minecraft 中，新增了河豚桶、鲑鱼桶、鳕鱼桶以及热带鱼桶。

02 放置鱼类

鱼桶的功能就是能在水中放置对应的鱼类。

03 先将铁桶装满水
水桶

其实鱼桶也可以在生存模式中获得，不过要先将铁桶装满水，变成水桶。

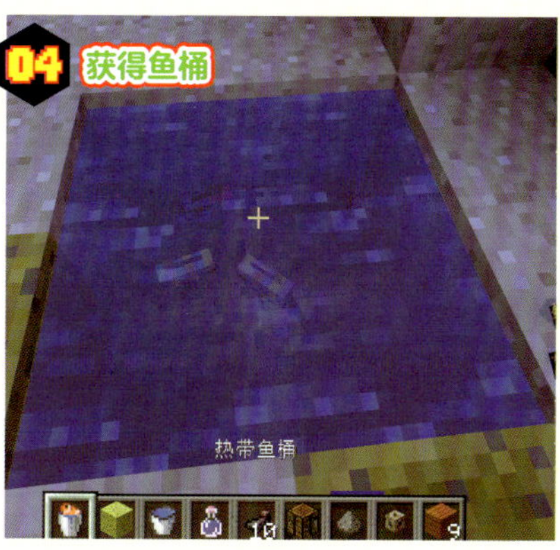

04 获得鱼桶
热带鱼桶

接下来只要对着水中的鱼点击一下右键，就可以获得对应的鱼桶了。

1.13 更新：木质按钮、压力板及活板门

原本在旧版本中，木门只有橡木门一种，而且名称就叫作“木门”。不过在 1.8 版本之后，新增了其他五种木质对应的木门。而 1.13 版则新增了其他五种木质的按钮、压力板以及活板门，让建筑在色彩应用上可以更加灵活哦！

以前不论使用什么材质的木板都只能合成一种木门，而现在使用哪种材质的木板，就可以合成对应材质的门。而且现在不能进行混搭了，所有木板都必须是同一种材质，否则无法合成压力板或活板门。

木质按钮也新增了其他材质，不过这样会不会有些不好辨认呢？

压力板也有能够对应各种木板的版本了，这样做起陷阱来就能更好地发挥了。

和门一样，其他材质的活板门外观也各不相同，但是颜色与该材质统一，用在建筑中会十分搭配哦。

1.13 更新：木头、去皮木头与去皮原木

在 1.13 版的水域更新中，也更新了木系材质哦！例如，原木就新增了木头、去皮木头与去皮原木三种。这三种新增的方块，不但获得方法不同，连纹路也有些微差异呢！

01 去皮原木

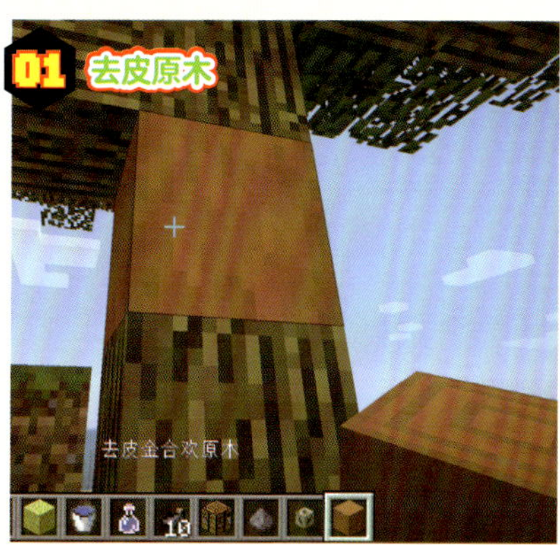

首先要介绍的是去皮原木，其获得的方法很简单，就是拿着斧头对着原木点击右键，就可以将原木变成去皮原木了。

02 制作木头

用 4 个原木（注意这里使用的是原木而非去皮原木）进行合成，就可以制作出 3 个木头。

03 木头的外层都是树皮

原木是树木的横切面，其中有两面是木材的颜色。不过木头就不一样了，每面都是树皮，这可让 Minecraft 的建筑家们有了不少新选择呢！

04 去皮木头

原木可以去皮，当然木头也可以去皮。将木头放置在地上后，用斧头点击一下右键，就会变成去皮木头了。请注意看，去皮木头与去皮原木的纹路有些不同哦！

1.13 更新：海带

海带是海底最常见的景观之一，几乎在每一种海域中都可以看到海带。海带最高可以高到 26 格，因此有些海域中的海带顶端甚至可以接近海面。除作为景观之外，海带还可以采集下来烧炼成干海带，是一种非常实用的道具呢！

海带是海底最常见的景观，最高可长到 26 格。

采集下来的海带可以放到熔炉里，烧炼成干海带。

干海带的作用就是当食物吃，最大的特征就是食用速度非常快，适合在紧急时候食用。

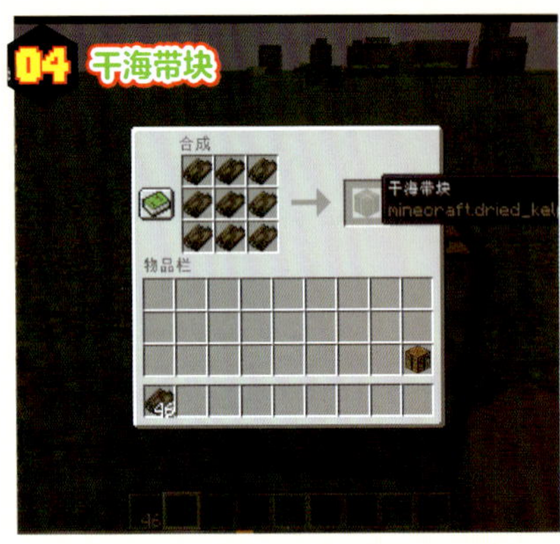

9 个干海带还能合成一个干海带块，作用除储存之外，还可以当作熔炉的燃料。一个干海带块可以燃烧 20 秒，也就是能够烧炼 20 个物品。

1.13 更新：海泡菜

海泡菜会自然生成于温暖的海洋底部，虽然体积不大，但却能够照亮海底，除此之外，还可以烧炼成黄绿色染料。另外，海泡菜虽然可以用骨粉增殖，但要注意，如果海泡菜不是生长在水中的珊瑚上方，不但不会增殖，还会额外消耗骨粉哦！

海泡菜会自然生成于温暖的海洋底部，而且经常出现在珊瑚的顶端。

海泡菜通常都是群生的状态，在同一格中最多可以挤进 4 个海泡菜，可以用调试棒改变状态来增加数量。

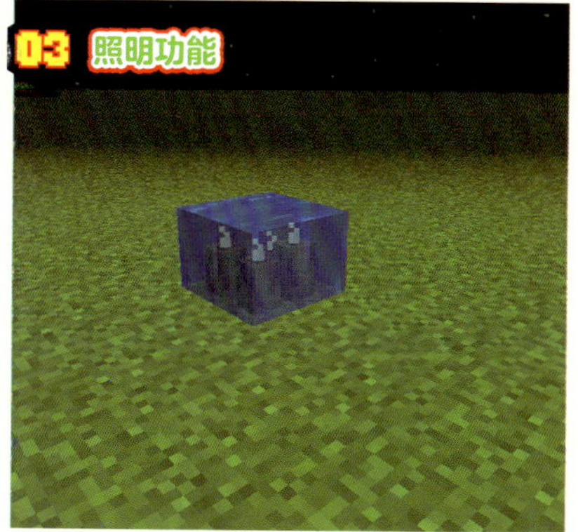

在水中的海泡菜还有照明的功能，每个海泡菜可以发出 3 光照等级的亮度，因此 1 格最多可以发出 12 级的亮度。想在陆地上放置海泡菜，可以使用调试棒将其设置为含水状态。

烧炼海泡菜之后，还可以获得黄绿色染料。在旧版本中，黄绿色染料只能用仙人掌绿和骨粉合成。

1.13 更新：海晶石楼梯与台阶

在 1.13 版中，海晶石系列的海晶石、海晶石砖以及暗海晶石都增加了楼梯与台阶。原本海晶石系列的方块就是建筑类的方块，可以让玩家充分地使用在水下建筑中。这次的更新增加了楼梯与台阶，未来可以期待更多壮观的水下建筑哦！

在这次的更新中，海晶石、海晶石砖以及暗海晶石都增加了楼梯与台阶。

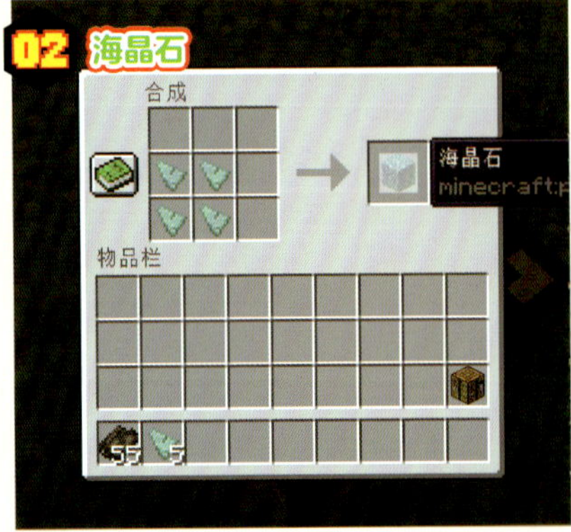

海晶石除可以用镐开采之外，还可以用 4 个海晶碎片合成。

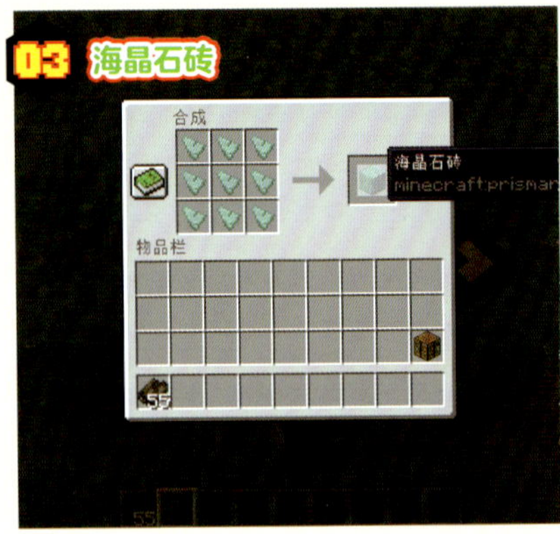

海晶石砖除同样可以用镐开采之外，还可以用 9 个海晶碎片合成。

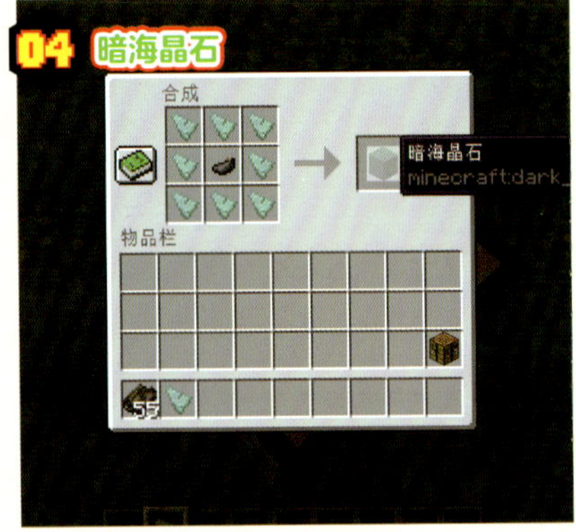

用 8 个海晶碎片围着 1 个墨囊，就可以合成暗海晶石。

1.13更新：三叉戟

三叉戟是水域更新中的新武器，三叉戟除可以当作近战武器之外，也可以用于远程投掷。三叉戟不用像弓那样，需要箭才能射击，但是每次丢出去之后，还要再捡回来。不过我们可以通过附魔，让丢出去的三叉戟自动回来哦！

和弓箭一样，按住鼠标右键就可以蓄力，松开鼠标后就可以把三叉戟丢出去。

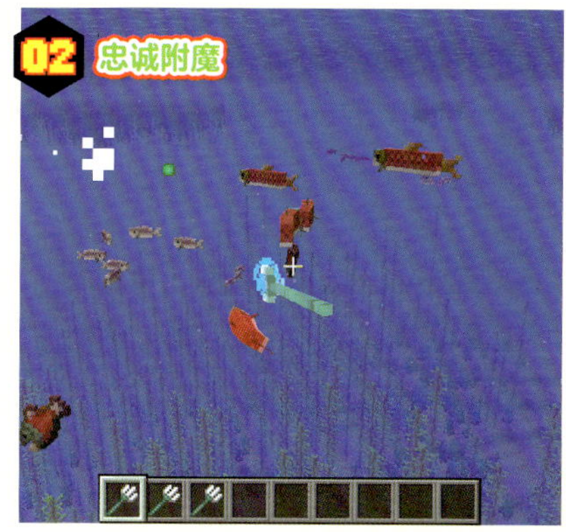

输入“ /enchant @p minecraft:loyalty ”就可以给手中的三叉戟附上忠诚魔咒了，使用时只需丢出三叉戟，它就会自动跑回来了。

输入“/enchant @p minecraft:riptide”就可以给手中的三叉戟附上激流魔咒了，但是这个附魔只能在水中或雨天使用，在其他场景中点击右键无法完成蓄力动作。使用时，角色会随三叉戟向前冲出去，此时撞到敌人一样会造成伤害哦！

输入“/enchant @p minecraft:channelling”就可以给手中的三叉戟附上唤雷魔咒，虽然只有在雷雨天才有效果，但是击中敌人后，就会伴随着落雷哦！

1.13更新：海龟壳

海龟壳可以通过将 5 个鳞甲排列成∩字形合成，戴在头上后，每次回到水面上就可以获得 10 秒的水下呼吸效果，对海底探险来说是非常实用的道具。另外，海龟壳还可以用来制作神龟药水和神龟之箭，打怪时也非常实用呢！

01 水下呼吸效果

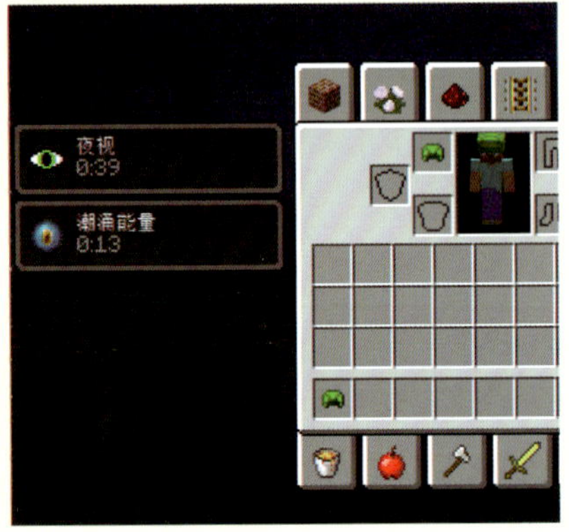

戴上海龟壳后，就可以获得水下呼吸状态效果。不过要注意的是，需要回到水面上才能再次获得 10 秒的水下呼吸效果哦！

02 制作神龟药水

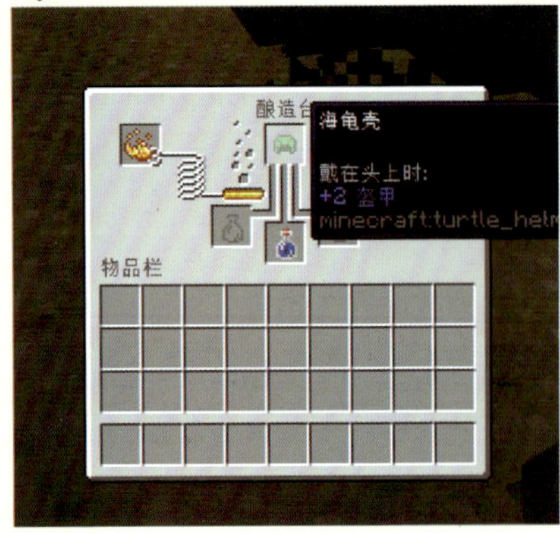

将海龟壳与基础药水进行合成后，还可以制作出神龟药水。

03 神龟药水的效果

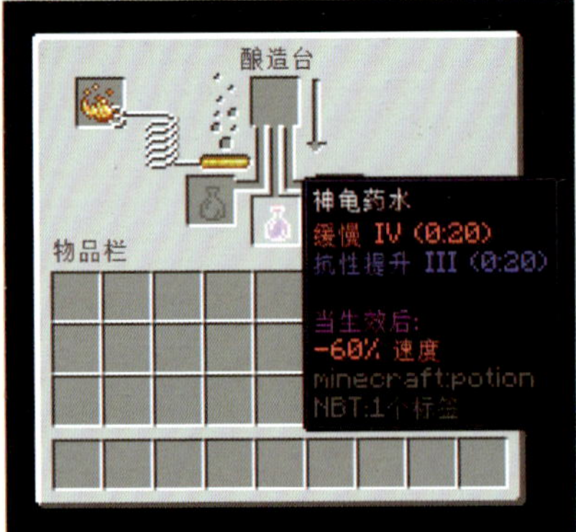

“神龟”并非单一效果，而是可以为玩家提供缓慢与抗性提升两种效果。缓慢会减少移动速度，而抗性提升可以减少受到的伤害。

04 神龟之箭

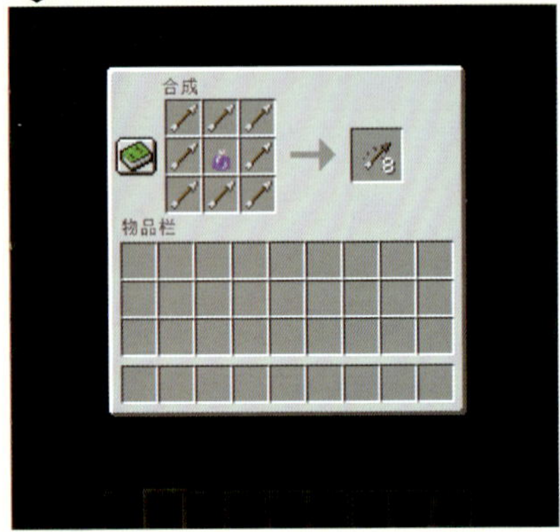

将神龟的滞留药水与 8 支箭进行合成，还能制作出神龟之箭哦！

1.13 更新：幻翼膜

幻翼膜可以在打倒幻翼后获得，幻翼膜可以用来制作缓降药水。在缓降效果的状态下时，掉落的速度会减慢，而且在状态下落地的话，不会受到任何伤害。另外，幻翼膜还可以用来修复鞘翅哦！

01 缓降药水

幻翼膜可以与基础药水酿造出缓降药水哦！

02 缓降的效果

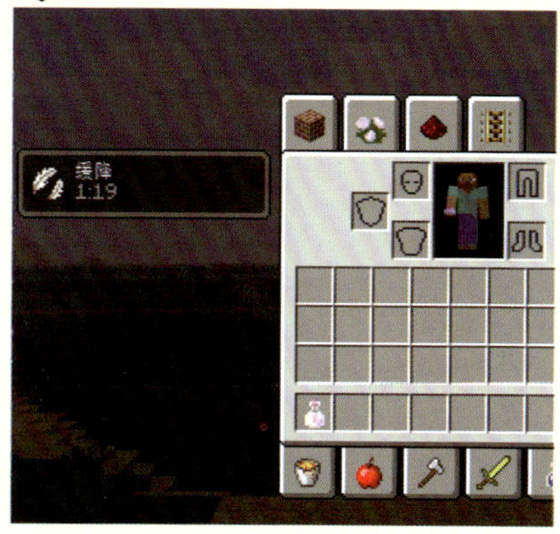

拥有缓降效果时，降落的速度会变慢。而且在冲刺时，最大的跳跃距离可以从 4 格增加到 6 格。想必未来一定会有应用缓降效果的跑酷地图出现哦！

03 缓降之箭

与其他药水一样，滞留型缓降药水加上 8 支箭就可以合成缓降之箭。

04 修复鞘翅

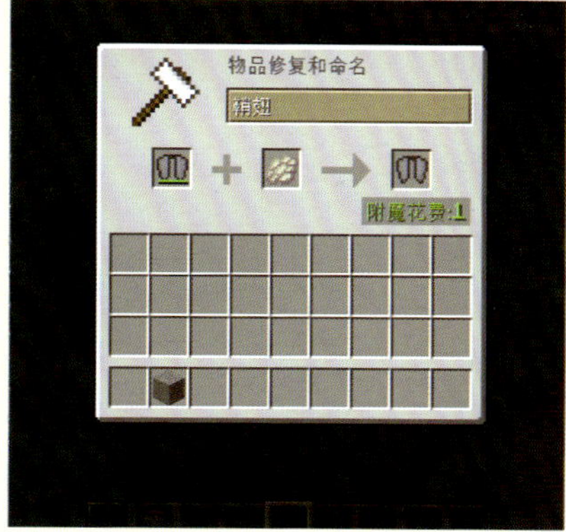

另外，幻翼膜也可以用来作为鞘翅的修复材料哦！

1.13 更新：海龟

海龟是 1.13 版水域更新里新增的动物，海龟属于动物，不会攻击玩家，甚至还会被怪物或狼等生物攻击。研发团队特别在 Minecraft 中重现了海龟的习性，为海洋增添了许多乐趣。

海龟在水里的移动速度非常快，但是在陆地上的移动速度就变得非常缓慢。

用海草喂食海龟之后，海龟就会出现爱心符号。如果有两只海龟，它们还会一起回到出生地产卵哦！

海龟的出生地是指该只海龟首次出现在 Minecraft 世界中的地点，包括自然生成、使用刷蛋怪或命令召唤等，海龟都会将第一次出现的地点当作出生地。

海龟要产卵的地点必须是沙滩，如果出生点不是沙滩，海龟就会在附近选择一处沙滩产卵。所以千万不要在远离沙子的地方召唤海龟，以免造成悲剧！

1.13 更新：幻翼

在 1.13 版更新中，有一种比较特殊的怪物——幻翼。幻翼会攻击超过 3 个游戏日没有睡觉的玩家，而且不睡觉的时间越久，生成的概率越高。幻翼的来头可不小呢！ 2017 年，游戏研发小组还在官方 Facebook 中开直播，公开 4 个怪物设计供玩家票选，结果是幻翼雀屏中选。

幻翼会生成在海平面上的空旷处，而且会攻击不睡觉的玩家哦！

还记得官方在 2017 年举办的怪物票选吗？幻翼就是大家票选的生物 B，可惜其他 3 种落选的生物永远不会在 Minecraft 中出现了。

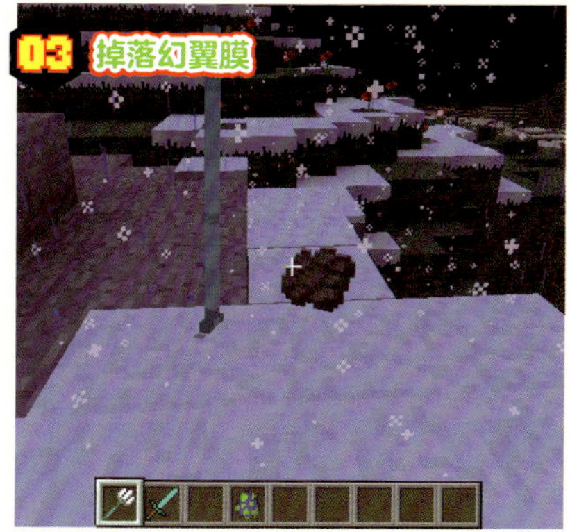

打倒幻翼后会有机会掉落 1 个幻翼膜，但使用拥有掠夺附魔的武器，最多可以掉落 4 个幻翼膜哦！

幻翼和其他亡灵生物一样，一到白天就会因被阳光照射而自燃哦！

1.13 更新：热带鱼

在水域更新中，色彩缤纷的不只有珊瑚，还有五颜六色的热带鱼哦！热带鱼有 2 种体形、6 种花纹、15 种颜色，搭配起来共有数千种变化，为海底增色不少呢！

热带鱼通常都会成群结队，鱼群最多会有 9 条鱼。

其中一种热带鱼的体形是扁平的。

另一种热带鱼的体形看起来非常娇小。

不论哪一种热带鱼，死亡后掉落的都是小丑鱼造型的热带鱼。

1.13 更新：海豚

1.13 版水域更新还新增了一种中立生物——海豚。海豚不仅会成群结队地出现，还有追逐掉落物的习性。海豚平常不会攻击玩家，但是遭到攻击之后，会连同附近的海豚一起反击哦！

如果玩家在海豚附近速泳，就可以获得“海豚的恩惠”效果，这个效果可以提升游泳的速度哦！

海豚有时会追逐玩家的小船，这样观赏海豚也是种很有乐趣的事呢！

海豚还有跳出水面的能力。如果将海豚养在家里的水池，就可以每天看海豚表演了！

给海豚喂食生鳕鱼之后，海豚就会带领玩家找到特殊结构中的宝藏哦！

1.13 更新：溺尸

溺尸，听起来就像是沉在水中的尸体……没错！溺尸就是水中的僵尸。但其实溺尸和僵尸并不是同一种怪物。僵尸在进入水中之后，经过一定时间就会自动转化成溺尸哦！

溺尸就是水中的僵尸，不过移动的方式并不是游泳，更像是在水中“行走”。

普通僵尸到了水中之后（头部完全浸入水中），过了 30 秒就会开始发抖，即将变成溺尸。

发抖完之后，僵尸就转化成溺尸了！而且溺尸在转化之前捡到的道具，在溺尸被打倒后都会 100% 掉落哦！

自然生成的溺尸会有一定的概率持有三叉戟，因为三叉戟目前无法合成，所以打溺尸掉落是获得三叉戟的唯一途径。

CHAPTER 06

1.13更新：沉船

沉船是水域更新中新增的自然结构，虽然规模不大，但是数量还不少。出去绕一圈就可以遇上几艘沉船，真让人怀疑附近是不是发生过海战！而且沉船并不是只有一种类型，还有各种不同设计的船以及残留的形状，会让人对海底更加感兴趣呢！

其实沉船的数量还不少，如果真的找不到，可以用生鳕鱼喂食海豚，请海豚帮忙带路哦！

沉船的类型很多，有些还保留着船桅，甚至还会有出现在海边搁浅的沉船呢！

有些沉船设计得非常精细，连船舱也会重现哦！

当然，沉船不一定是完整的，还有倾倒甚至剩下半截的沉船哦！

1.13更新：冰山

冰山是生成于冻洋及其变种封冻深海生物群系中的结构，不过因为是方块组成的，所以实际上并不会移动。冰山包含水面上与水面下的部分，由浮冰、蓝冰以及雪块等方块组成。

在冻洋中才会出现的冰山，看起来非常壮观。

不只是水面上的部分，冰山还包含了水面下的部分，正如成语冰山一角的含义。

在冰山的底部还会有一定的概率出现蓝冰，蓝冰与冰块一样，都需要用带有精准采集的工具开采才能获得。蓝冰的表面比冰块更滑，大部分的实体都能在蓝冰上滑动。

因为冰山只出现在寒带生物群系中，所以在冰山的山顶上有时也会出现雪块。

1.13更新：埋藏的宝藏

埋藏的宝藏是在 1.13 版中出现的小型结构，和一些大型结构中藏有的宝藏相同，但是在 1.13 版本之后，就有可能单独出现了。宝藏的结构非常简单，就是一个箱子，在其上方会生成沙子、石头或沙砾来藏住它。

不只是在海底，在沙漠中也可能有机会找到埋藏的宝藏哦！

埋藏的宝藏也有可能记载于藏宝图中，快试试和制图师交易获得藏宝图吧！

在很多大型结构中也会有藏宝箱，而且里面的宝藏都非常可观哦！

有时藏宝箱还会隐藏在遗迹下面，记得要仔细找哦！

1.13 更新：海底废墟

与海底遗迹不同，在 1.13 版水域更新中还新增了海底废墟。海底废墟的规模比较小，可能只是一栋房屋的残骸，另外还有几种不同的类型。海底废墟有时会集体出现，组成一个遗迹村庄，让 Minecraft 的海底更丰富哦！

01 小型的海底废墟

有时，海底废墟就只剩下一间房子的屋顶。

02 只剩下骨架的废墟

这个废墟已残破不堪，只能勉强看出房子的骨架。

03 类似村庄的海底废墟

有时，海底废墟会集体出现，仿佛有人曾经在这里居住过。

04 海底遗迹

与小型的海底废墟比起来，海底遗迹光是屋顶就很壮观了。

1.13 更新：水下洞穴与海底峡谷

在较旧的版本中，海底的地形通常没有什么变化，不过在 1.13 版的更新中，海底还出现了水下洞穴与海底峡谷。玩家甚至能到水下洞穴与海底峡谷中探险、挖矿，让 Minecraft 的海底生活更加有趣！

01 大峡谷

在 1.13 版之后的海底，有时会出现一条大峡谷，就像现实中的海沟一样哦！

02 水下洞穴

海底有时还会出现水下洞穴，矿石就这样裸露在外，让人很想到内部探险、挖矿。

03 如同地面的地形

这个地形似乎在陆地上也看到过，不过当它在海底出现，搭配水中的景观时，会比陆地上的景观更有趣哦！

04 冒出气泡柱的岩浆块

虽然早在 1.10 版中就新增了岩浆块，但是在 1.13 版中的岩浆块会在水底冒出气泡柱，让海底的景观更加逼真哦！

1.13 更新：潮涌核心

潮涌核心通常发现于海底遗迹，不过在 1.13 版之后才能找到。虽然海底遗迹在 1.8 版就已经加入到 Minecraft 中，但潮涌核心却是在 1.13 版后才出现的。
潮涌核心的功能是给予周围玩家潮涌能量状态效果，有调亮水下视野，加快水下挖掘速度以及增加水下呼吸时间等功能。此外，潮涌核心还可以自己合成制作哦！

01 海底遗迹中的潮涌核心

在 1.13 版之后的海底遗迹中就可以发现已启动的潮涌核心，只不过被各种海晶系方块层层包围。

02 潮涌能量

玩家只要靠近已启动的潮涌核心就能获得潮涌能量，不管是水下建筑还是水下冒险，都非常实用哦！

03 制作潮涌核心

只需 1 个海洋之心（可以在埋藏的宝藏中发现）和 8 个鹦鹉螺壳（溺尸掉落），就可以自己合成制作潮涌核心了哦！

04 启动前的潮涌核心

如果只放置 1 个潮涌核心，是无法启动的哦！

1.13 更新：启动潮涌核心

在 P204 中介绍的潮涌核心还需要特殊的方式才能启动。首先潮涌核心的四周需要有水围绕，其次需要有海晶系的方块围绕，如海晶石、海晶石砖、暗海晶石以及海晶灯等。另外，潮涌能量最远可以传送到 96 格，范围非常大哦！

上图为启动中的潮涌核心，四周的外壳会裂开露出里面的海洋之心，并且外侧会有蓝色粒子运作。

想要启动潮涌核心，就需要用水包覆潮涌核心，外侧再放置海晶石、海晶石砖、暗海晶石以及海晶灯等方块即可。

外侧的方块并不需要完全覆盖住，最少需要 16 格才能启动潮涌核心。不过在长、宽、高各 5 格的范围内，覆盖的方块越多，潮涌能量传送的距离也越远。

上图中已经距离潮涌核心有 85 格之远了，但仍然能接收到潮涌能量，实际上最远可以传到 96 格哦！

可以任意
获得想要的道具!

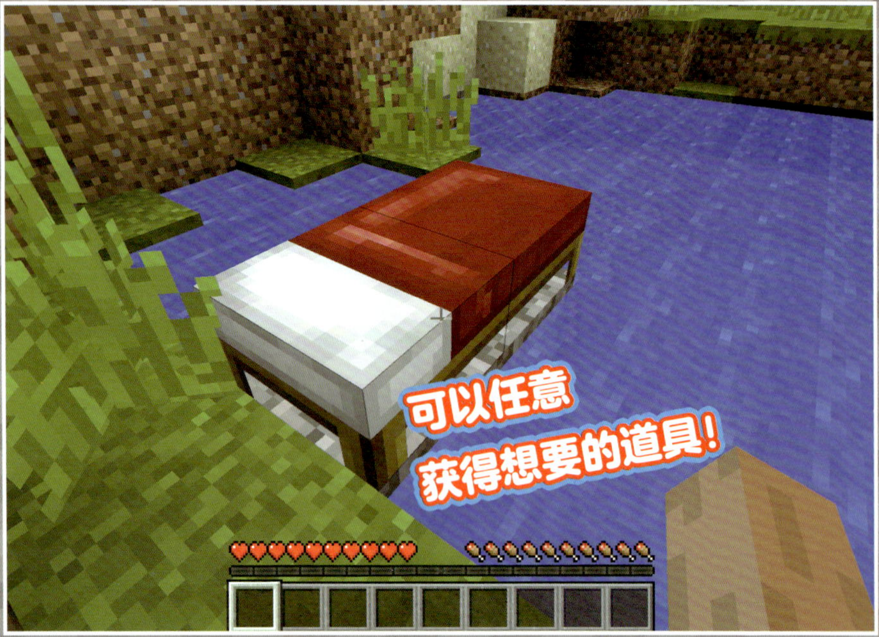

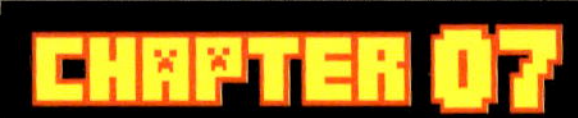
CHAPTER 07

新版命令教学

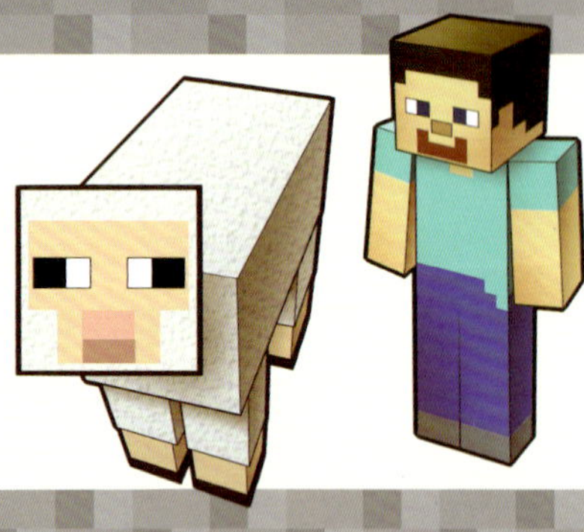

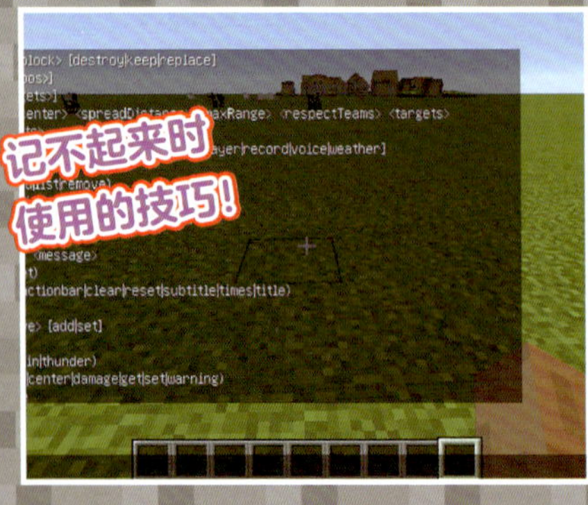
记不起来时
使用的技巧!

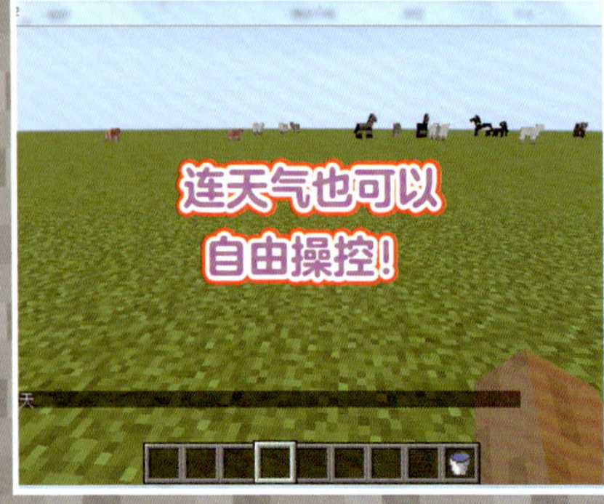
连天气也可以
自由操控!

现在马上将武器装备强化到最高!

在 Minecraft 中还有一种十分方便的命令功能，使用后就像自己成为这个世界的神一样，从操控天气到获得道具，从强化装备到召唤动物，都可以办到。虽然输入英文对一些玩家来说可能会有些难度，但是看了本单元之后，就会变得简单不少哦！

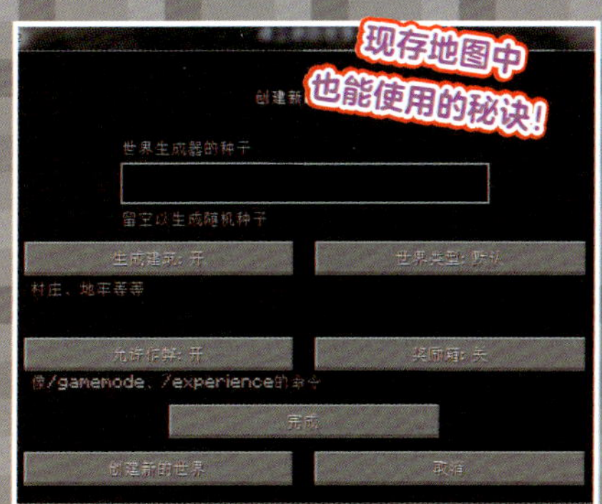

命令到底可以做到什么?

命令是能够瞬间实现“想要某个道具”“想增加经验值”或“改变一下天气”等高难度愿望的秘诀，一开始只有 PC 版可以使用，现在 PE 版也可以使用了。想要使用命令，就需要在创建世界的时候，开启“允许作弊”选项，并且选择创造模式开始游戏。如果直接选择系统默认，就会变成在生存模式或极限模式中进行游戏，此时会无法使用命令，不过通过一些“秘诀”(P219)还是可以办到的哦!

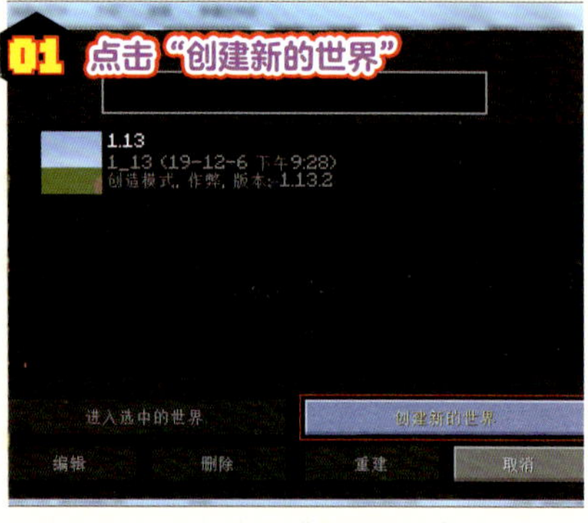

开启 Minecraft 并点击“单人游戏”后，选择“创建新的世界”。

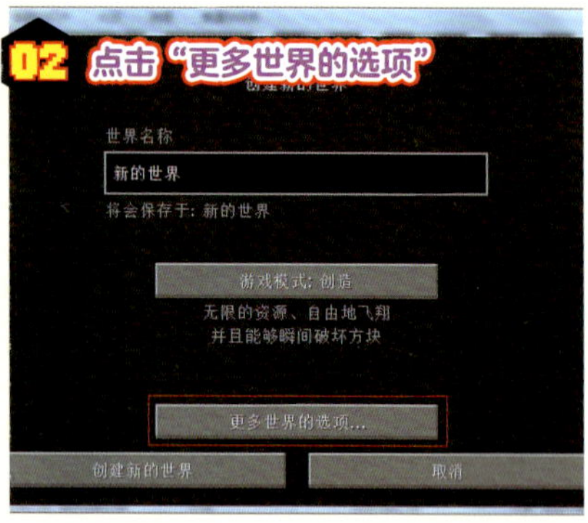

在输入世界名称的画面下方，点击“更多世界的选项”。

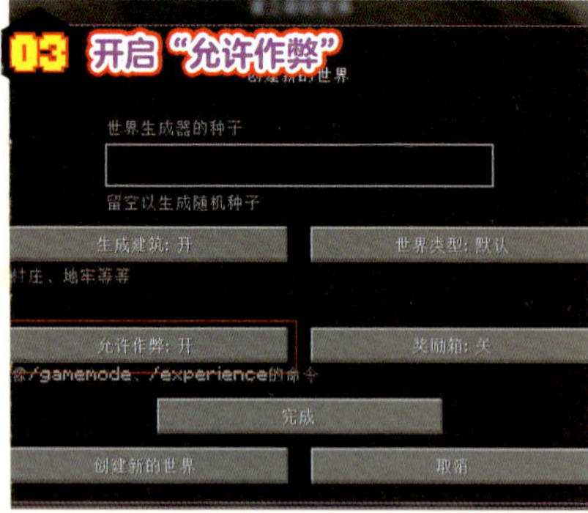

点击“允许作弊：关”键，变成“允许作弊：开”即可。再点击“完成”，就可以创建一个任意使用命令的世界了。

按下键盘中的 / 键后，画面左下方就会显示出输入栏，接着只要在“/”后面输入特定的命令即可。

让现有地图也能使用命令

想在游戏中使用命令就需要在创建世界时选择“允许作弊”，所以没办法在现有的地图中使用命令。不过，还有一种方法可以在现有地图中使用命令，但只能在游戏程序关闭前使用，下次开启游戏时就需要再次设置了哦！

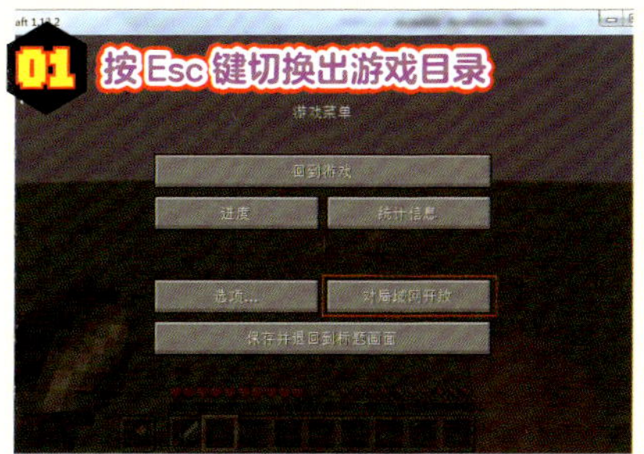

在游戏中按下键盘左上角的Esc键，就会切换出游戏目录，然后点击“对局域网开放”。

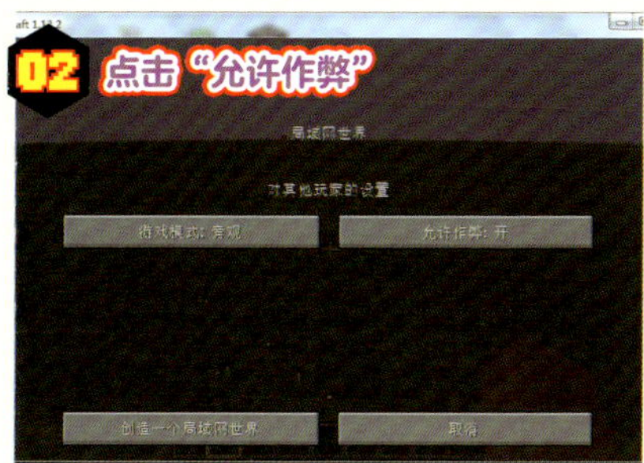

接着点击“允许作弊”，并且点击“创造一个局域网世界”。这样一直到关闭游戏为止，就都可以使用命令了。不过下次开启游戏时，还需要重复点击“对局域网开放”，再开启“允许作弊”选项哦！

使用本书介绍的命令时的注意事项

使用命令的方法非常简单，只要输入特定文字即可。只不过命令需要特殊的规则，像一定要在前面加入“/”或打错一个字就不会有作用等。另外，如果输入错误的坐标，就连重生也会有危险哦！

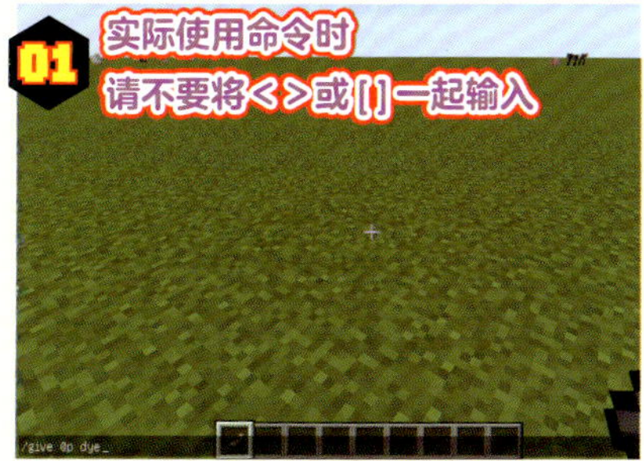

01
实际使用命令时
请不要将< >或[ ]一起输入

本书为了让读者清楚易懂，所以会在命令中加入< >或[ ]，但输入时并不需要这些。如果不小心输入，系统不会有反应的哦！

如何确认起点XYZ与终点XYZ
这里是XYZ

命令中的XYZ就是游戏中的坐标，按下F3键就切换出“调试屏幕”，可以在左边确认目前的坐标。如果需要指定的位置坐标，最好先记下来以便输入。

在游戏中切换游戏模式的命令

使用命令 /gamemode <游戏模式>

虽然在游戏途中不能切换游戏模式也是游戏中的一种设定，不过只要使用命令，不管几次都可以随意切换哦！最有趣的是可以切换为在创建世界时无法选择的“旁观者模式”，不仅可以随心所欲地上天入地，还可以不被怪物攻击，尽情观察整个世界。

输入案例

/gamemode adventure
/gamemode creative
/gamemode spectator
/gamemode survival

输入“/gamemode”后空一格，如果想要切换成生存模式，就输入 survival；创造模式为 creative；冒险模式为 adventure；旁观者模式为 spectator。当然，如果背不下来也没关系，只要按下 Tab 键就会自动出现选择，之后再用鼠标点击即可。

切换成旁观者模式了！在这个模式中，按住键盘的空格键就可以向上飞，按住 Shift 键就可以向下降。

可以在瞬间加上各种效果的命令

使用命令 /effect <实体> <效果ID> [秒数] [效果等级]

这个命令可以瞬间获得药水等各种效果，虽然需要输入完整的<效果 ID >，但只要按下 Tab 键就会自动出现各种效果 ID，是非常方便的设定哦！另外，不要忘记在后面加上秒数以及效果等级哦！

输入案例

/effect give @s minecraft:speed 30 2
/effect give @s minecraft:health_boost 10 1
/effect give @s minecraft:saturation 15 2

效果 ID 一览

效果 ID	效果	效果 ID	效果	效果 ID	效果
minecraft:speed	提升行走速度	minecraft:nausea	视野晃动扭曲	minecraft:hunger	提升饥饿等级
minecraft:slowness	减缓行走速度	minecraft:regeneration	恢复生命	minecraft:poison	给予伤害
minecraft:haste	加快挖掘速度	minecraft:resistance	减少大部分伤害	minecraft:wither	给予伤害致死
minecraft:mining_fatigue	减缓挖掘速度	minecraft:fire_resistance	免疫火的伤害	minecraft:health_boost	提高生命上限
minecraft:strength	提升攻击伤害	minecraft:water_breathing	防止溺亡	minecraft:absorption	吸收生命值
minecraft:instant_health	治疗实体	minecraft:invisibility	隐形效果	minecraft:saturation	恢复饱食度
minecraft:instant_damage	伤害实体	minecraft:blindness	削弱视野		
minecraft:jump_boost	提升跳跃高度	minecraft:night_vision	调亮视野		

可以查询所有命令的命令

使用命令 /help

命令这个功能虽然方便，但是要记住所有命令还是有些难度的。其实只要使用 help 命令，就可以叫出所有命令来查询了。只要按下 T 键，再用鼠标滚轮将系统记录向上拉，就可以查找自己需要的命令了。

输入案例

/help fill
/help give
/help summon

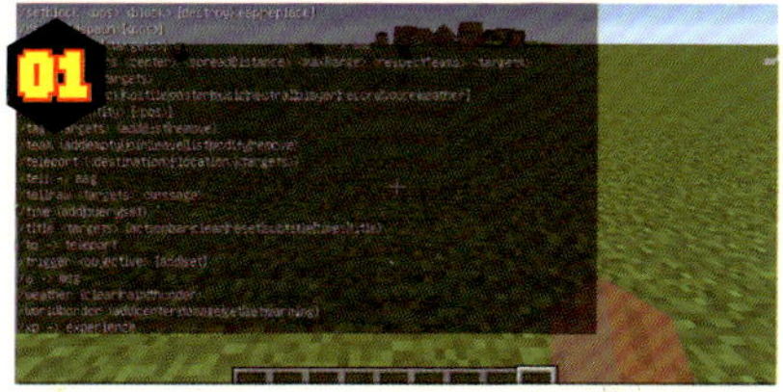

输入“/help”后聊天栏中就会显示所有可使用的命令，只要按下 T 键，再用鼠标滚轮将系统记录向上拉就可以看到上面的命令。虽然已经无法直接从聊天栏中复制命令，但是现在输入命令时会自动跳出提示，所以不会感到有什么不便哦！

上图是输入“/help effect”后的画面，在 help 后加上命令，还能单独查询该命令的用法。不过部分比较简单的命令，就没有提供这一项查询服务了。

对武器、防具以及道具附魔的命令

使用命令 /enchant <目标> <附魔ID> [等级]

在 P224 中将会介绍附魔，而这个命令则可以直接对手上的道具附魔。其中的 <目标> 指的是玩家，可以直接输入玩家 ID 或 @p，输入后就可以直接对目标手中的道具附魔了。

输入案例

/enchant <目标> minecraft:fire_protection 4
/enchant <目标> minecraft: sharpness 5
/enchant <目标> minecraft:efficiency 4

附魔 ID 一览

附魔 ID	效果	等级上限
防具附魔		
minecraft: protection	保护	4
minecraft:fire_protection	火焰保护	4
minecraft:feather_falling	摔落保护	5
minecraft:blast_protection	爆炸保护	4
minecraft:projectile_protection	弹射物保护	4
minecraft:respiration	水下呼吸	3
minecraft:aqua_affinity	水下速掘	1
minecraft:thorns	荆棘	3
minecraft:depth_strider	深海探索者	3

附魔 ID	效果	等级上限
武器附魔		
minecraft:sharpness	锋利	5
minecraft:smite	亡灵杀手	5
minecraft:bane_of_arthropods	节肢杀手	4
minecraft:knockback	击退	2
minecraft:fire_aspect	火焰附加	2
minecraft:looting	抢夺	3

附魔 ID	效果	等级上限
道具附魔		
minecraft:efficiency	效率	4
minecraft:silk_touch	精准采集	1
minecraft:unbreaking	耐久	3※
minecraft:fortune	时运	3
弓附魔		
minecraft:power	力量	5
minecraft:punch	冲击	2
minecraft:flame	火矢	1
minecraft:infinity	无限	1

随意变更时刻的命令

使用命令 /time set <时刻>

Minecraft中大致可以分成日出、白天、日落以及夜晚4个时间段，而这些时刻都可以用命令来变更。如果以数值来设定的话，0就是日出，6000是正午，12000是日落，18000是半夜。另外，还可以用英文来进行设定，day为白天，night则为晚上。

输入案例

/time set 12000
/time set day
/time set night

01

输入“/time set”之后，就可以加入数值。如果想将时间变成正午，就在后面加入6000。

02

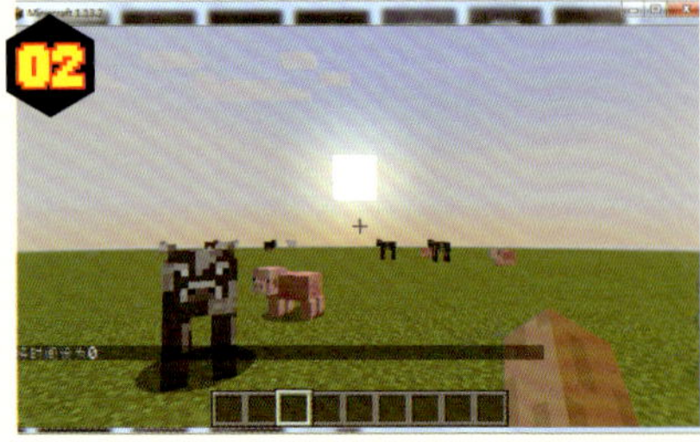

变更游戏时间后，原本是黑漆漆的夜晚，一转眼就变成白天了。

CHAPTER 07

变更天气的命令

使用命令 /weather <天气>

下雨天虽然会让人感到心烦，但是却可以浇灌耕地，提高钓鱼的概率，甚至扑灭着火的树……如果一直等不到雨天，可以直接使用命令变更天气，晴天为clear，雨天为rain，雷雨天为thunder。

输入案例

/weather clear
/weather rain
/weather thunder

01

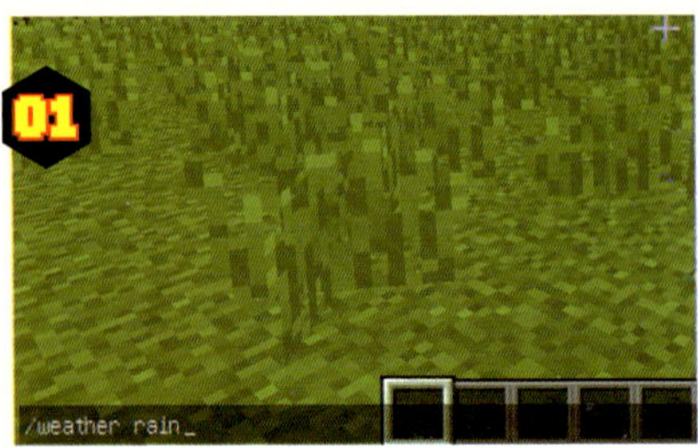

如果想要下雨天，只需输入“/weather rain”即可。

02

原本是晴天的天气就开始下雨了。如果想变回晴天，就输入clear；想变成雷雨天，就输入thunder。Minecraft中的天气只有晴天、雨天和雷雨天三种，如果想要雪天，可以在积雪生物群系中使用下雨的命令。

瞬间移动到命令场所的命令

使用命令 /tp <玩家> <X Y Z坐标>

放置好能保存道具的箱子，或盖好建筑物后，就需要多次回到原来的场所。这里可以按 F3 键，调查好 XYZ 的坐标，并且记下来。之后就算到了远处，也可以用 tp 命令回到记下来的坐标点。

输入案例

/tp <玩家> 81 72 -77

01 在想要记住坐标的位置按下 F3 键，并且记下 XYZ 的数值。要特别注意的是 Y 坐标，如果弄错，传送之后会出现在空中或土里，角色会因此死亡哦！

02 输入“/tp”后，按下键盘上的 Tab 键，然后再输入事先记好的坐标。如果坐标是负的，那就需要原封不动地输入负值的坐标，这样就可以瞬间移动到远处了。

停止时间的命令

使用命令 /gamerule doDaylightCycle

到了晚上，光线不足，会让玩家难以辨物，还会有怪物出现……如果非常讨厌晚上，可以设置成没有夜晚。gamerule 命令可以让游戏时间与太阳的动作完全停止，就算设定成没有晚上，也可以随时调回来。

输入案例

/gamerule doDaylightCycle true
/gamerule doDaylightCycle fales

01 true 为有效，而 false 则是无效的意思。如果不想让时间变成晚上，可以在白天的时候，输入“/gamerule doDaylightCycle fales”。

02 这样太阳就会静止不动，游戏时间也会停止。如果想让时间再次流动，那么就输入“/ gamerule doDaylightCycle true”。

可以突然急速成长的秘诀命令

使用命令 /xp add <玩家> <经验值数> /xp add <玩家> <经验值数> levels

就算打倒一只洞穴蜘蛛也只能获得 5 点的经验值，如果想在短时间内获得大量经验值，还是需要使用命令。在 1.13 版之后，增加了设定（set）以及查询（query）的功能，这里主要介绍的则是增加（add）经验值的功能。

输入案例

```
/xp add @p 2147483647
/xp add @p 20 levels
```

01 输入“/xp add”后，再指定自己（@s）获得经验值，后面再接经验值数值即可，经验值一次最多可以增加 2147483647。

02 如果想直接增加等级，只要在经验值后面再加“levels”，那么增加的就不是经验值，而是等级了。

能够秒杀特定敌人的命令

使用命令 /kill @e [type = 实体ID]

“/kill”可以算是最知名的命令之一了，这个命令可以用于自杀，输入之后马上就 Game Over 了。但只是用于自杀，就没那么实用了，其实只要加一点点设定，还可以杀掉特定怪物或动物哦！

输入案例

```
/kill @e[type=minecraft:zombie]
```

01 只输入“/kill+ 随便指定 @ 目标”的话，就会变成自杀命令。而玩家的角色死掉之后，就会在重生点重生。

02 输入“/kill @e[type=minecraft:zombie]”后，就可以在不影响角色本身的情况下，除掉这个世界中的僵尸哦！可以参考 P217 的实体 ID，就可以指定任意怪物了！

可以获得想要道具的命令

使用命令 /give <玩家> <道具ID> [数量]

在 Minecraft 的世界里，制作一张床需要非常长的时间，不仅需要打倒羊获得羊毛，还需要砍树获得木材……如果只是想获得相同的道具，使用命令会更快哦！

输入案例

/give @s minecraft:red_bed 1

输入“/give”后，可以按 Tab 键，在跳出来的选择项目中点击自己的 ID。然后就可以输入想要的道具 ID 以及数量，这里输入的是“minecraft:red_bed 1”。

不用制作就获得床了！

可以指定重生点的命令

使用命令 /spawnpoint <玩家> <X Y Z坐标>

玩家死亡后就会在固定地点重生，这个重生点可以通过躺在床上变更，也可以用命令强制变更。但这里要注意的是，需指定玩家才能让命令成立，不管是 @p（最近的玩家）、@s（自己）还是直接输入 ID 都可以。所以在多人联机时，可以将每位玩家的重生点都指定到不同地点。

输入案例

/spawnpoint <玩家 ID > 404 63 133

输入“/spawnpoint”后，再输入指定玩家 ID 以及 XYZ 坐标即可。

这样就可以强制变更重生点了！之后重生时，就会回到新指定的重生点。

让怪物不会出现的命令

使用命令　/gamerule doMobSpawning <有效或无效>

对于只想建造建筑的人来说，看到动物或怪物出现就难免会让人感到烦躁。虽然游戏默认会有动物或怪物出现，但是我们也可以通过命令设置，让游戏中不再有新的动物或怪物出现，当然还是可以通过命令，让它们再度出现。

输入案例

/gamerule doMobSpawning true
/gamerule doMobSpawning false

输入“/gamerule doMobSpawning false”之后，游戏规则就变更了。

之后动物或怪物就不会再出现了，不过已经存在的动物或怪物并没有消失哦！如果想让现有的动物或怪物也一起消失，请参考 P214 中介绍的命令。

强制变更出生点的命令

使用命令　/setworldspawn <XYZ坐标>

出生点就是第一次登入地图时的地点，在 Minecraft 中叫作世界重生点。一般来说游戏的世界重生点是无法变更的，就算在床上睡觉改变重生点，只要在不同床上睡觉，或床铺被破坏后，重生点就会失效，而变回世界重生点。但这个命令可以直接更改世界重生点哦！

输入案例

/setworldspawn
/setworldspawn 404 63 133

输入“/setworldspawn”，所在的地点就会变成世界重生点了。

如果想指定的地点并不是目前的位置，那么可以在“/setworldspawn”后面加入 XYZ 坐标，指定特定的坐标作为世界重生点。

瞬间召唤动物或怪物的命令

使用命令 /summon <实体ID>

想要盖一座牧场，牧场里就需要养牛、鸡、山猫以及其他各种各样的动物，这时就可以使用召唤命令了，动物、怪物甚至是村民，都可以通过命令召唤出来。不仅如此，甚至是 BOSS 级的末影龙与凋灵都可以被召唤出来。在输入命令时需要输入召唤对象的 ID，不过要注意实体 ID 未必与怪物名称的英文一致，例如哞菇的 ID 就是 minecraft:mooshroom。

输入案例

/summon minecraft:cow
/summon minecraft:slime
/summon minecraft:villager

输入“/summon”后，还要再加入召唤对象的实体 ID 哦！例如，召唤牛就需要在命令后输入“minecraft:cow”。

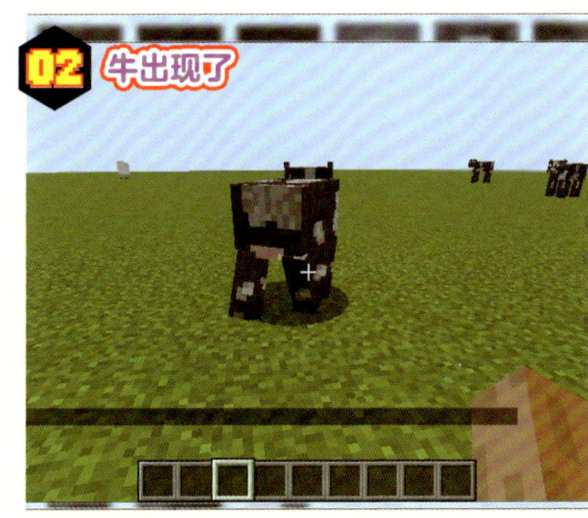

成功召唤出牛来了！

Mob名称

Mob 名	实体 ID
兔子	minecraft:rabbit
鸡	minecraft:chicken
牛	minecraft:cow
马	minecraft:horse
猪	minecraft:pig
羊	minecraft:sheep
哞菇	minecraft:mooshroom
狼	minecraft:wolf
山猫	minecraft:ocelot
蝙蝠	minecraft:bat
鱿鱼	minecraft:squid
铁傀儡	minecraft:iron_golem
雪人	minecraft:snow_golem
村民	minecraft:villager
烈焰人	minecraft:blaze

Mob 名	实体 ID
洞穴蜘蛛	minecraft:cave_spider
苦力怕	minecraft:creeper
末影龙	minecraft:enderDragon
末影人	minecraft:enderman
恶魂	minecraft:ghast
巨人	minecraft:giant
岩浆怪	minecraft:magma_cube
僵尸猪人	minecraft:zombie_pigman
蠹虫	minecraft:silverfish
骷髅	minecraft:skeleton
史莱姆	minecraft:slime
蜘蛛	minecraft:spider
女巫	minecraft:witch
凋灵	minecraft:wither
僵尸	minecraft:zombie

在游戏中变更难度的命令

使用命令 /difficulty <难易度>

在 Minecraft 的游戏中还可以变更难度，按下 Esc 键后点击“选项”，然后再选择游戏的难度即可。不过除此之外，还可以直接用命令来更改游戏的难度，默认的普通难度为 normal，如果变更成 easy，怪物攻击造成的伤害就会降低。如果再设置成 peaceful，怪物甚至都不会出现，还不会饿肚子呢！所以在 peaceful 的和平模式中，就不用收集食物，也不用战斗了。

输入案例

```
/difficulty peaceful
/difficulty easy
/difficulty normal
```


01 指定难度

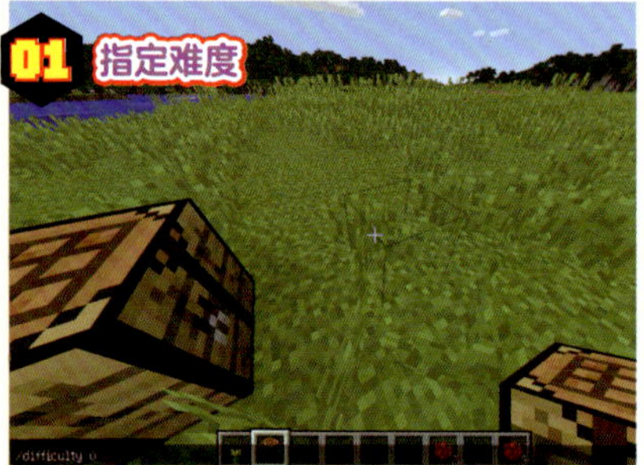

输入“/difficulty”之后，想设置为和平模式，就在后面加上“peaceful”，想设置为简单模式是“easy”，普通是“normal”，而困难则是“hard”。

02 和平模式

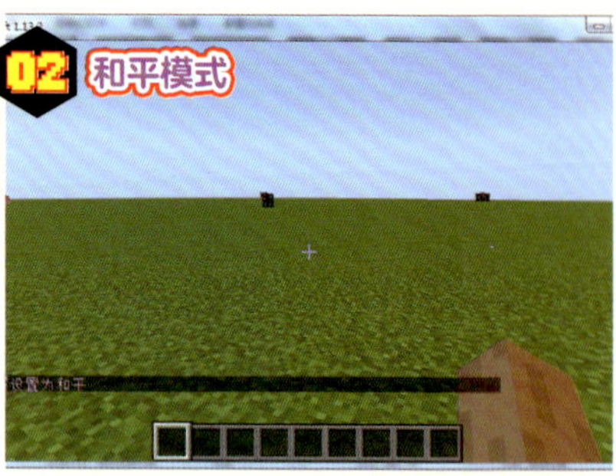

在和平模式中不会有怪物存在，就算损失体力也会慢慢回复，所以不用在意食物，也不用担心会有怪物破坏建筑，只要专心进行建筑建造就好了。

03 简单模式比较轻松

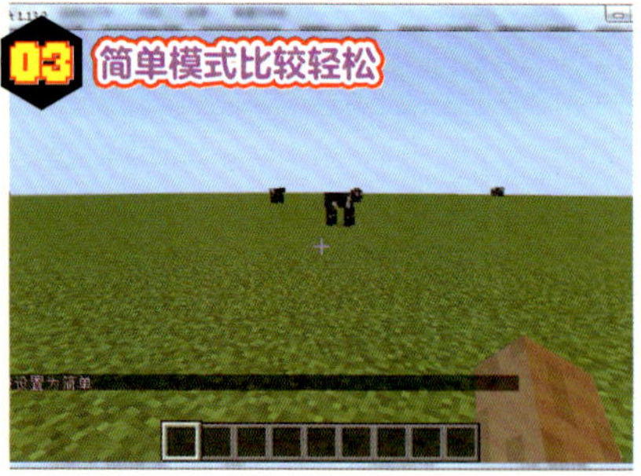

虽然简单模式中会有怪物出现，但是受到的伤害比较少，比较适合不习惯战斗的初学者。

04 适合高手的困难模式

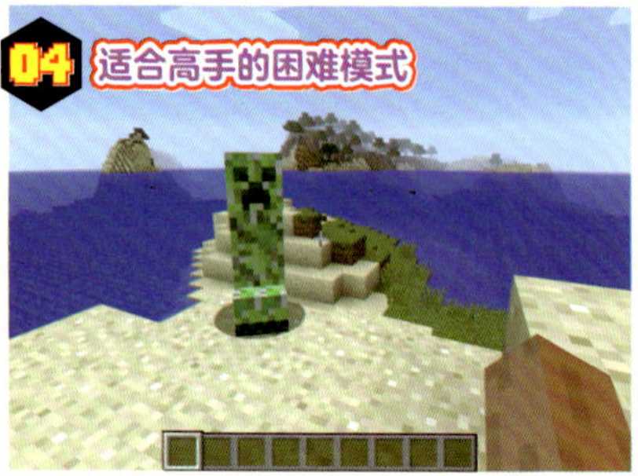

在困难模式中，因怪物攻击而受到的伤害会变大，苦力怕的爆炸威力也会提高，即使穿上整套防具也会受到非常大的伤害哦！

值	难度	怪物	饥饿	敌人给予的伤害
peaceful	和平	无	无	—
easy	简单	有	有	较少
normal	普通	有	有	普通
hard	困难	有	有	较大

在游戏中查询种子代码的命令

使用命令 /seed

所谓种子代码，就是形成世界的代码，Minecraft 的世界虽然是随机形成的，但是只要使用相同的种子代码，就可以玩到相同的世界哦！而且这个种子代码只要用命令就可以查询，在网络上也有许多网站公开有趣的世界种子代码。如果觉得现在玩的世界非常有趣，只要告诉好友这个世界的种子代码，好友就能和玩家玩一样的世界了哦！不过要注意的是，在创建世界的时候，最好使用相同的游戏版本哦！

输入案例

/seed

输入“/seed”命令。

在创建世界时，输入这个种子代码，就可以重现完全相同的世界哦！

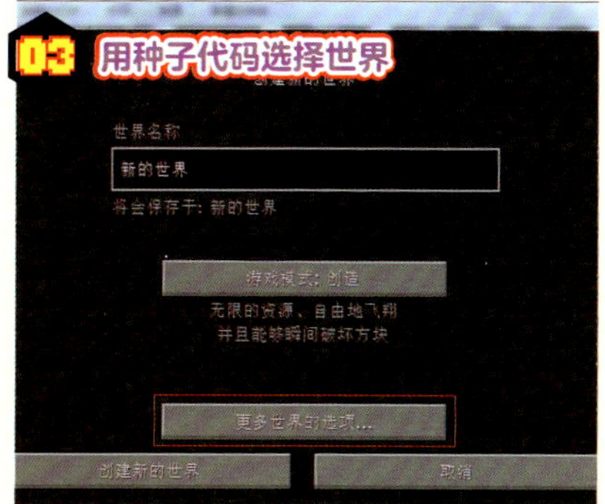

如果从好友那里得知了种子代码，或在网络上找到有趣的种子代码时，可以在单人游戏中的地图选项菜单中，点击“创建新的世界”，再点击“更多世界的选项”。

04 输入种子代码

将种子代码输入“世界生成器的种子”栏后，点击“完成”即可。要注意的是如果游戏的版本不同，就无法生成完全相同的世界了哦！

aft 1.13.2

合成

物品栏

对应最新版本的合成表！

DATA

常用资料

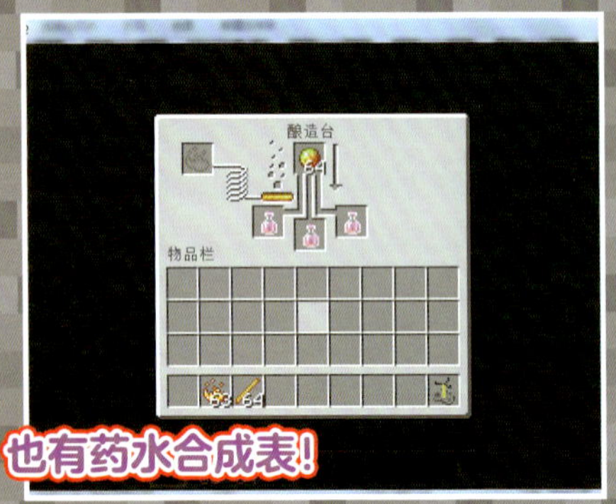
酿造台
物品栏
也有药水合成表！

能让动物们繁殖的道具是什么？

aft 1.13.2

什么是附魔的效果与等级?

附魔

物品栏

本单元整理了重要的资料，包含动物与怪物的特性、附魔效果一览表，以及可以在工作台上制作的合成表、药水配方等。还有许多实用的资料，请一定要认真阅读哦!

友好 MOB 特性一览

这部分整理了友好 MOB 的特性。只要将引诱道具拿在手上，动物就会自动跟过来。而有两只以上动物就可以进行繁殖了，给动物喂食后，就会自动生出幼崽。只有村民比较特殊，需要面包、胡萝卜或马铃薯，但有些村民也可以自己在村庄中的耕地里获得收成。另外，有3 个小麦就可以制作面包了哦！

	名字	体力	掉落道具	引诱道具	驯服	繁殖
	鸡	2	羽毛、生鸡肉、熟鸡肉（烧死时）、鸡蛋	种子	—	喂食种子；丢掷鸡蛋有 1/8 的概率出生
	兔子	5	兔子皮、生兔肉、熟兔肉（烧死时）、兔子脚	胡萝卜、金胡萝卜、蒲公英	—	胡萝卜、金胡萝卜、蒲公英
	猪	5	生猪排、熟猪排（烧死时）	胡萝卜、胡萝卜钓竿、甜菜根、马铃薯（主机板中不能用马铃薯）	—	胡萝卜、马铃薯、甜菜根
	牛	5	皮革、生牛肉、牛排（烧死时）、牛奶（使用铁桶）	小麦	—	小麦
	哞菇	5	皮革、生牛肉、牛排（烧死时）、牛奶（使用铁桶）、蘑菇煲、红色蘑菇（使用剪刀）	小麦	—	小麦
	羊	4	生羊肉、熟羊肉（烧死时）、羊毛（使用剪刀）	小麦	—	小麦

	名字	体力	掉落道具	引诱道具	驯服	繁殖
	狼	4	无	—	骨头	生猪排、熟猪排、生牛肉、牛排、腐肉、生鸡肉、熟鸡肉、生羊肉、熟羊肉、生兔肉、熟兔肉
	猫	10	线	—	生鳕鱼、生鲑鱼、热带鱼、河豚	生鳕鱼、生鲑鱼、热带鱼、河豚
	马、驴子、骡	7.5－15	皮革	—	骑乘到驯服为止（糖、小麦、苹果、面包、金胡萝卜、金苹果）	金胡萝卜、金苹果
	鱿鱼	5	墨囊	—	—	—
	蝙蝠	3	无	—	—	—
	雪傀儡	2	雪球	—	—	—
	铁傀儡	50	铁锭、虞美人	—	—	—
	村民	10	—	—	—	胡萝卜、马铃薯、面包

附魔一览

这部分介绍的是附魔效果，在附魔台上获得的附魔效果是随机的，而且就算是事先存档，同一个道具能获得的附魔效果也是固定的。除此之外，对书附魔可以让剪刀获得精准采集或效率的效果，或可以让各种防具获得荆棘的效果。另外，等级为五的附魔只能在铁砧上完成合成，而无法在附魔台上获得。宝藏型附魔的效果只能从宝箱中，或与村民交易时获得。

道具名称	效果名称	最大等级	说　明
宝藏型附魔	冰霜行者	Ⅰ	让脚下的静水方块变成霜冰
	经验修补	Ⅰ	装备后可以消耗经验值修复耐久度
各种防具	耐久	Ⅲ	减少耐久度下降的概率
	保护	Ⅳ	减少各种伤害（等级×4）%－（等级×8）%
	火焰保护	Ⅳ	减少火、雷、熔岩（等级×6）%－（等级×8）%的伤害，燃烧的持续伤害则有（等级×6）%－（等级×8）%的概率无效化
	弹射物保护	Ⅳ	减少弹射物（等级×6）%－（等级×8）%的伤害
	爆炸保护	Ⅳ	减少爆炸（等级×6）%－（等级×8）%的伤害
胸甲	荆棘	Ⅲ	受到怪物或玩家的伤害时，会反击（等级×15）%的伤害
靴子	摔落保护	Ⅳ	减少（等级×0.5）点掉落伤害
	深海探索者	Ⅲ	加快玩家在水中行走的移动速度
头盔	水下呼吸	Ⅲ	在水下呼吸的时间比原来（15秒）增加（等级×15）秒，溺水时每秒有等级÷(等级＋1)的概率免除溺水伤害，并且在水中的视线不会变暗。
	水下速掘	Ⅰ	在水下的挖掘速度与在地上时相同

道具名称	效果名称	最大等级	说 明
剑、斧	耐久	Ⅲ	减少耐久度下降的概率
	锋利	Ⅴ	增加近战攻击伤害最少 0.5 、最大（等级 ×1.5）
	亡灵杀手	Ⅴ	对亡灵生物造成额外伤害最少 0.5 、最大（等级 ×2.0）
	节肢杀手	Ⅴ	对节肢动物造成额外伤害最少 0.5 、最大（等级 ×2.0）
剑	击退	Ⅱ	强化攻击命中时击退对手的力量
	火焰附加	Ⅱ	攻击命中后可以使攻击的目标着火
	抢夺	Ⅲ	可以增加被该武器杀死生物的掉落物，增加上限（等级 +1）
弓	耐久	Ⅲ	减少耐久度下降的概率
	力量	Ⅴ	增加弓箭的伤害
	冲击	Ⅱ	增加箭的击退距离（等级 +3）
	火矢	Ⅰ	射出的箭会变成火箭，命中后给予对手燃烧的状态
	无限	Ⅰ	不论射出几支箭，都不会消耗背包中的箭
镐、铲、斧	耐久	Ⅲ	减少耐久度下降的概率
	效率	Ⅴ	提升挖掘效率
	时运	Ⅲ	破坏特定方块时，掉落的道具数增加（等级 ×1）
	精准采集	Ⅰ	可采集正常情况下无法采集的方块
钓竿	耐久	Ⅲ	减少耐久度下降的概率
	海之眷顾	Ⅲ	提高钓鱼时获得宝藏的概率，降低获得垃圾的概率
	饵钓	Ⅲ	提高鱼咬钩的速度，并且降低获得鱼以外的概率

道具合成表

这部分整理了能够在工作台上制作的道具合成表，除已注明不限位置之外，其他材料的位置关系要和图片中的一样。如果材料标记为“木板 / 圆石 / 铁锭”，在材料中间加上“/”进行区别，就表示不管使用其中哪种材料都可以合成相对应的道具。这里使用的名称以 PC 版中的名称为主，但实际上会因版本的不同，名称也会有些微差异哦！

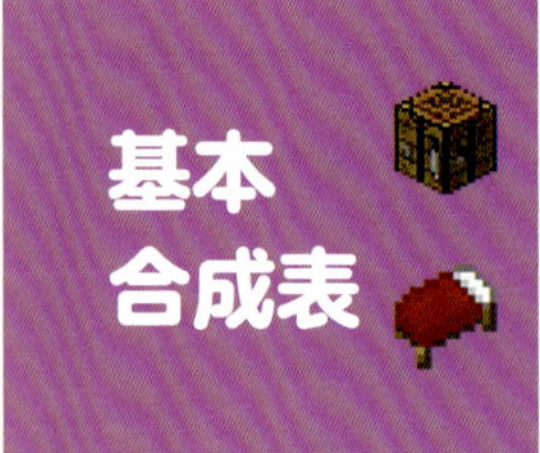

基本合成表

木板

原木（橡木 / 云杉木 / 白桦木 / 丛林木 / 金合欢木 / 深色橡木）: 1

木棍

木板: 2

火把

PC PE CE

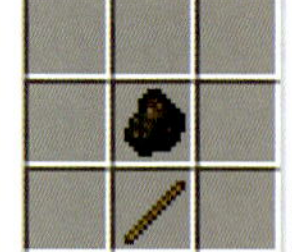

煤炭 / 木炭: 1
木棍: 1

工作台

木板: 4

熔炉

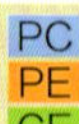

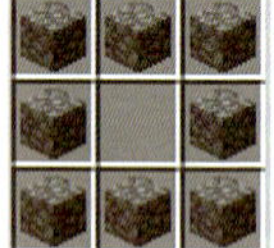

圆石: 8

箱子

PC PE CE

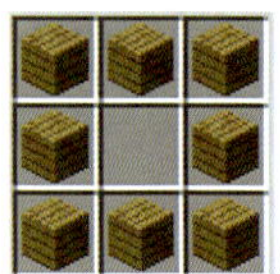

木板: 8

床

羊毛: 3
木板: 3

食物合成表

碗

木板: 3

曲奇

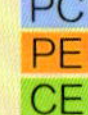

小麦: 2
可可豆: 1

蘑菇煲
PC
PE
CE
红色蘑菇：1
棕色蘑菇：1
碗：1
（※ 不限位置）
面包
PC
PE
CE
小麦：3
金苹果
PC
PE
CE
苹果：1
金锭：8
附魔金苹果
PC
PE
CE
※ 限 Ver.1.8 以前
苹果：1
金块：8
金胡萝卜
PC
PE
CE
胡萝卜：1
金粒：8
糖
PC
PE
CE
甘蔗：1
南瓜派
PC
PE
CE
南瓜：1
糖：1
鸡蛋：1
（※ 不限位置）
蛋糕
PC
PE
CE
牛奶桶：3
糖：2
鸡蛋：1
小麦：3
兔肉煲
PC
CE
熟兔肉：1
胡萝卜：1
烤马铃薯：1
蘑菇：1
碗：1
甜菜汤
PC
PE
甜菜根：6
碗：1
方块
合成表
矿石块
PC
PE
CE
铁锭 / 金锭 /
钻石 / 绿宝石 /
红石粉 /
煤炭：9
荧石
PC
PE
CE
荧石粉：4
羊毛
PC
PE
CE
线：4
染色羊毛
PC
PE
CE
羊毛：1
染料：1
（※ 不限位置）

常用资料

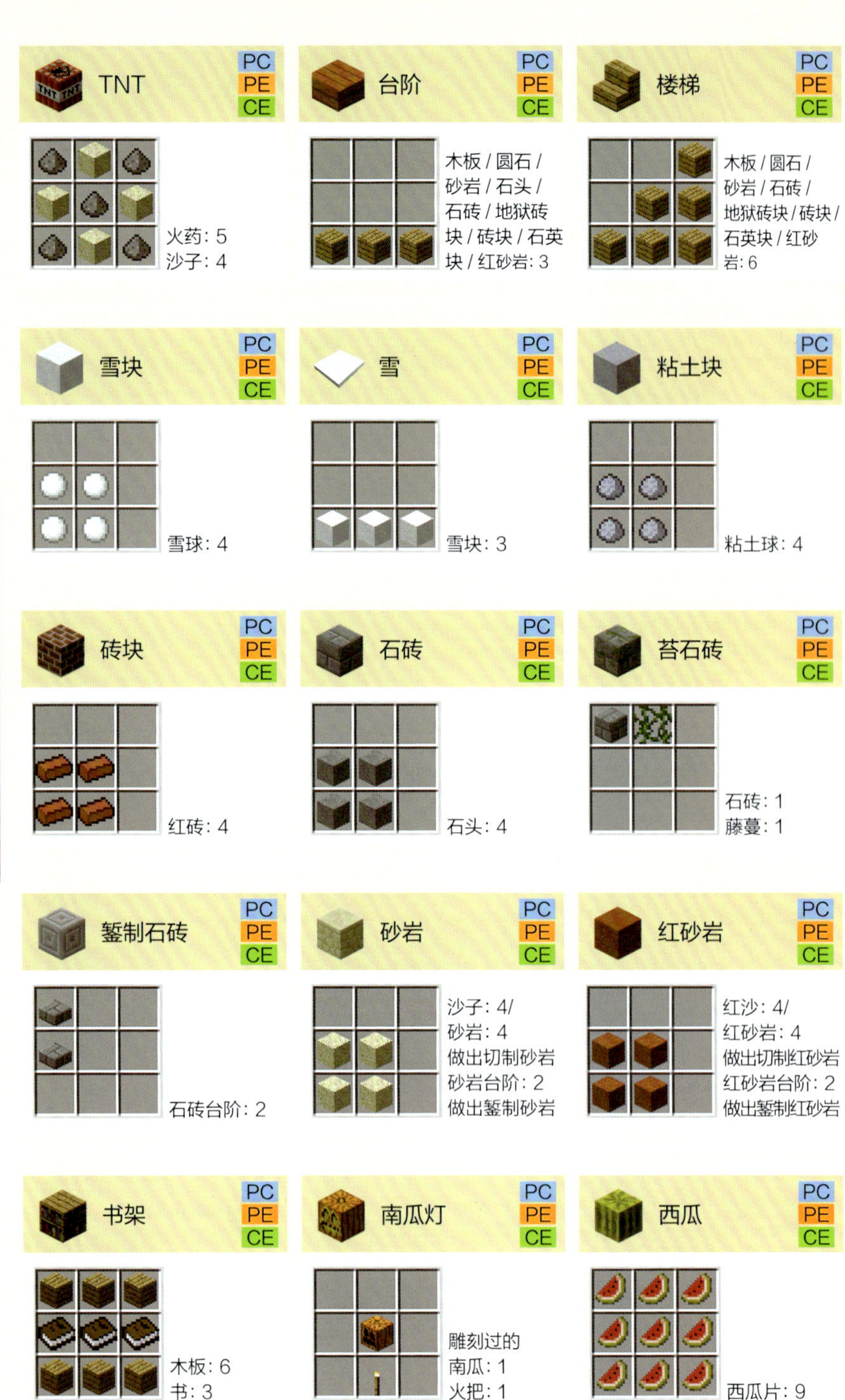
TNT
PC PE CE
火药: 5
沙子: 4
台阶
PC PE CE
木板 / 圆石 / 砂岩 / 石头 / 石砖 / 地狱砖块 / 砖块 / 石英块 / 红砂岩: 3
楼梯
PC PE CE
木板 / 圆石 / 砂岩 / 石砖 / 地狱砖块 / 砖块 / 石英块 / 红砂岩: 6
雪块
PC PE CE
雪球: 4
雪
PC PE CE
雪块: 3
粘土块
PC PE CE
粘土球: 4
砖块
PC PE CE
红砖: 4
石砖
PC PE CE
石头: 4
苔石砖
PC PE CE
石砖: 1
藤蔓: 1
錾制石砖
PC PE CE
石砖台阶: 2
砂岩
PC PE CE
沙子: 4/
砂岩: 4
做出切制砂岩
砂岩台阶: 2
做出錾制砂岩
红砂岩
PC PE CE
红沙: 4/
红砂岩: 4
做出切制红砂岩
红砂岩台阶: 2
做出錾制红砂岩
书架
PC PE CE
木板: 6
书: 3
南瓜灯
PC PE CE
雕刻过的
南瓜: 1
火把: 1
西瓜
PC PE CE
西瓜片: 9
DATA

石英块
PC PE CE

下界石英：4

錾制石英块
PC PE CE

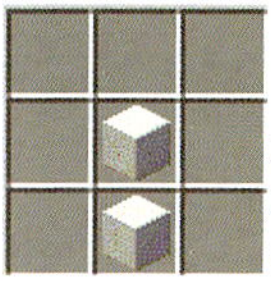

石英台阶：2/
石英块：2
做出竖纹石英块

干草块
PC PE CE

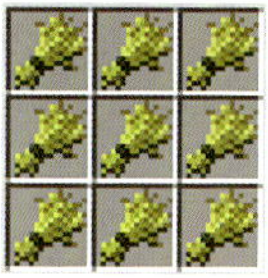

小麦：9

染色陶瓦
PC PE CE

陶瓦：8
染料：1

染色玻璃
PC CE

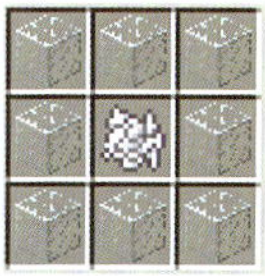

玻璃：8
染料：1

粘液块
PC PE CE

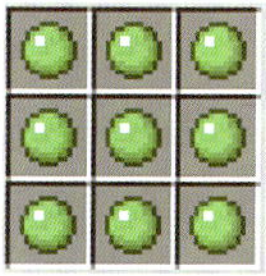

粘液球：9

花岗岩
PC PE CE

闪长岩：1
下界石英：1

安山岩
PC PE CE

圆石：1
闪长岩：1

闪长岩
PC PE CE

下界石英：2
圆石：2

磨制花岗岩
PC PE CE

花岗岩：4

磨制闪长岩
PC PE CE

闪长岩：4

磨制安山岩
PC PE CE

安山岩：4

苔石
PC PE CE

圆石：1
藤蔓：1

砂土
PC PE CE

泥土：2
沙砾：2

海晶石
PC CE

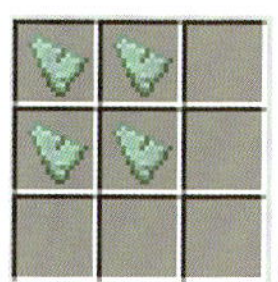

海晶碎片：4

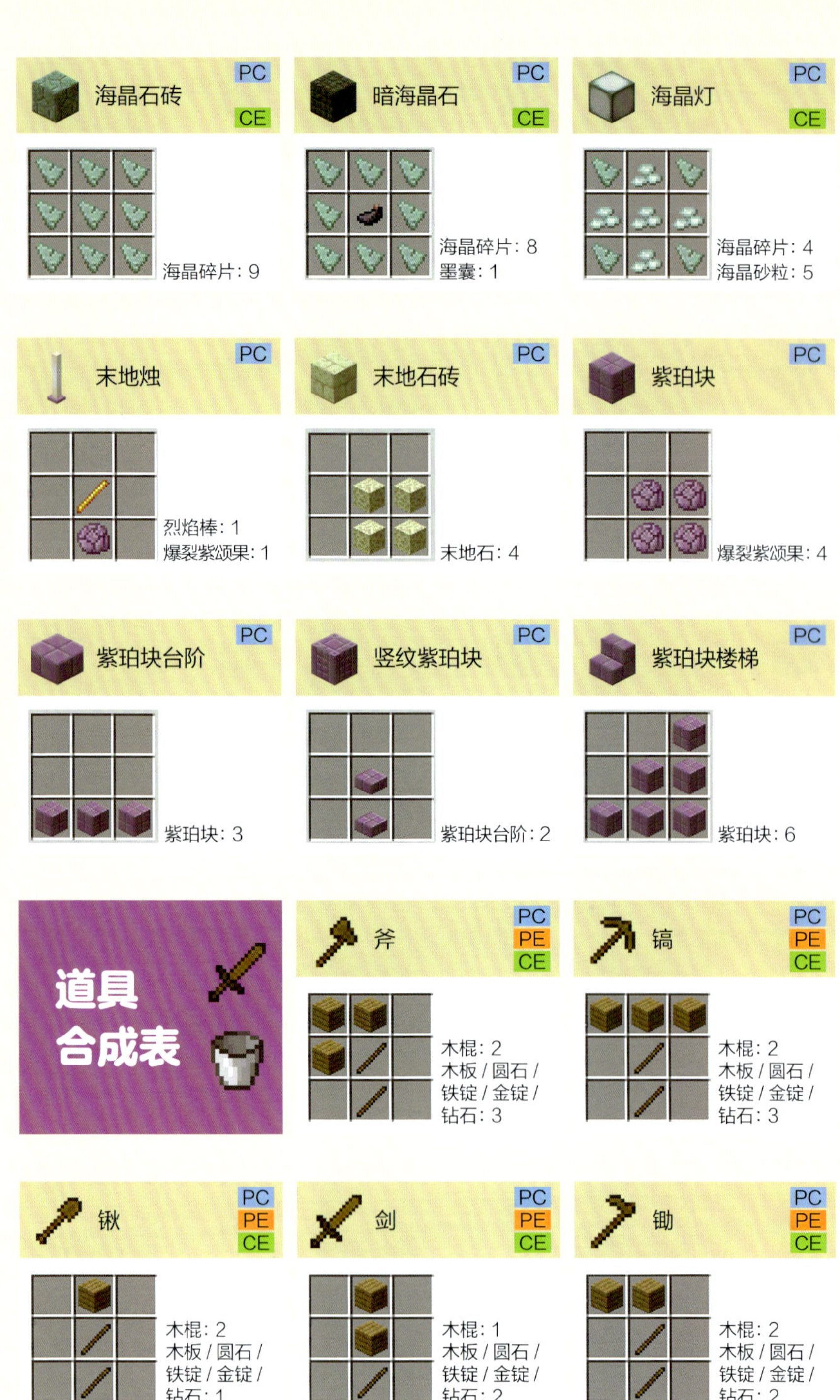
海晶石砖
PC
CE
海晶碎片: 9
暗海晶石
PC
CE
海晶碎片: 8
墨囊: 1
海晶灯
PC
CE
海晶碎片: 4
海晶砂粒: 5
末地烛
PC
烈焰棒: 1
爆裂紫颂果: 1
末地石砖
PC
末地石: 4
紫珀块
PC
爆裂紫颂果: 4
紫珀块台阶
PC
紫珀块: 3
竖纹紫珀块
PC
紫珀块台阶: 2
紫珀块楼梯
PC
紫珀块: 6
道具
合成表
斧
PC
PE
CE
木棍: 2
木板 / 圆石 /
铁锭 / 金锭 /
钻石: 3
镐
PC
PE
CE
木棍: 2
木板 / 圆石 /
铁锭 / 金锭 /
钻石: 3
锹
PC
PE
CE
木棍: 2
木板 / 圆石 /
铁锭 / 金锭 /
钻石: 1
剑
PC
PE
CE
木棍: 1
木板 / 圆石 /
铁锭 / 金锭 /
钻石: 2
锄
PC
PE
CE
木棍: 2
木板 / 圆石 /
铁锭 / 金锭 /
钻石: 2

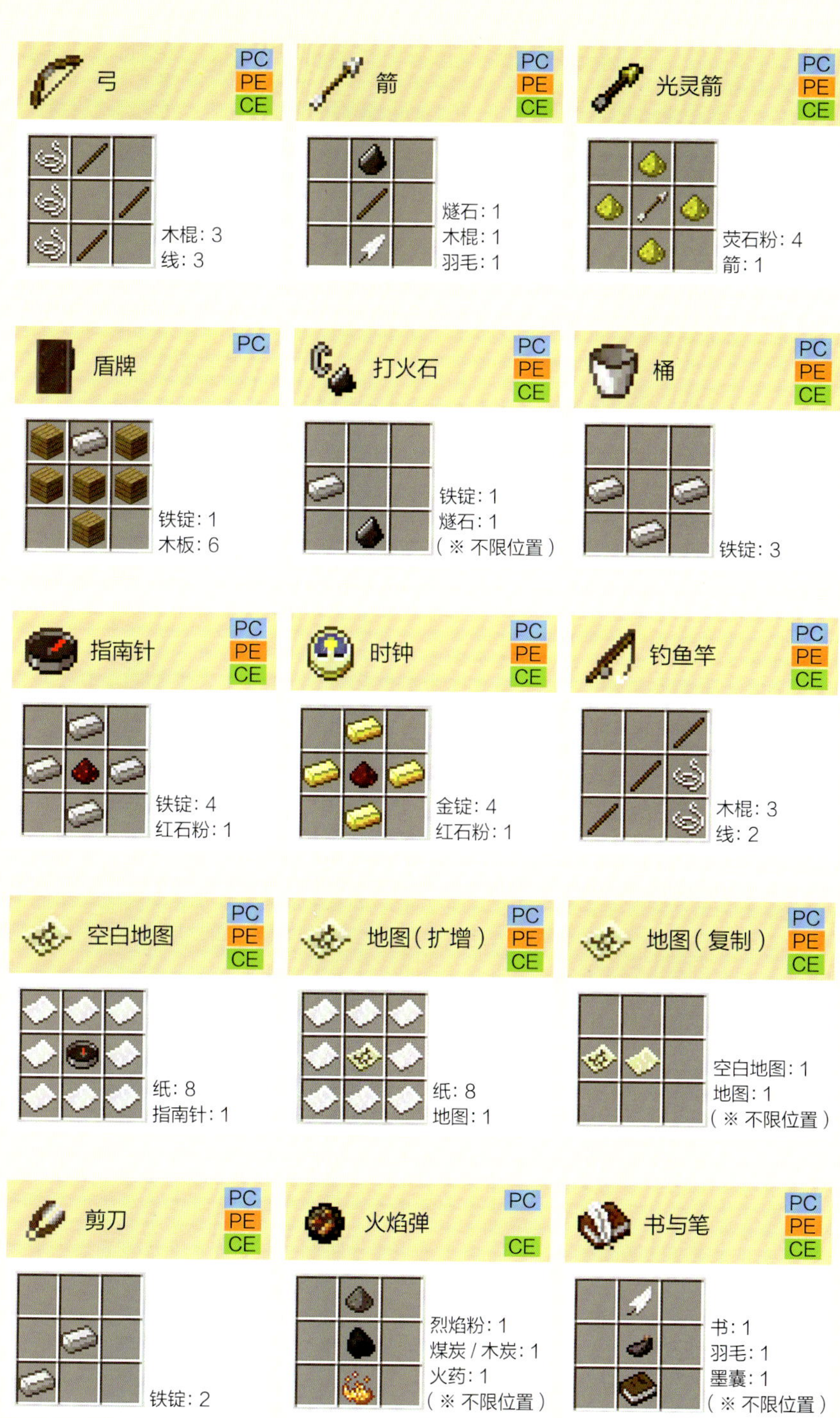
弓
PC
PE
CE
木棍：3
线：3
箭
PC
PE
CE
燧石：1
木棍：1
羽毛：1
光灵箭
PC
PE
CE
荧石粉：4
箭：1
盾牌
PC
铁锭：1
木板：6
打火石
PC
PE
CE
铁锭：1
燧石：1
（※ 不限位置）
桶
PC
PE
CE
铁锭：3
指南针
PC
PE
CE
铁锭：4
红石粉：1
时钟
PC
PE
CE
金锭：4
红石粉：1
钓鱼竿
PC
PE
CE
木棍：3
线：2
空白地图
PC
PE
CE
纸：8
指南针：1
地图（扩增）
PC
PE
CE
纸：8
地图：1
地图（复制）
PC
PE
CE
空白地图：1
地图：1
（※ 不限位置）
剪刀
PC
PE
CE
铁锭：2
火焰弹
PC
CE
烈焰粉：1
煤炭 / 木炭：1
火药：1
（※ 不限位置）
书与笔
PC
PE
CE
书：1
羽毛：1
墨囊：1
（※ 不限位置）

成书：1
书与笔：1～8
（※ 不限位置）

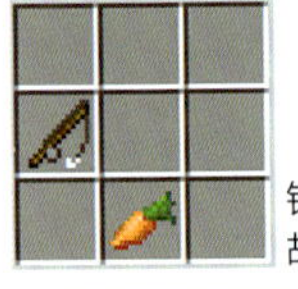
钓鱼竿：1
胡萝卜：1

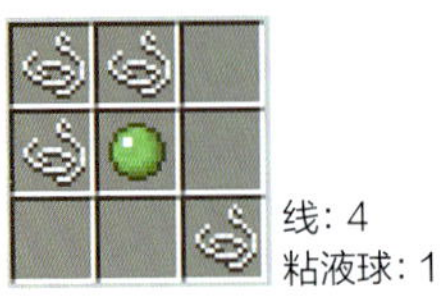
线：4
粘液球：1

皮革／铁锭／
金锭／钻石：5

皮革／铁锭／
金锭／钻石：8

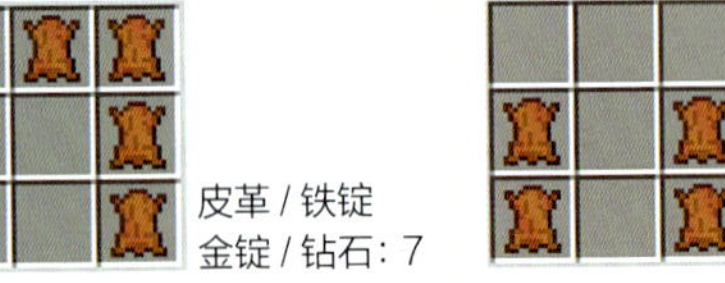
皮革／铁锭
金锭／钻石：7

皮革／铁锭／
金锭／钻石：4

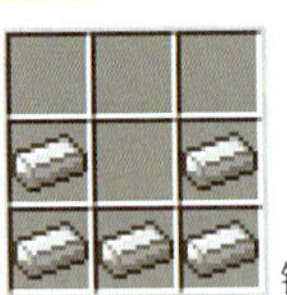
铁锭：5

熔炉：1
矿车：1

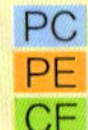

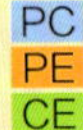

箱子：1
矿车：1

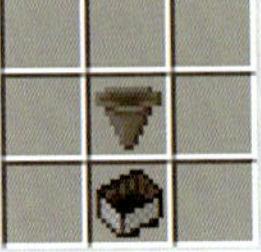
漏斗：1
矿车：1

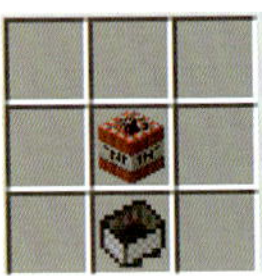
TNT：1
矿车：1

DATA

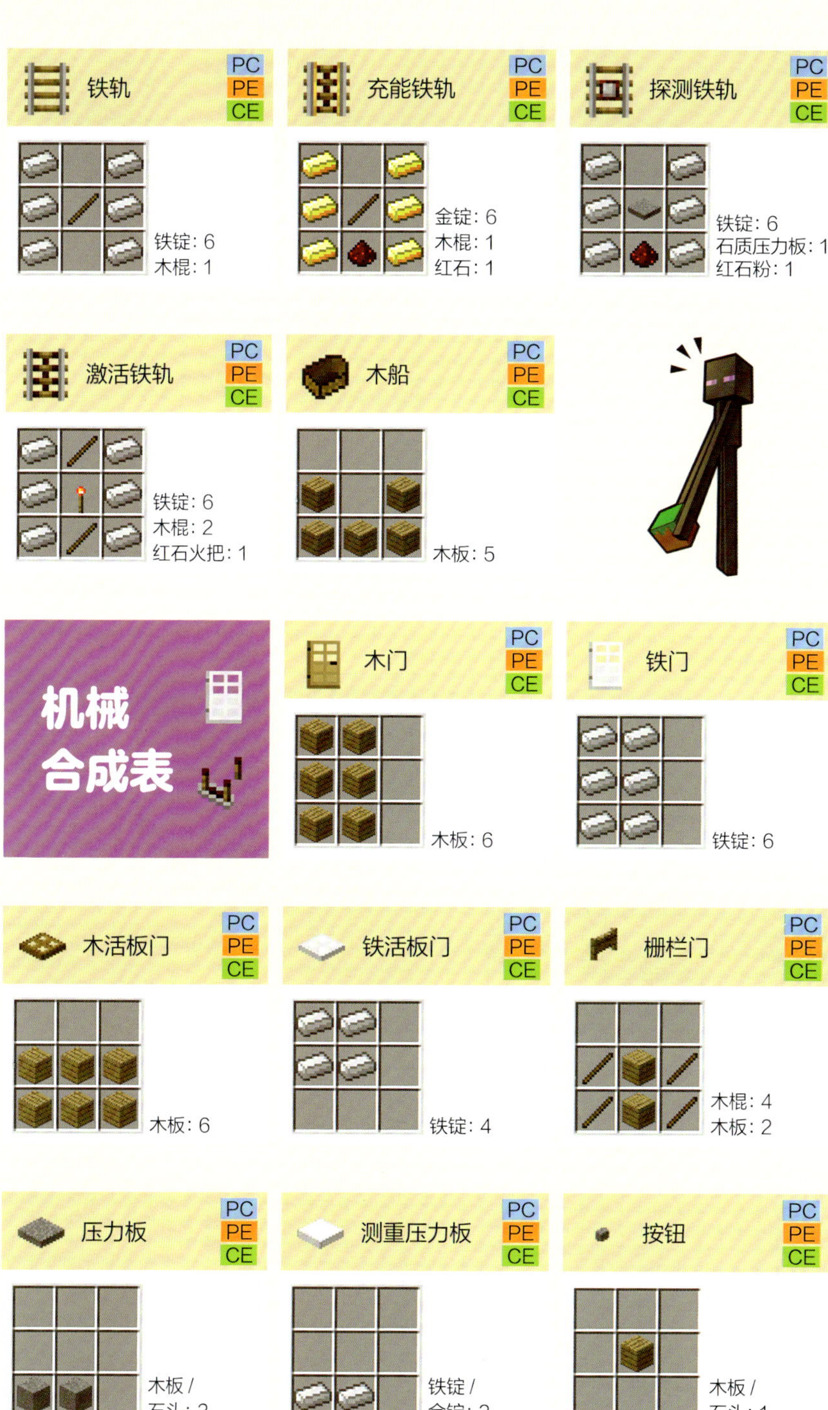

铁轨
PC PE CE

铁锭: 6
木棍: 1

充能铁轨
PC PE CE

金锭: 6
木棍: 1
红石: 1

探测铁轨
PC PE CE

铁锭: 6
石质压力板: 1
红石粉: 1

激活铁轨
PC PE CE

铁锭: 6
木棍: 2
红石火把: 1

木船
PC PE CE

木板: 5

机械合成表

木门
PC PE CE

木板: 6

铁门
PC PE CE

铁锭: 6

木活板门
PC PE CE

木板: 6

铁活板门
PC PE CE

铁锭: 4

栅栏门
PC PE CE

木棍: 4
木板: 2

压力板
PC PE CE

木板 /
石头: 2

测重压力板
PC PE CE

铁锭 /
金锭: 2

按钮
PC PE CE

木板 /
石头: 1

拉杆
PC PE CE
木棍：1
圆石：1
红石火把
PC PE CE
红石粉：1
木棍：1
红石中继器
PC PE CE
红石：1
红石火把：2
石头：3
红石比较器
PC PE CE
红石火把：3
下界石英：1
石头：3
唱片机
PC CE
木板：8
钻石：1
音符盒
PC PE CE
木板：8
红石粉：1
投掷器
PC PE CE
圆石：7
红石粉：1
发射器
PC PE CE
圆石：7
弓：1
红石粉：1
活塞
PC PE CE
木板：3
圆石：4
铁锭：1
红石粉：1
粘性活塞
PC CE
粘液球：1
活塞：1
红石灯
PC PE CE
红石粉：4
荧石：1
绊线钩
PC PE CE
铁锭：1
木棍：1
木板：1
陷阱箱
PC PE CE
绊线钩：1
箱子：1
漏斗
PC PE CE
铁锭：5
箱子：1
红石块
PC PE CE
红石粉：9

DATA

阳光探测器

PC PE CE

玻璃：3
下界石英：3
木质台阶：3

酿造用品合成表

酿造台

PC PE CE

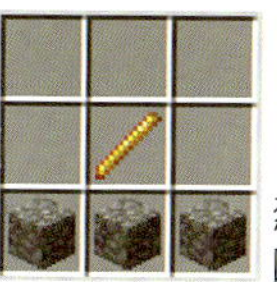

烈焰棒：1
圆石：3

玻璃瓶

PC PE CE

玻璃：3

炼药锅

PC PE CE

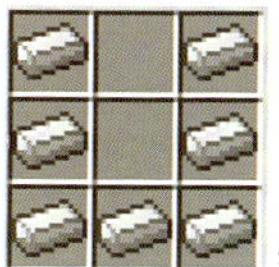

铁锭：7

岩浆膏

PC PE CE

粘液球：1
烈焰粉：1
（※ 不限位置）

烈焰粉

PC PE CE

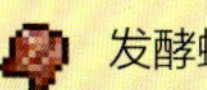

烈焰棒：1

发酵蛛眼

PC PE CE

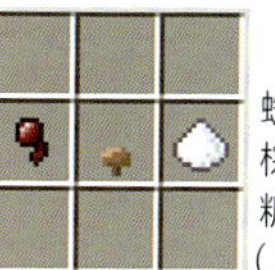

蜘蛛眼：1
棕色蘑菇：1
糖：1
（※ 不限位置）

闪烁的西瓜片

PC PE CE

西瓜片：1
金粒：8

2次·3次染料合成表

橙色染料

PC PE CE

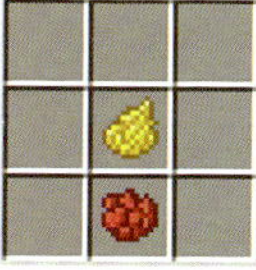

红色染料：1
黄色染料：1
（※ 不限位置）

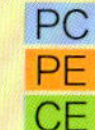

黄绿色染料

PC PE CE

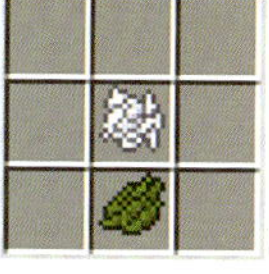

绿色染料：1
白色染料：1
（※ 不限位置）

青色染料

PC PE CE

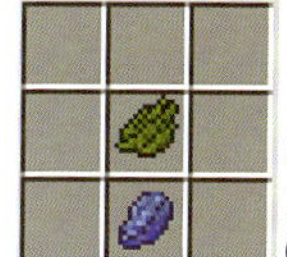

绿色染料：1
蓝色染料：1
（※ 不限位置）

淡蓝色染料

PC PE CE

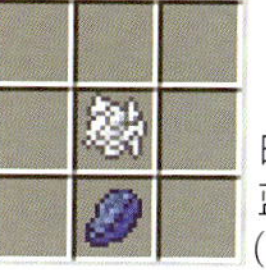

白色染料：1
蓝色染料：1
（※ 不限位置）

紫色染料

PC PE CE

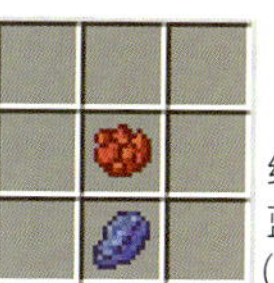

红色染料：1
蓝色染料：1
（※ 不限位置）

常用资料

洋红色染料
PC PE CE

紫色染料：1
粉红色染料：1
（※ 不限位置）

粉红色染料
PC PE CE

红色染料：1
白色染料：1
（※ 不限位置）

淡灰色染料
PC PE CE

白色染料：1
灰色染料：1
（※ 不限位置）

灰色染料
PC PE CE

白色染料：1
黑色染料：1
（※ 不限位置）

DATA

其他合成表

附魔台
PC PE CE

书：1
钻石：2
黑曜石：4

铁砧
PC PE CE

铁锭：4
铁块：3

信标
PC PE CE

下界之星：1
玻璃：5
黑曜石：3

矿物
PC PE CE

铁块 / 金块 / 钻石块 / 青金石块 / 绿宝石块：1

金锭
PC PE CE

金粒：9

金粒
PC PE CE

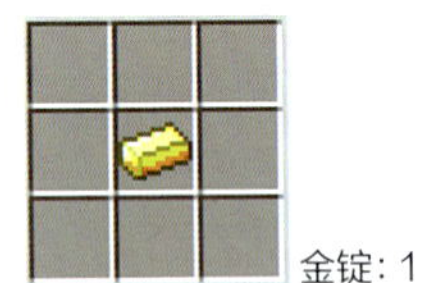

金锭：1

画
PC PE CE

木棍：8
羊毛：1

物品展示框
PC PE CE

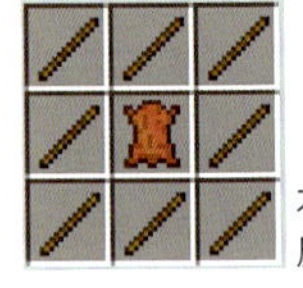

木棍：8
皮革：1

花盆
PC
PE
CE
红砖：3
告示牌
PC
PE
CE
木板：6
木棍：1
梯子
PC
PE
CE
木棍：7
纸
PC
PE
CE
甘蔗：3
书
PC
PE
CE
纸：3
皮革：1
（※ 不限位置）
皮革
PC
PE
CE
兔子皮：4
粘液球
PC
PE
CE
粘液块：1
栅栏
PC
PE
CE
木板：4
木棍：2
地狱砖栅栏
PC
PE
CE
地狱砖块：6
圆石墙
（苔石墙）
PC
PE
CE
圆石 / 苔石：6
铁栏杆
PC
PE
CE
铁锭：6
地毯
PC
PE
CE
羊毛：2
玻璃板
PC
PE
CE
玻璃：6
染色玻璃板
PC
PE
CE
染色玻璃：6
骨粉
PC
PE
CE
骨头：1

西瓜种子
PC PE CE

西瓜片：1

南瓜种子
PC PE CE

南瓜：1

末影之眼
PC CE

末影珍珠：1
烈焰粉：1
（※ 不限位置）

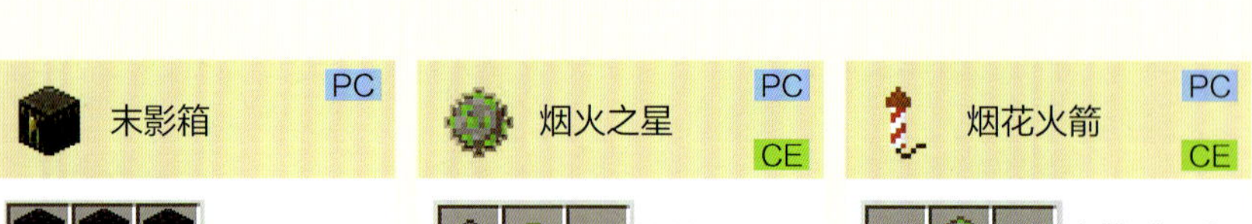

末影箱
PC

末影之眼：1
黑曜石：8

烟火之星
PC CE

火药：1
染料：1 ~ 8
额外材料：
0 ~ 3
（※ 不限位置）

烟花火箭
PC CE

火药：1 ~ 3
纸：1
烟火之星：
0 ~ 7
（※ 不限位置）

旗帜
PC

各种羊毛：6
木棍：1

盔甲架
PC CE

木棍：6
平滑石台阶：1

末影水晶
PC

末影之眼：1
恶魂之泪：1
玻璃：7

药水合成表一览

药水大致可分成三种，分别为第一阶段的基本药水、基本药水与原料调制后的第二阶段药水、最后再经过调制而强化的第三阶段药水，而其中开始发挥作用的药水要从第二阶段开始。加上发酵蛛眼可以将药水变成攻击用药水，或透明化的药水。如果加入火药调制，就会变成飞溅药水，可以当作手榴弹丢出去，效果会波及一定范围。

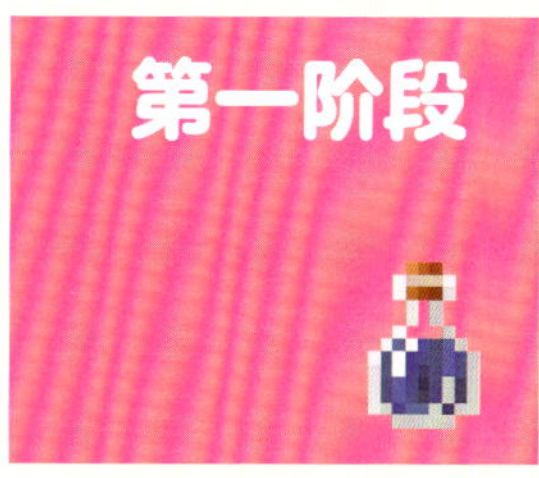

基础药水

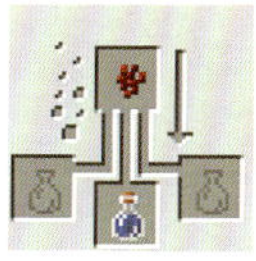

上段
地狱疣
下段
水瓶

平凡的药水

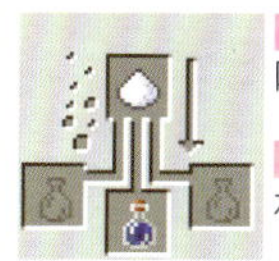

上段
除了地狱疣以外
下段
水瓶

平凡的药水

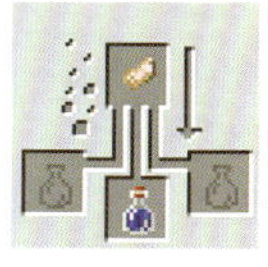

上段
兔子脚
下段
水瓶

平凡的药水

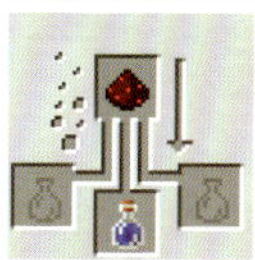

上段
红石粉
下段
水瓶

浓稠的药水

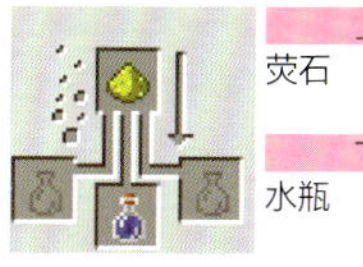

上段
荧石
下段
水瓶

虚弱药水

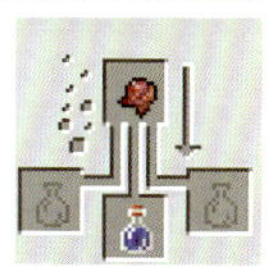

上段
发酵蛛眼
下段
水瓶

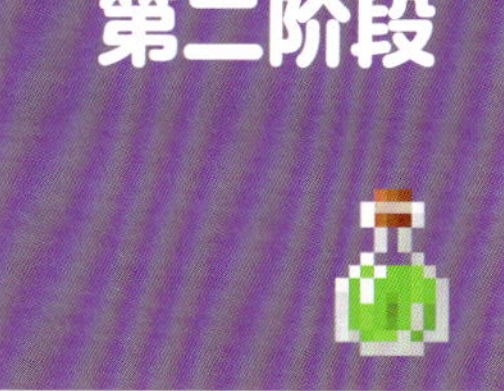

治疗药水

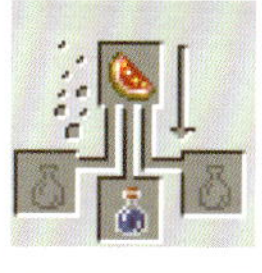

上段
闪烁的西瓜片
下段
基础药水

抗火药水

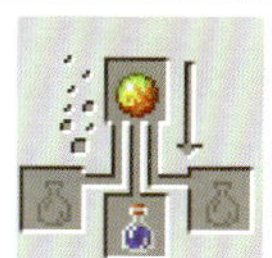

上段
岩浆膏
下段
基础药水

再生药水

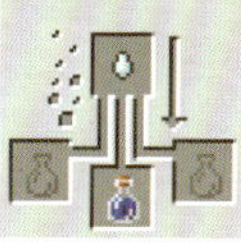

上段
恶魂之泪
下段
基础药水

力量药水

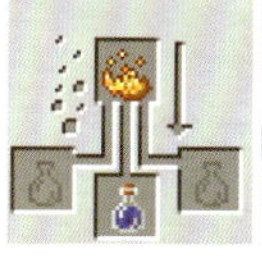

上段
烈焰粉
下段
基础药水

迅捷药水

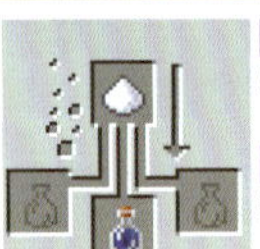

上段
糖
下段
基础药水

夜视药水

上段
金胡萝卜
下段
基础药水

水肺药水

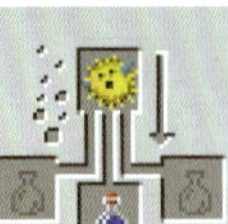

上段
河豚
下段
基础药水

剧毒药水

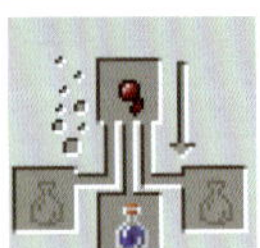

上段
蜘蛛眼
下段
基础药水

虚弱药水

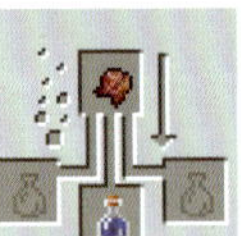

上段
发酵蛛眼
下段
水瓶

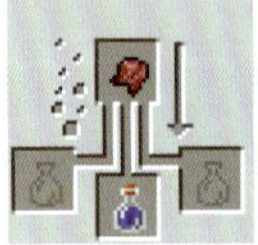

上段
下段

跳跃药水

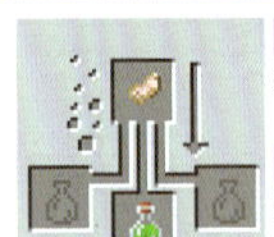

上段
兔子脚
下段
基础药水

第三阶段

治疗药水 <Ⅱ>

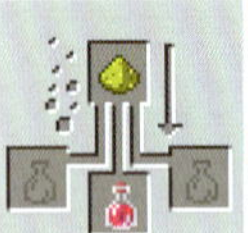

上段
荧石粉
下段
治疗药水

抗火药水 <延长>

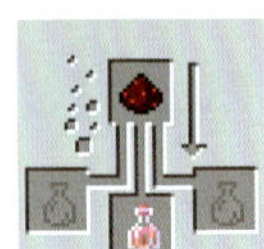

上段
红石粉
下段
抗火药水

回复药水 <Ⅱ>

上段
荧石粉
下段
回复药水

回复药水 <延长>

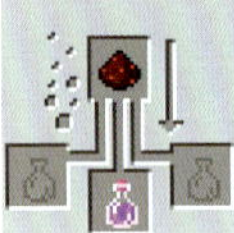

上段
红石粉
下段
回复药水

力量药水 <Ⅱ>

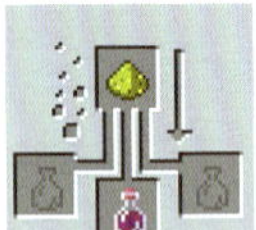

上段
荧石粉
下段
力量药水

力量药水 <延长>

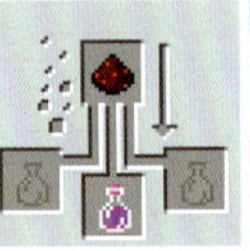

上段
红石粉
下段
力量药水

迅捷药水 <Ⅱ>

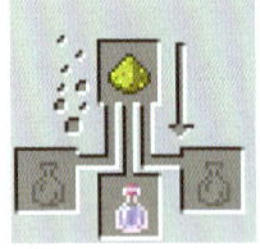

上段
荧石粉
下段
迅捷药水

迅捷药水
＜延长＞

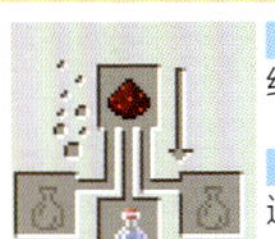

上段
红石粉
下段
迅捷药水

隐身药水
＜延长＞

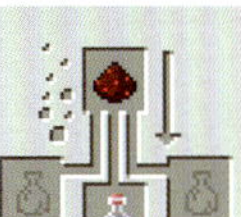

上段
红石粉
下段
隐身药水

夜视药水
＜延长＞

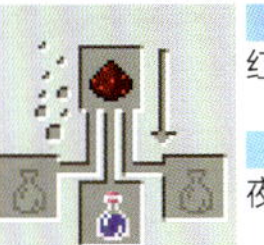

上段
红石粉
下段
夜视药水

水肺药水
＜延长＞

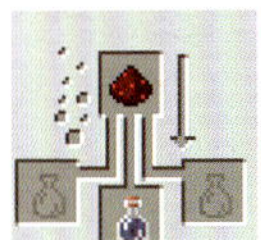

上段
红石
下段
水肺药水

剧毒药水＜Ⅱ＞

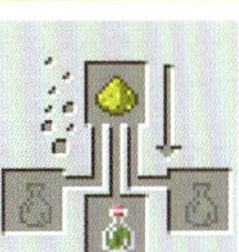

上段
荧石粉
下段
剧毒药水

剧毒药水＜延长＞

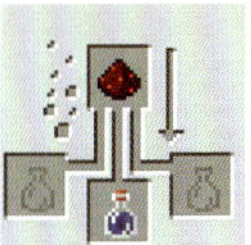

上段
红石粉
下段
剧毒药水

伤害药水
＜Ⅱ＞

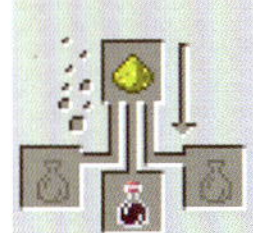

上段
荧石粉
下段
伤害药水

迟缓药水
＜延长＞

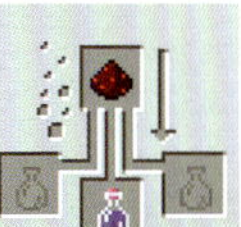

上段
红石粉
下段
迟缓药水

虚弱药水
＜延长＞

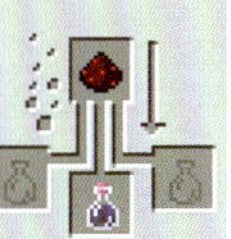

上段
红石粉
下段
虚弱药水

跳跃药水
＜Ⅱ＞

上段
荧石粉
下段
跳跃药水

有害效果变化

发酵
（蛛眼）

伤害药水

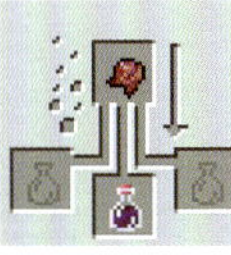

上段
发酵蛛眼
下段
治疗药水
剧毒药水
水肺药水

伤害药水
＜Ⅱ＞

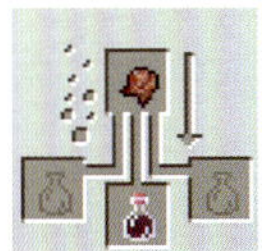

上段
发酵蛛眼
下段
治疗药水＜Ⅱ＞
剧毒药水＜Ⅱ＞
水肺药水＜延长＞

迟缓药水

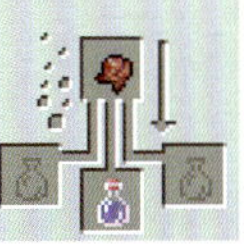

上段
发酵蛛眼
下段
迅捷药水
抗火药水

虚弱药水

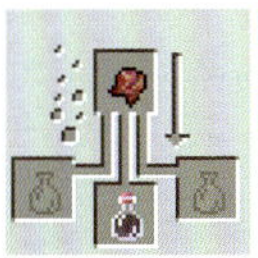

上段
发酵蛛眼
下段
力量药水
回复药水

变成喷溅药水

隐身药水

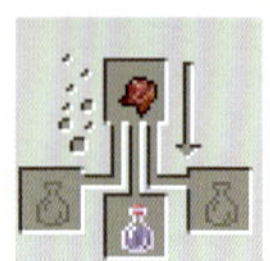

上段
发酵蛛眼

下段
夜视药水

喷溅药水

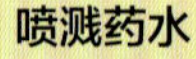

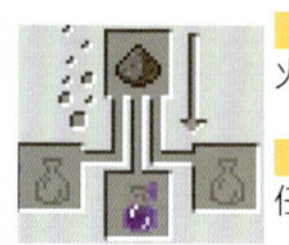

上段
火药

下段
任意药水

滞留药水

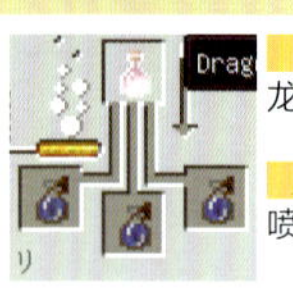

上段
龙息

下段
喷溅药水

喷溅型水瓶

上段
火药

下段
水瓶

DATA

图书在版编目（CIP）数据

Minecraft我的世界：811招最新高手进阶必学技法 / 日本Project KK编；王育贞译. -- 北京：中国致公出版社，2020

ISBN 978-7-5145-1681-4

Ⅰ. ①M… Ⅱ. ①日… ②王… Ⅲ. ①电子游戏 - 基本知识 Ⅳ. ①G898.3

中国版本图书馆CIP数据核字（2020）第113240号

著作权合同登记 图字：01-2020-4598号

Minecraft 我的世界：811 招最新高手进阶必学技法
[日] Project KK 编

出　　版	中国致公出版社 （北京市朝阳区八里庄西里 100 号住邦 2000 大厦 1 号楼西区 21 层）
发　　行	中国致公出版社（010-66121708）
责任编辑	张洪雪
特约编辑	路思维　常　坤
装帧设计	紫图装帧
印　　刷	艺堂印刷（天津）有限公司
版　　次	2020 年 11 月第 1 版
印　　次	2020 年 11 月第 1 次印刷
开　　本	880 毫米 ×1230 毫米　1/32
印　　张	7.75
字　　数	70 千字
书　　号	ISBN 978-7-5145-1681-4
定　　价	79.90 元

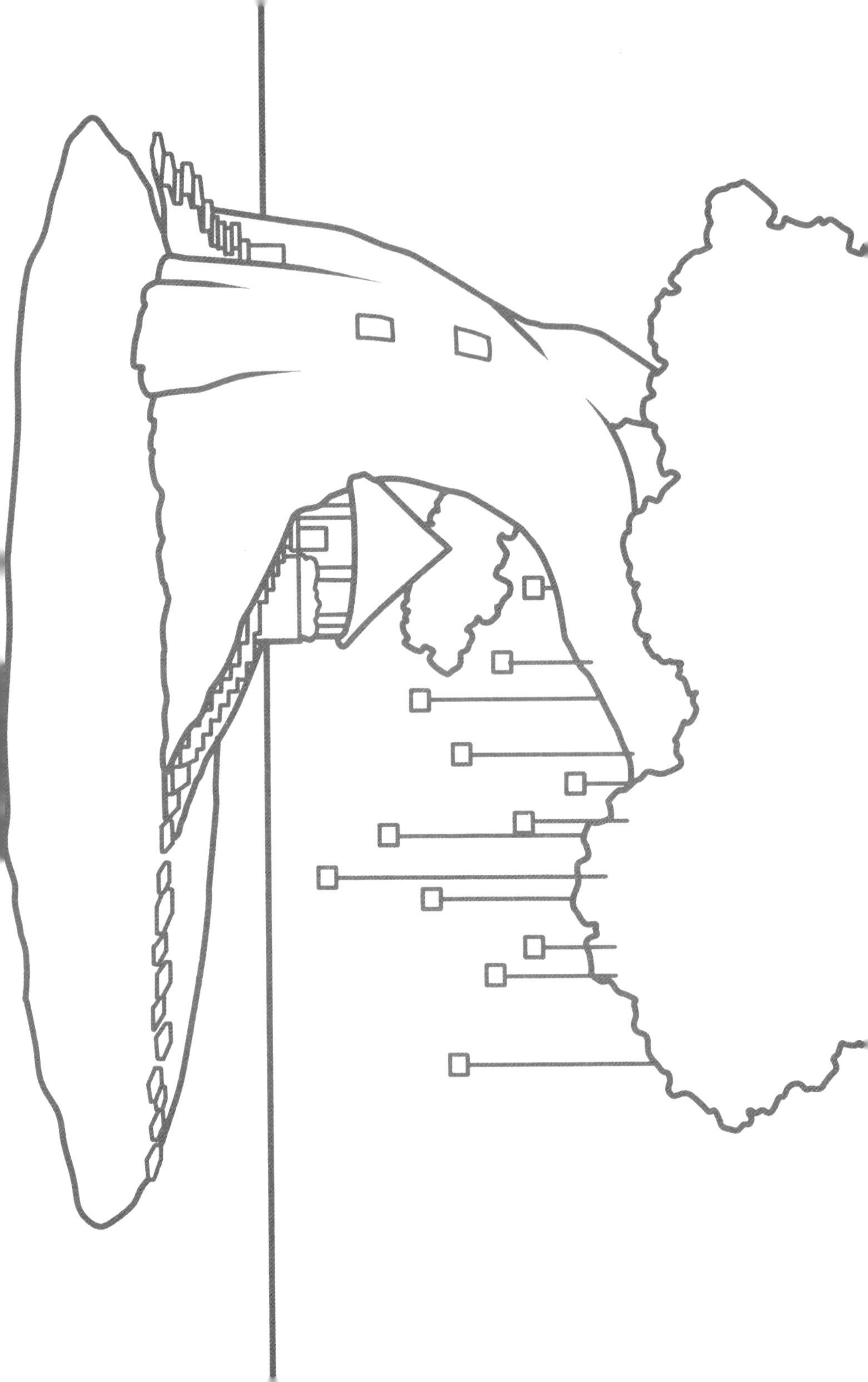